U0488494

了不起!
100个改变世界的历史瞬间

[西]梅尔塞·法夫雷加特 著
[西]米格尔·德利卡多 绘　王佳祺 译

中信出版集团 | 北京

图书在版编目（CIP）数据

了不起！100个改变世界的历史瞬间/（西）梅尔塞
·法夫雷加特著；（西）米格尔·德利卡多绘；王佳祺
译. -- 北京：中信出版社，2024.1（2024.3重印）
　ISBN 978-7-5217-5410-0

　Ⅰ.①了… Ⅱ.①梅…②米…③王… Ⅲ.①世界史
—少儿读物 Ⅳ.①K109

中国国家版本馆CIP数据核字（2023）第033739号

100 momentos que cambiaron la HISTORIA by Mercè Fabregat, Miguel Delicado
Copyright © 2020 by Penguin Random House Grupo Editorial, S.A.U.
Published in agreement with IMC Literary Agency S.L., through The Grayhawk Agency Ltd.
Simplified Chinese translation copyright © 2023 by CITIC Press Corporation
ALL RIGHTS RESERVED

本书仅限中国大陆地区发行销售

了不起！100个改变世界的历史瞬间

著　　者：[西]梅尔塞·法夫雷加特
绘　　者：[西]米格尔·德利卡多
译　　者：王佳祺
出版发行：中信出版集团股份有限公司
　　　　　（北京市朝阳区东三环北路27号嘉铭中心　邮编　100020）
承　印　者：北京启航东方印刷有限公司

开　　本：720mm×1020mm　1/16　　印　张：14　　字　数：200千字
版　　次：2024年1月第1版　　　　　印　　次：2024年3月第2次印刷
京权图字：01-2023-1547　　　　　　审　图　号：GS京（2023）1079号
书　　号：ISBN 978-7-5217-5410-0
定　　价：88.00元

出　　品：中信儿童书店
图书策划：神奇时光
总 策 划：韩慧琴
特约编辑：左文萍
策划编辑：刘颖　何淼
责任编辑：王宇洲　李跃娜
营　　销：中信童书营销中心
装帧设计：李然
排　　版：李艳芝

版权所有·侵权必究
如有印刷、装订问题，本公司负责调换。
服务热线：400-600-8099
投稿邮箱：author@citicpub.com

目录
Contents

从时间的起点说起

大爆炸，一切的起点 / 003

恐龙的灭绝 / 005

人类的祖先 / 007

终于！火！/ 009

地球曾被冰覆盖 / 011

尼安德特人 / 013

最早的艺术家 / 015

石头的、木头的、骨头的和金属的 / 017

一项圆形的发明 / 019

铁器时代 / 021

美洲最早的居民 / 023

古代

一种非常发达的文明 / 027

底格里斯河和幼发拉底河之间 / 029

信史时代开始 / 031

一部全面的法典 / 033

诗人和女祭司 / 035

历法的发明 / 037

金字塔，古埃及的象征 / 039

埃赫那顿，一位叛逆的法老 / 041

罗塞塔石碑解开的谜团 / 043

百家争鸣 / 045

孔子时期的社会 / 047

伟大的史诗：《伊利亚特》和《奥德赛》/ 049

奥林匹克运动会，人民之间的友谊 / 051

西方民主的起源 / 053

古希腊人的日常生活 / 055

西方医学的起源 / 057

伟大的思想导师 / 059

"我发现了！"阿基米德原理 / 061

伯罗奔尼撒战争 / 063

亚历山大大帝的梦想 / 065

奴隶起义 / 067

尤利乌斯·恺撒和罗马征战 / 069

新的宗教 / 071

反抗的女王布狄卡 / 073

罗马治世 / 075

中世纪

中世纪的日常生活 / 079

中世纪的法国 / 081

安达卢斯，阿拉伯人的西班牙 / 083

维京人，无敌战士 / 085

十字军东征，宗教和军事行动 / 087

蒙古帝国 / 089

中世纪的行吟诗人和流浪艺人 / 091

《大宪章》，一份法律声明 / 093

百人议会，一个市级政府 / 095

马可·波罗和丝绸之路 / 097

火药的发明 / 099

百年战争 / 101

黑死病 / 103

文化，触手可及 / 105

封建时期日本人的日常生活 / 107

伟大的探险家们 / 109

近代

列奥纳多·达·芬奇的发明 / 113

第一次环球航行 / 115

伟大的科学发现 / 117

消失的罗阿诺克殖民地 / 119

伊丽莎白一世时期的英国 / 121

戏剧的黄金时代 / 123

一场历史的审判 / 125

叶卡捷琳娜大帝时期的俄罗斯帝国 / 127

美国独立 / 129

法国大革命 / 131

女性权利的争取 / 133

近代的帝国 / 135

清朝的日常生活 / 137

近代晚期

工业革命开启了机器时代 / 141

疫苗的发明 / 143

拿破仑战争 / 145

工人运动 / 147

贝格尔号与达尔文的进化论 / 149

自由和平等的理想 / 151

西班牙殖民时代的终结 / 153

1936 年的柏林奥林匹克运动会 / 155

足球——运动之王 / 157

飞行冒险 / 159

女性也想投票 / 161

电影先驱 / 163

有史以来最著名的沉船事故 / 165

圣诞节休战，战壕中的和平 / 167

俄国革命，从沙俄到苏联 / 169

爱因斯坦和相对论 / 171

一项令人震惊的发现 / 173

奇迹之药抗生素 / 175

卡通动画 100 多年的发展历史 / 177

奥林匹克运动会，国家之间的聚会 / 179

奥古斯特·兰德梅赛，挑战希特勒的男人 / 181

国际纵队 / 183

伦敦大轰炸，复原力的绝佳示例 / 185

走出家庭的女性 / 187

核能的威力 / 189

印度的独立运动 / 191

所有人的权利 / 193

DNA，承载大量遗传信息的分子 / 195

电视机走进千家万户 / 197

摇滚，音乐和自由 / 199

开启数字化时代 / 201

一道隔离了两种意识形态的墙 / 203

3月8日，属于女性的节日 / 205

目标：月球 / 207

南非种族隔离的终结 / 209

* 本书插画系原文插图

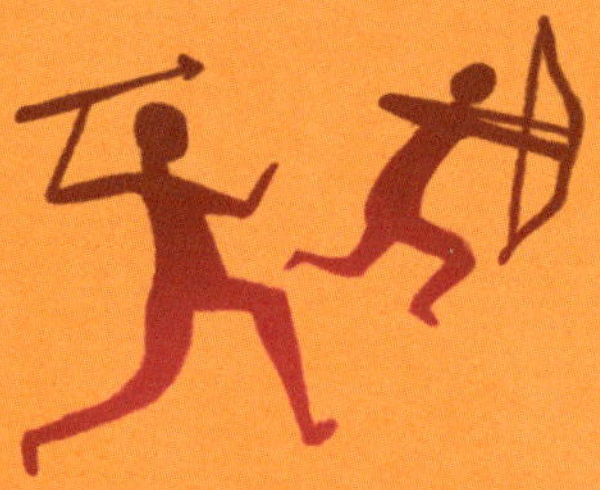

从时间的
起点说起

时间的起点可以追溯到"大爆炸"——一切的起点。100多亿年后,恐龙统治了地球,后来恐龙灭绝了。又过了几千万年后,人类成为地球的主宰。但是,从最早的人类能够直立行走到开始能够通过文字交流,这个阶段也经过了几百万年,在此期间,人类进行着物种进化,开始使用工具、耕种土地和在社会中生活。

大爆炸

大爆炸，一切的起点

大爆炸是发生在大约 140 亿年前的一场巨大的爆炸，可以说是一切的开始。在一瞬间，宇宙开始膨胀，而且这个过程还在继续。

你曾经思考过宇宙的起源吗？如果是的话，那么你并不孤单，因为人类一直在问自己这个问题。尽管现在没办法百分之百确定，但还是有理论能够解释宇宙是如何形成的，这个理论就是"大爆炸宇宙论"。

根据大爆炸宇宙论（接下来非常需要想象力了），在 140 亿年前，最初的宇宙是一个密度无限大的奇点，这个奇点开始膨胀，经历了一场大爆炸（big bang），就这样形成了我们已知的宇宙。在这个过程中，随着奇点的继续膨胀和逐渐冷却，形成了中子、质子等基本粒子……

我们都会觉得这有点难以理解。首先，很难想象一切都来自一个密度很大的点。这个点爆炸了，由此开始了一切……在那个最初的爆炸瞬间过了很多年后，气态物质开始形成，又过了很久，气体逐渐凝聚成巨大的气体云，再进一步形成各种恒星体系。一些恒星爆发后，其中的微粒扩散到宇宙空间，最终形成了行星。地球就是其中的一颗行星，大约形成于 46 亿年前。

这是一个非常引人入胜的话题，因为它听起来恢宏壮丽。科学研究没有终点，新的理论不断被提出，但是到目前为止，大爆炸宇宙论看起来是最有说服力的，绝大多数天文学家都支持这一理论。

什么是宇宙？
这又是一个很难的问题。一切——生物、天体、光、时间、空间和其他物质……宇宙是包含所有这些的一切。它是一切你看到的、听到的和感受到的东西。一切的一切。

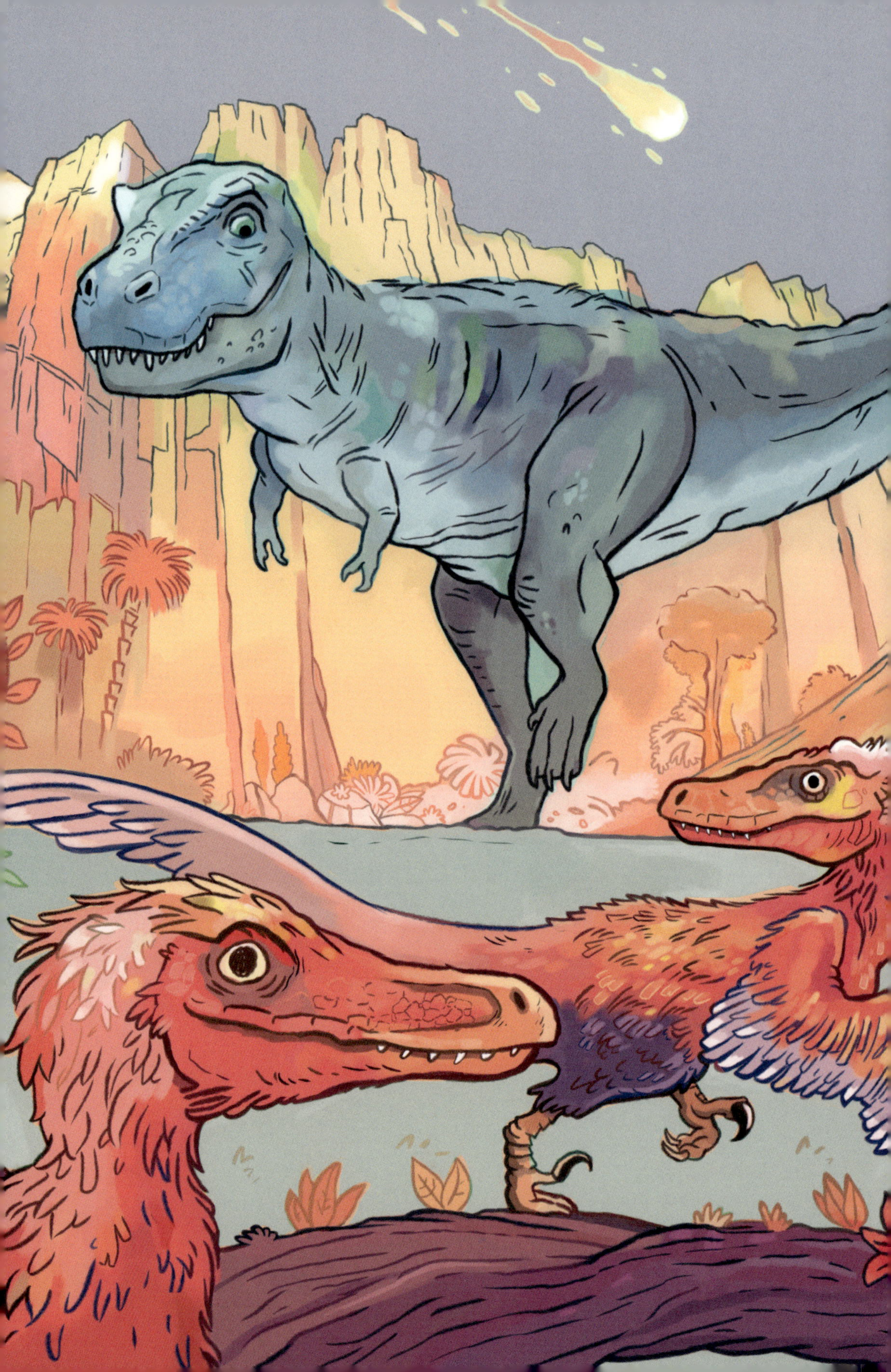

恐龙的灭绝

6 500万年前，由于一场巨大的灾变，恐龙从地球上消失了。如今，我们通过在世界各地发现的大量化石，知道了恐龙曾经存在过。

2.35亿年前，地球上的爬行动物慢慢进化成了大型恐龙。有些恐龙身躯庞大，它们所经之处，一切生物都闻风丧胆。但是，这样体形巨大、健壮有力的强大生物，在主宰世界超过1.5亿年后，为什么会消失呢？

灾变指的是由自然现象引起的非常大的灾难，它导致许多物种消失。恐龙就是在其中的一次灾变中消失的。

迄今为止，科学界普遍认可的解释是，在白垩纪（地球历史中的一个时期）末期，一颗巨大的小行星撞击了地球。

那是一场灾难，撞击产生了厚厚的尘埃云，笼罩在地球上空，在很长一段时间内阻挡了太阳光和热的传递，致使地球上的植物无法进行光合作用，这影响了地球的整个食物链。另外，当尘埃落在地球上时，不仅覆盖了地球表面，而且尘埃在坠落过程中摩擦生热，引发了无数的火灾。有谁在这种境况下幸存下来了吗？当然，不是所有的生物都消失了。一些哺乳动物和鸟幸存下来，还有一些其他的动物和植物也存活了下来。

"恐龙"在我们身边

在你认识的动物中，你能认出哪种是恐龙的后裔吗？科学家认为，鸟类是恐龙的后裔。而许多爬行动物，例如鳄鱼，也与这些史前巨兽有某些相似之处。

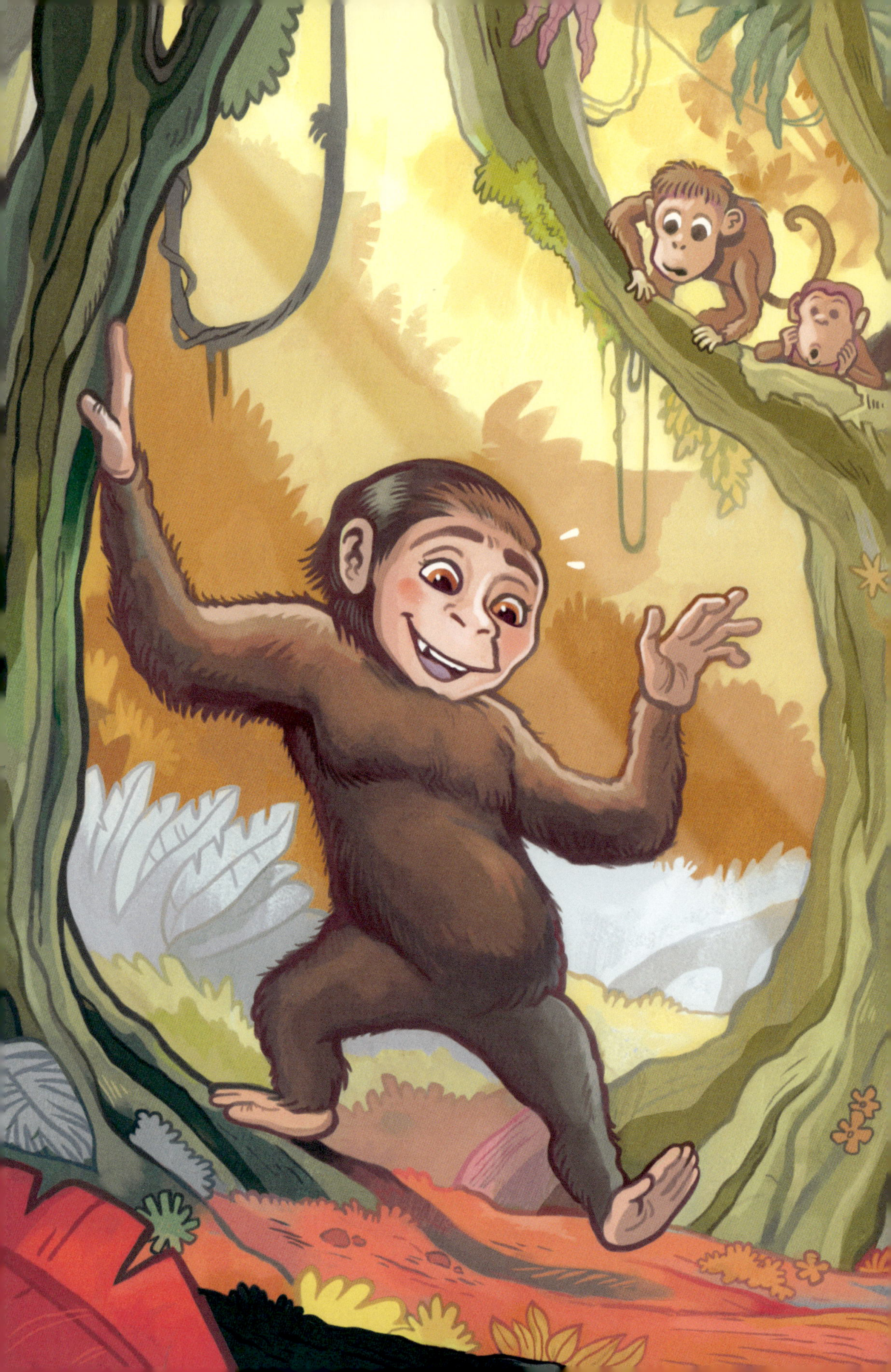

人类的祖先

1974 年 11 月的一天，一组科考队有了一个惊人的发现。
他们发现了古人类遗骸，由于这个发现，
他们得以进一步探索人类的起源之谜。

在大约 600 万年前，一群类人猿从树上下来，直起身，开始行走。这就是人类历史的开始，因为从那时起，随着类人猿的进化，其脑容量越来越大，也越来越复杂，直到进化为智人，也就是今天的我们。

露西是科考队为在非洲东北部的埃塞俄比亚发现的化石遗骸取的名字。这些遗骸来自生活在大约 320 万年前的类人猿，属于南方古猿阿法种，是南方古猿的一种。

尽管在此之前人们也发现过其他古人类遗骸，但这次的发现依旧非常重要，因为此次找到的属于同一个人的遗骸完整性较高（约 40%），这样我们就能够知道很多关于南方古猿的情况：他们是长什么样的？他们吃什么？他们如何行动？……他们非常原始，但他们的头骨与人类的头骨相似。最重要的是，他们已经能够直立行走，这使得他们能够用上肢进行许多其他活动。露西死的时候只有 20 多岁。她个子非常小，身高只有一米多一点，体重不到 27 千克。

科考队为自己的发现兴奋不已，尽管当时他们还不知道这个发现有多重要，但他们决定给她取个名字。当时有一个红极一时的乐队——披头士，科考队营地里总是播放着一首他们的歌——《露西在缀满钻石的天空中》。科考队就以此给她命名了。在埃塞俄比亚官方语言中，露西被称为 Dinkinesh，意思是"你如此美妙！"

人类祖母
露西于约 50 年前被发现，此后的研究也从未止步。后来人们也发现了比露西早很多年的类人猿化石，但人们还是亲切地将露西看作"人类祖母"。

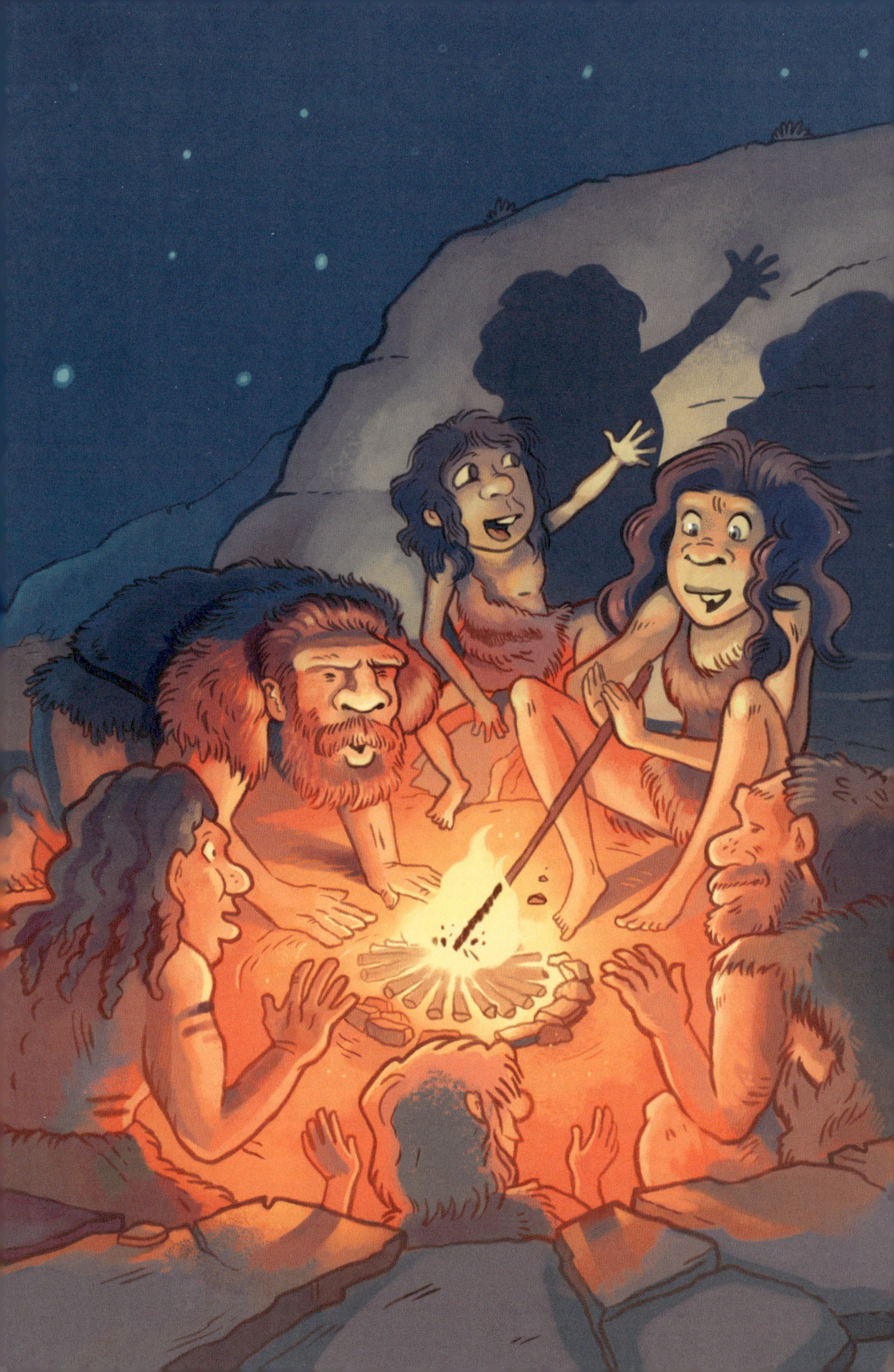

终于！火！

从人类发现如何利用火的那一天起，
人类的生活就发生了巨大变化。
火的使用是人类文明的开始。

在我们的祖先南方古猿之后出现的人种是能人，他们已经能够制造工具。随后出现的是直立人，顾名思义，"直立的人"，即站起来，用两条腿走路的人。人们认为，直立人是最早使用火的人，因为在他们的遗骸旁边发现了烧过的骨头和灰烬层。

你试想一下发现火可以被利用这件事对原始人意味着什么。我们不知道火是如何出现的，也许是一道闪电劈下来，烧毁了一些草木。在他们看到那些能移动还发着光的东西，而且只要碰一下就会烧到自己时，可能会感到非常害怕。当自然界中产生天然火时，原始人们采集了火，并用火把运送火，到后来他们学会了自己生火。

他们是怎么做到的？现在我们用火柴或打火机很容易得到火苗。但他们那时候并没有这些东西，所以他们不得不耐心地生火，一次又一次地尝试直到他们发现，通过碰撞两块石头或将一根木棒钻进干木头中快速转动，靠摩擦来引发火花。此后，他们能够在晚上取暖和照明了，他们生活得更舒适了一点；他们可以用点燃的火把驱赶野兽，他们生活得更安全了一点。此外，因为火能取暖，他们还可以迁居到更冷的北方。最重要的是，他们可以用火做饭了，这意味着他们不再吃生肉，这对人类来说是一个重大的进步，因为熟肉更容易咀嚼，更容易消化，因此能获得更多的营养，这有利于人类的发育和健康。而且，熟肉的味道要好得多。

家

使用火可以看作人类社会化的开始。人们聚集在火堆旁取暖，并且逐渐开始过上群居的社会生活，每个火堆就是一个群体，可以看作一个家。

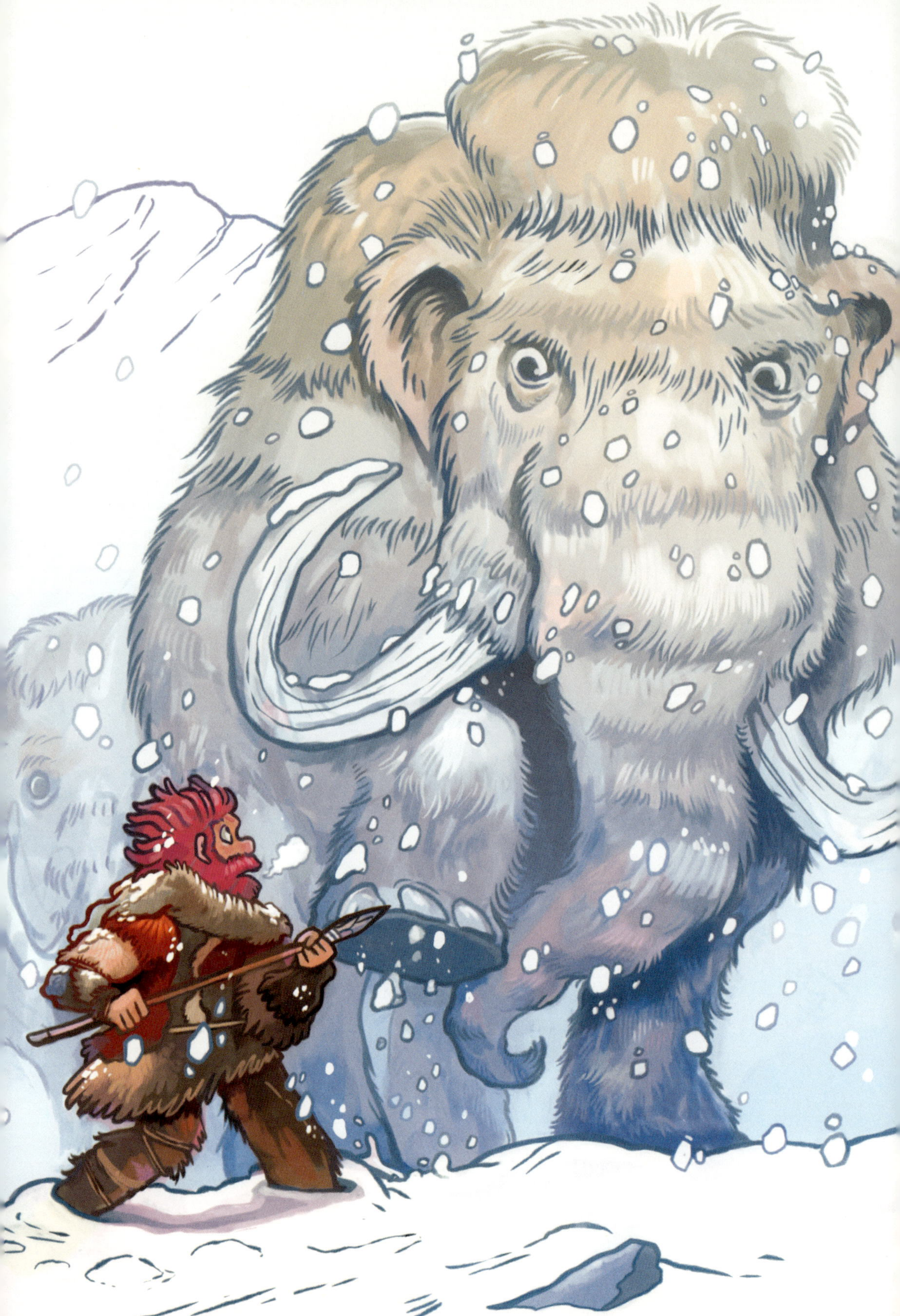

地球曾被冰覆盖

在地球的演化史上，曾多次出现冰期。冰期时，全球气温下降到很低，形成大面积的冰川，地球大片的区域被冰覆盖。冰期可持续很长一段时间。

地球自从诞生以来，一直在演化。目前有说法认为地球一共出现过五次大冰期，大冰期之间有漫长的气候温和的时期。前两次大冰期出现在很多很多年前，持续时间较长，也较为严重，甚至达到了整个地球都被冻住的程度，以至于地球被称为"雪球"。此后的两次大冰期更为温和，尽管一样非常寒冷，大面积结冰。最近一次大冰期被称为"冰河时代"。

关于为什么会出现这些极端寒冷的时期，有多种说法，但各种说法中有些因素是非常一致的：大气的形成、地球围绕太阳运行的轨道变化、构造板块的运动……无论是哪种情况，大冰期都经历了开始和结束，然后温度再次上升，一切都再度复苏，尽管有些物种在冰期中灭绝了。

在最近一次冰川覆盖地球大部分地区时，人类已经出现在地球上。当时他们一定经历了极度的寒冷天气，但幸运的是，那时他们已经学会了使用火，而且能在山洞里避难。在这样不利于生存的天气里，他们能做的事情之一是装饰他们避难所的墙壁，进行人类最早的艺术创作。

毛皮大衣

猛犸象是一种身形庞大的象，是冰河时代最具代表性的动物之一。它们是一些电影中的主人公，广受人们喜爱。它们身体覆盖着长长的毛，看起来如同穿着大衣一样，这是它们典型的特征之一。

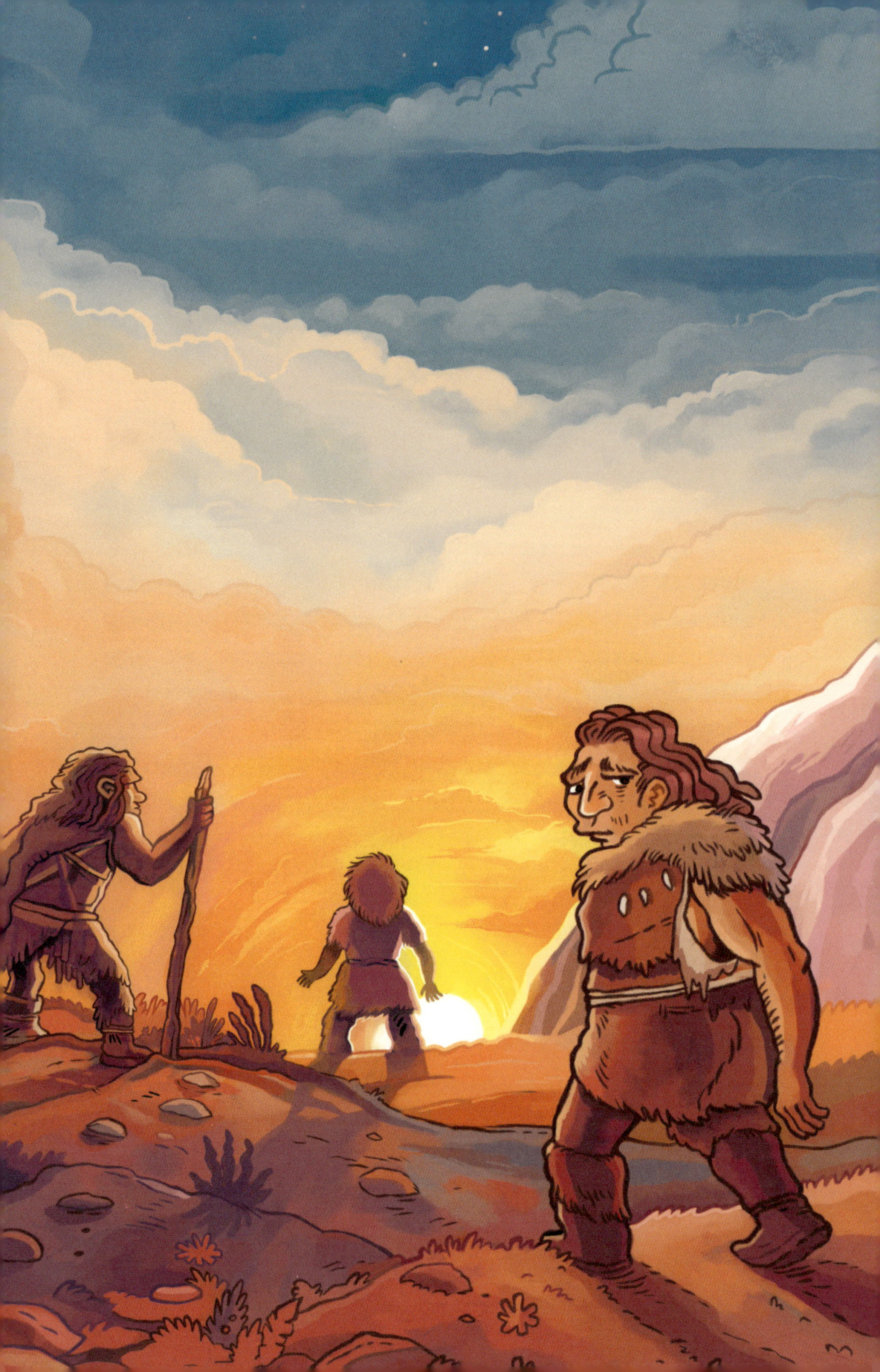

尼安德特人

约在 3.9 万年前，尼安德特人曾广泛生活在欧洲。
他们曾与智人生活在同一时期，但他们最终消失了。

已有证据表明，尼安德特人（简称尼人）已可像能人一样使用工具，像直立人一样认识火的用途，而且会为死去的人举行仪式并且埋葬他们——据考古学家称，尼安德特人是最早这样做的人。

尼安德特人的头骨比智人的头骨更长、更大。他们强壮、结实，个子不高，以打猎为生。他们当时已经开始穿毛皮，而且制作了比他们祖先更多、更复杂的工具。由于天气寒冷，他们在山洞里躲避恶劣天气，还会生火取暖。目前考古学家认为他们和智人一样，是最早开始说话的一批人，正是这一点让人类区别于其他生物。尽管他们有时被认为是原始和粗暴的人种，但他们已经具备了对艺术的感知力，一些著名的洞穴壁画正是出自他们之手。他们应该有某种信仰，因为他们会对死者进行埋葬。

尼安德特人和智人共存了很长时间，但大约在 2.4 万年前，尼安德特人消失了。关于他们为什么没能存活下来，有各种各样的解释。一些研究者认为，尼安德特人没能适应气候的变化；还有研究者认为，他们让位于解剖学意义上的现代人类；也有人觉得他们的灭绝是寄生虫和疾病导致的。不管原因如何，事实是智人生存了下来，也许是因为他们知道如何更好地适应环境。

为什么叫尼安德特人？
因为这类人种的化石是在尼安德特河谷（德国）的一个洞穴中发现的。

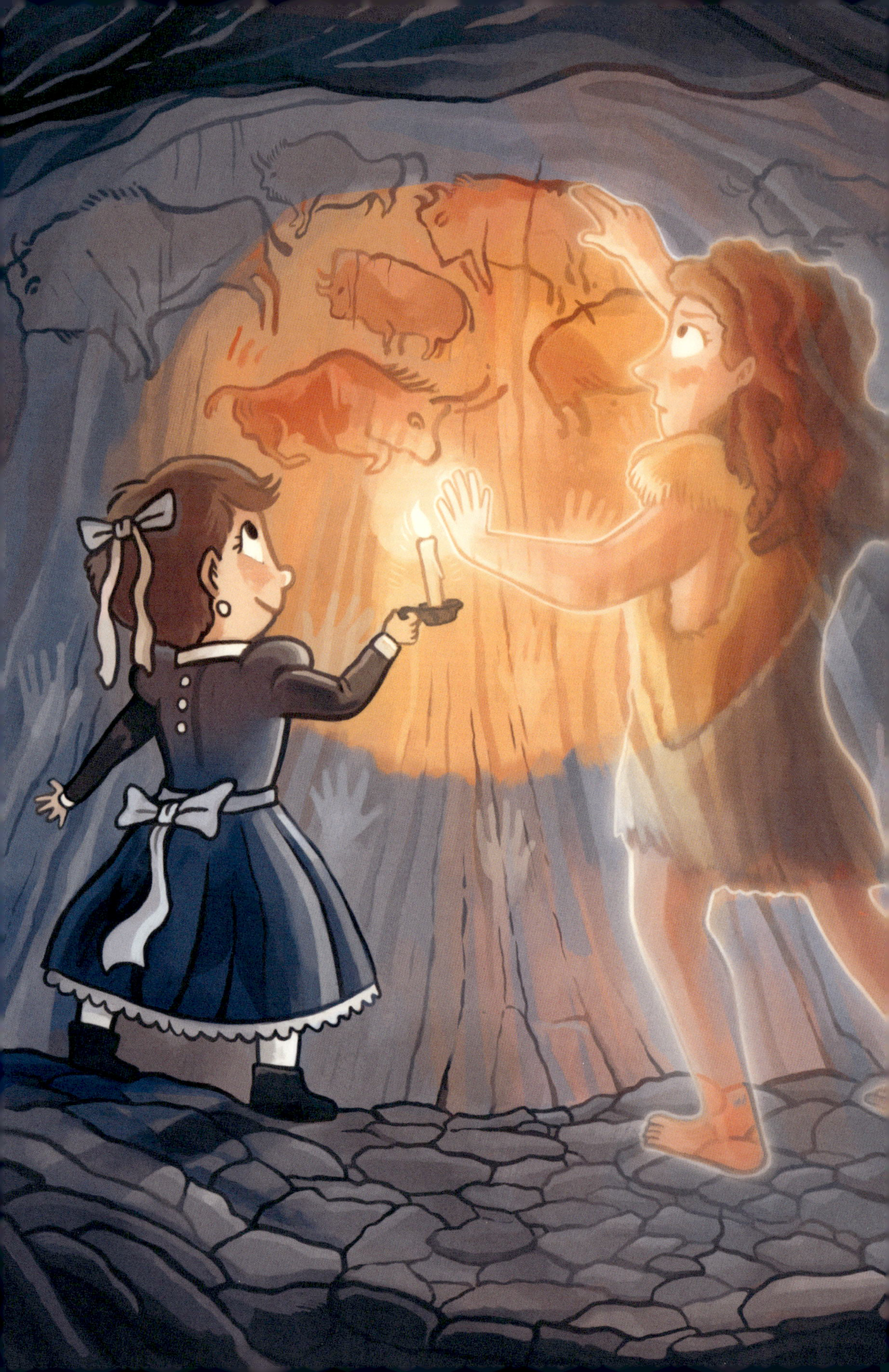

最早的艺术家

洞穴壁画是史前时期人类在岩石上的绘画。
它们可能是目前已知最古老的艺术创作，
其中有些画作已经有超过 4 万年的历史。

19世纪 70 年代的一个夏日，一个名叫玛丽亚的西班牙女孩与她的父亲绍托拉在西班牙北部坎塔布里亚的山区散步。作为一个有点冒险精神的小孩，玛丽亚松开了父亲的手，从岩石之间的一个洞里爬了进去。她在洞窟中看到的东西让她终生难忘，原来她发现了洞窟的壁上绘有野牛等动物形象。

尽管当时没人意识到这个发现的重大意义，但随着时间的推移，坎塔布里亚的阿尔塔米拉洞窟中的壁画成为世界上最具代表性的洞穴艺术范例之一。像所有的史前绘画一样，这些画作表明人类当时已经有了对艺术创造和传播的感知力。艺术，自古以来就一直与人类相伴。

人们在世界各地的洞穴（不太深的、开放式的洞穴）中都发现了壁画。其中最重要的是位于西班牙北部（包括玛丽亚发现的那些）和法国南部的那些壁画，它们有超过 1.5 万年的历史。当时的人类在岩石上画下了他们在周围看到的事物。在非洲，人们画长颈鹿、大象和其他野生动物；在欧洲，人们画野牛和马；再往北，人们画的是猛犸象、驯鹿和鹿。许多绘画作品上还出现了人物的狩猎场景和一些符号，而且几乎所有作品上都出现了手印，这是人类最早的艺术家的"签名"。

颜料和画笔

为了作画，他们使用在大自然中能找到的各种东西。他们用木炭、土混合油脂和水制作颜料，这就是为什么所有的壁画作品都呈现红色、棕色、黑色和赭石色的色调。最初他们用的绘画工具是手指、手掌、棍子和树枝，后来他们用动物毛制造出了第一把刷子。

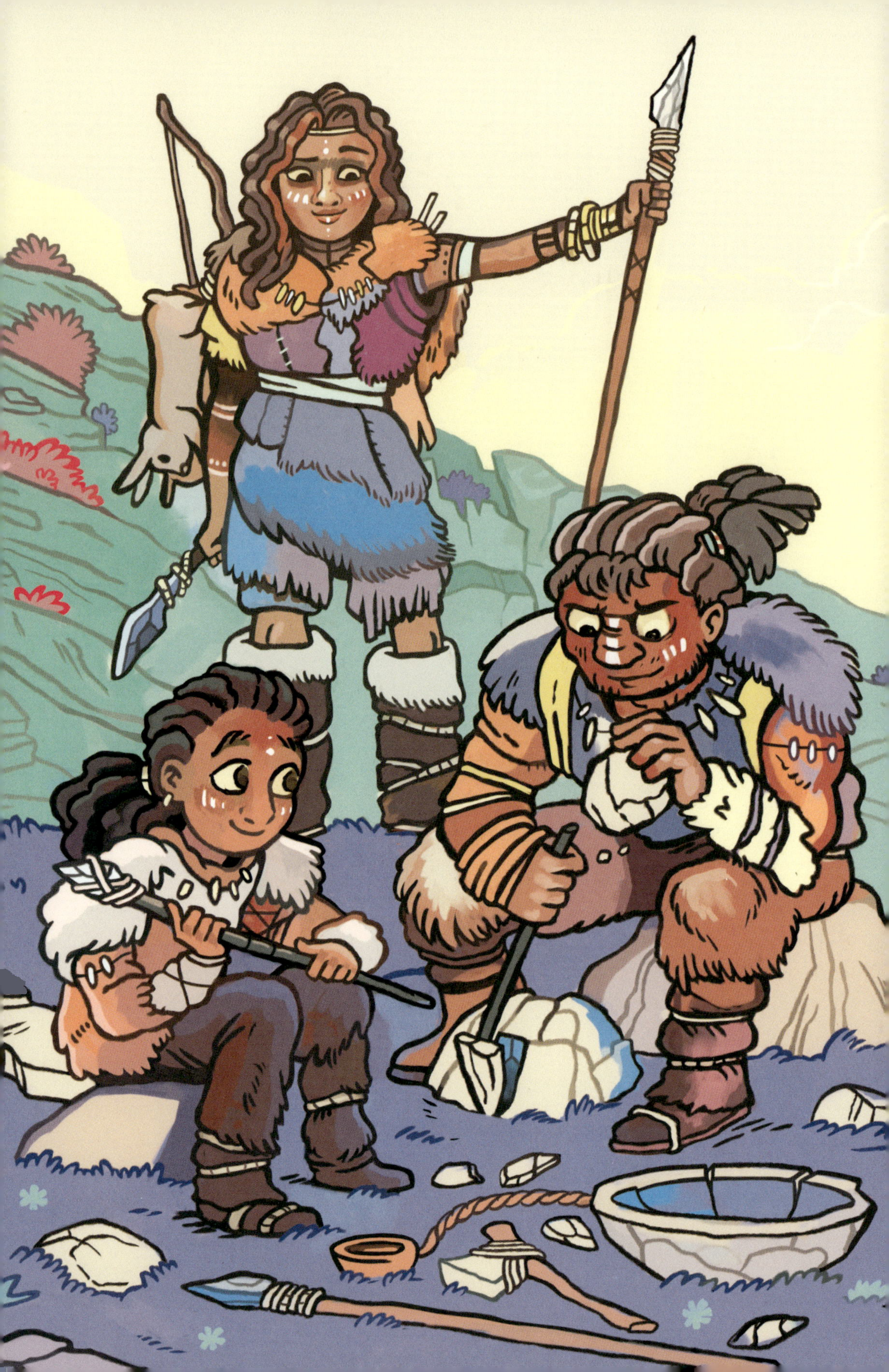

石头的、木头的、骨头的和金属的

人类很早就开始使用工具了。生存所迫，他们不得不开发自己的聪明才智，利用手头的一些东西来制作器具。

我们最早的祖先的首要目标是存活下来。为了存活下来，他们不得不打猎以获得食物果腹，获取野兽皮毛抵御寒冷，还要保护自己不受到野兽和其他人类群体的伤害。在这种情况下，他们非常需要工具来帮助他们生存。

最早的工具是经过加工的石头，人们用它们来弄断、弄碎和切割木头，用来猎取猎物，并将猎物切碎。燧石是一种非常坚硬的石头，人们可以用另一块石头去撞击燧石从而将其塑造成尖锐的形状。也就是说，用一块石头去击打另一块石头，由于碰撞，很多更小更薄的碎石会从大石头上分离出来。就这样，人们获得了能用在很多地方的尖锐的碎石。有证据表明，人们对它们的使用历史超过了 250 万年。

渐渐地，人们发现，把加工过的石头用绳子绑在长长的棍子上，这样用起来更方便，而且更加安全。这就是最早的长矛和斧头。

早期人类还用木头、牛角、动物獠牙和骨头来制作工具。其中发现的最长和最锋利的工具和今天的锥子差不多，很大可能是用动物皮毛制作衣服时使用的或者是用来切肉的。

后来，由于人类的进化和对火的掌握，人类开始用金属制造工具，金属材质的工具更加精良和有韧性。他们先使用铜，通过击打铜而塑造不同的形状，后来发现如果把铜加热，就会变成液体，可以倒入想获得的形状的模具中。后来他们又使用了黄金、青铜，最后是铁。

最早的陶器工人
人们还制作容器，用来加热食物、烧水，以及储存东西。他们用黏土制作罐子和碗，通过烧制做出来的容器会更硬，这样能用得更久。

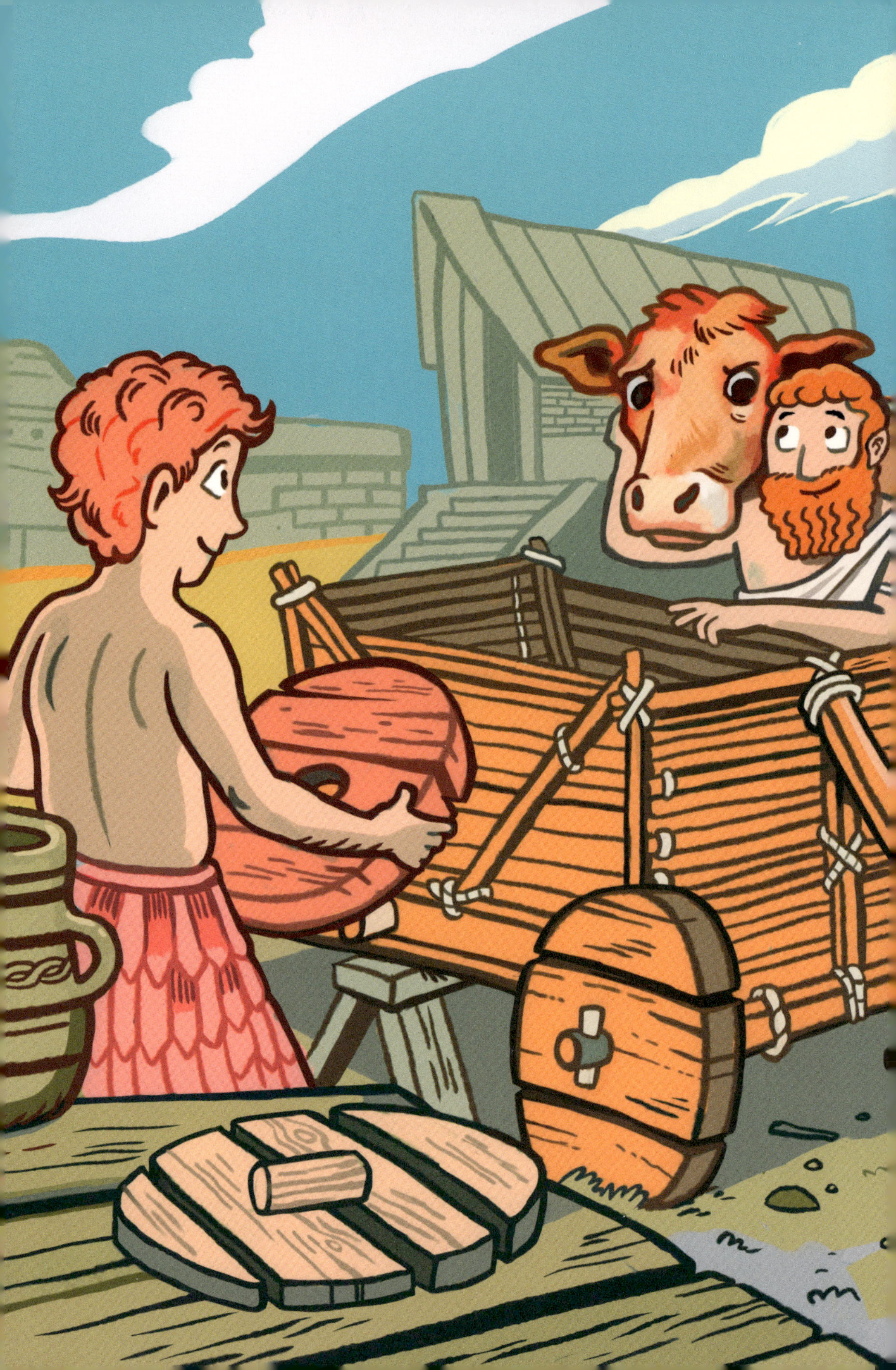

一项圆形的发明

你能想象一个没有车轮的世界吗？没有汽车，没有自行车……我们仅有的出行方式是步行、骑马或者游泳。但幸运的是，在史前时代，出现了很多对人类发展有重要意义的发明，其中最重要的发明之一就是轮子。

在那些古老的时代，人类经常从大自然中获得灵感，从而创造一些能够让自己的生活变得更便利的东西，但大自然中没有轮子……大自然中有木头，可能是因为人们看到了能够让木头一直滚动，从而激发了灵感。

正如很多古老的事物一样，我们并不确定轮子是谁发明的，什么时候发明的。据说它是由苏美尔人在公元前3500年左右发明的，乌尔城的一幅雕刻画证实了这一点。苏美尔人是生活在古代的美索不达米亚地区（大部分在今伊拉克境内）的一个民族，他们创造了世界最早的人类文明。但是人们在斯洛文尼亚的一处遗址中也发现了一个轮子，其所属年代与前者大致相同。

目前已知的是，最早的轮子是实木制成的，用横梁或轴连接。不久，人们挖空了圆轮的一部分，留下的部分就是辐条，这样轮子就轻多了。通过把两对轮子连接起来——两个在前，两个在后——这样就稳定多了，于是第一辆马车出现了。终于，人们结束了去哪儿都要步行的日子，他们可以乘车出行而不至于疲惫不堪。此外，家畜不再需要驮着货物，而是可以拖动木轮车进行搬运。当人类已经开始了以农耕为主的定居生活，木轮车对搬运猎物或田间工作显得十分重要。

最初的用途
人们认为轮子最初是用来制造罐子等容器的，因为借助圆轮的转动，人们能够更好地对泥土进行加工。制陶工艺就是这样发展起来的。

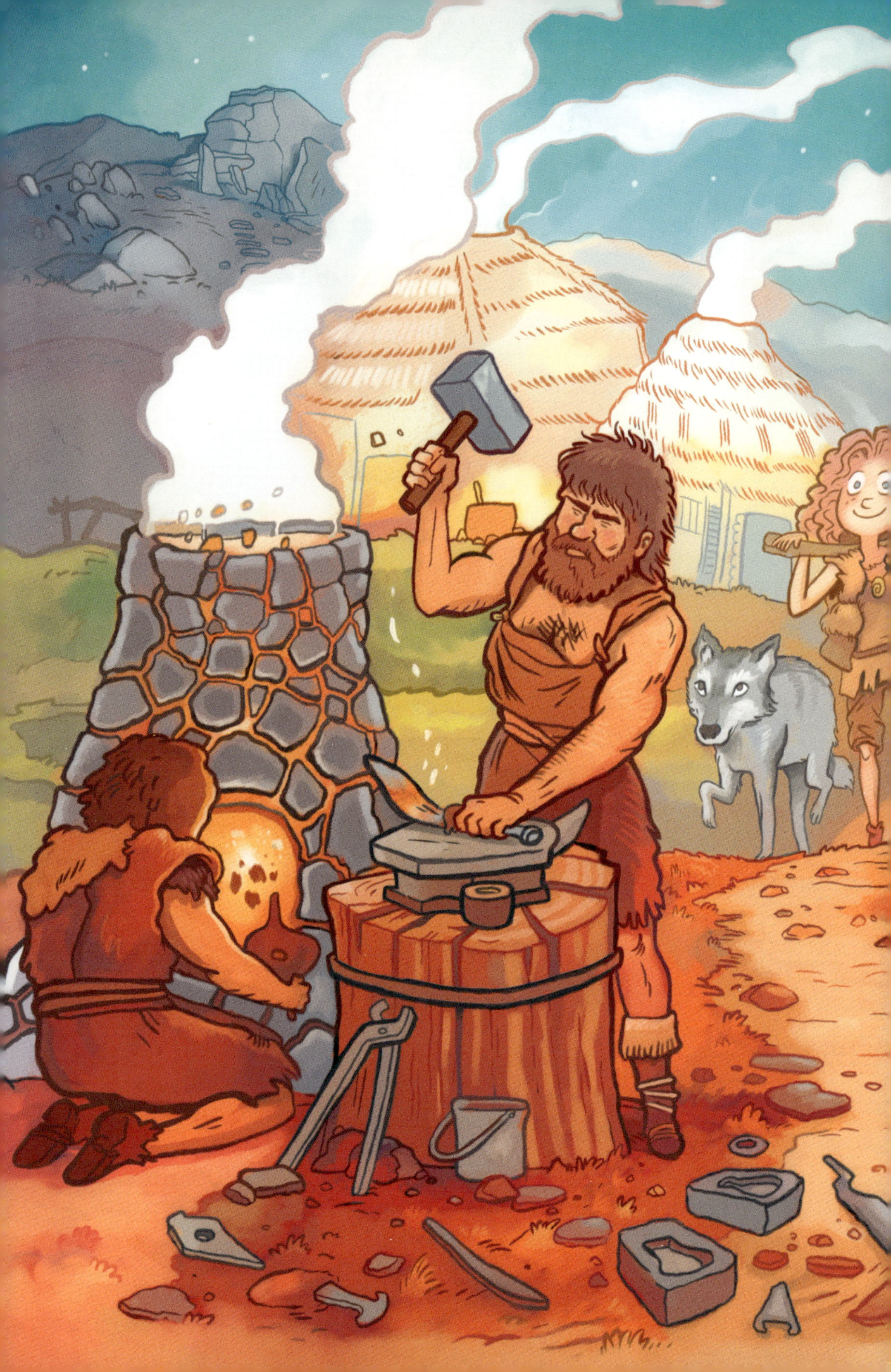

铁器时代

大概在史前时代末期，人类发现了一种可利用的新金属——铁。在此之前，人类已经在使用铜和青铜。他们用铜和青铜来打造不同的器具，这一过程被称为锻造，锻造技术使人类向文明发展迈出了一大步。

人类越来越懂得如何更好地适应环境，并学会了利用他们在自然界中可以找到的各种东西——尤其是金属——加以利用。他们首先开发了铜和青铜，用这两种金属制造了许多有用的物品。在史前时代的最后阶段，他们发现了一种新的金属——铁。和对青铜的做法一样，他们将铁加热到非常高的温度，以使其变成所需的形状，用来制作武器和其他器具。

公元前13世纪前后人类进入铁器时代，尽管不同地区发现铁的时间有所不同，但铁的使用很快就传播到世界各地。

铁是一种坚硬且有韧性的金属，它能够改良由其他材料制造的物品和工具，用铁制造的物品和工具更加坚固和耐用。最重要的是，它对战争起到了推动作用，从那时起，武器、头盔和盔甲都是由铁制成的。一切都发生了变化，因为此前人们使用的是用石头、棍子或铜做的剑，用这样的武器战斗和挥舞一把用铁制造的坚硬且锋利的剑去战斗，是完全不一样的。

史前时代的结束

铁器时代是史前时代的最后阶段。据最早的文字记载，历史学家认为史前时代的结束就意味着史前史的结束，史前史是人类历史上最古老的时期。

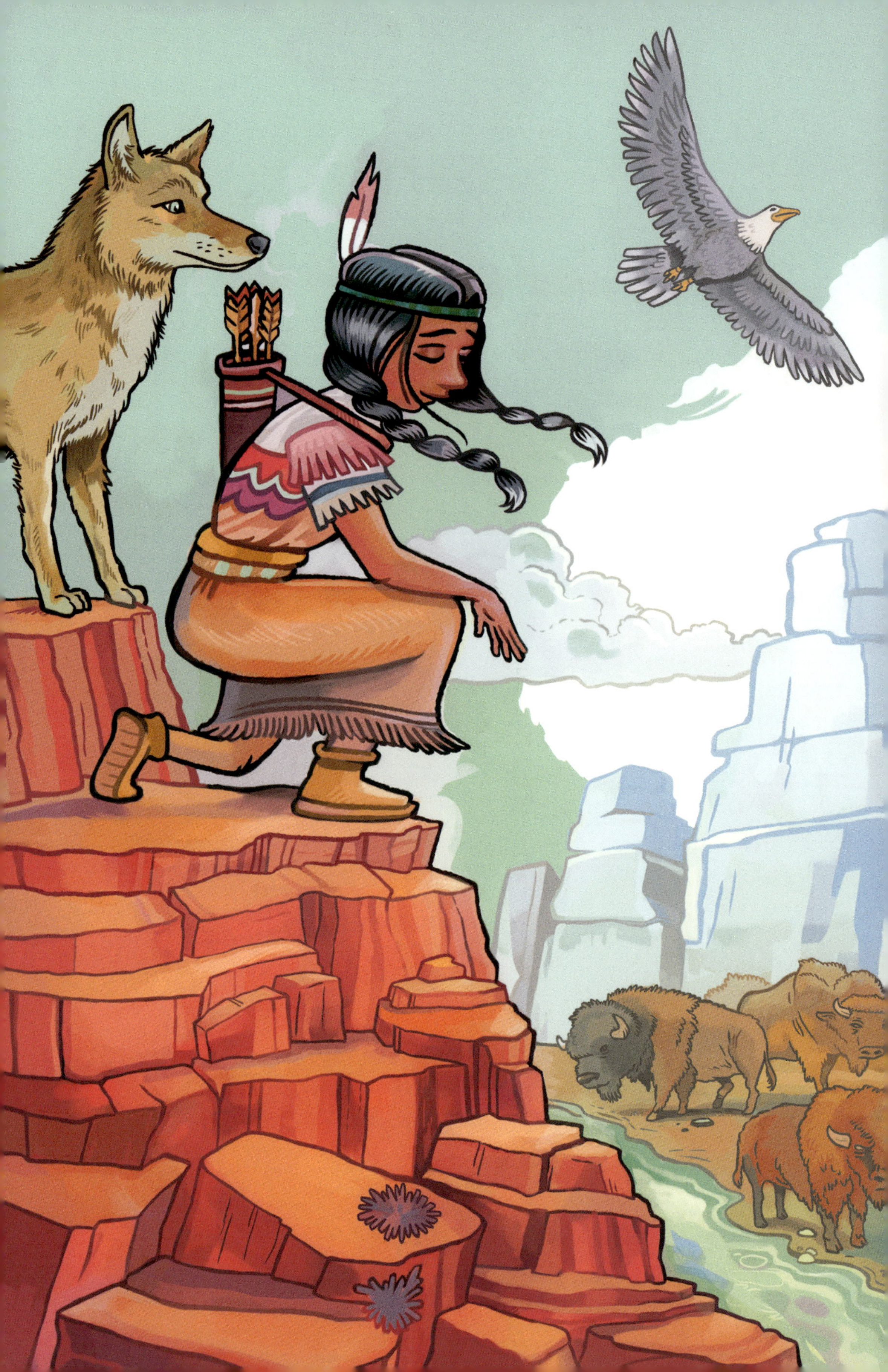

美洲最早的居民

在美洲大陆，史前人类发展出了不同的文明。这些文明彼此之间差异很大，因为每一种文明都是为了适应它所在的地理环境——气候、自然条件，而发展起来的。

当早期的人类离开了非洲以后，他们开始向世界各地迁徙。关于早期人类是如何以及经由哪里到达美洲的，存在不同的观点。有人说是通过陆路，从美洲大陆北部的阿拉斯加过去的；有人说是通过海路，从太平洋过去的。无论这条漫长的旅程是如何完成的，有证据表明，距最早人类在美洲大陆出现，已经过了3万年了。

这些最早的美洲居民被称为土著人、印第安人、土著居民、美国印第安人或美洲土著人，他们最初是游牧民族，以狩猎和采集为生。后来，他们中的一些人在广袤的土地上的不同地方定居下来，成为一个个部落。随着时间的推移，他们发展出重要的文明，例如中美洲的奥尔梅克文化、玛雅文明和阿兹特克文明，以及位于南美洲秘鲁、玻利维亚、智利中部、厄瓜多尔和阿根廷北部的印加文明。这些文明以农业社会为主，发展迅速，并且创造了新的技术。

而分布在北美地区的主要是一些部落，例如因纽特人、苏族人、阿帕奇人等，我相信你可能听过这些名字中的一些。其中一些是游牧民族，他们住在搭建的帐篷里；一些是定居民族，住在村庄里。很多部落非常喜欢的狩猎对象是野牛，因为野牛身上的东西几乎都用得上：肉可以作为食物，皮可以做成大衣、毛毯和莫卡辛鞋（你知道这种鞋最早来自北美印第安人吗？），骨头可以做成工具和武器，牛角则用于制作装饰品和珠宝。

美洲的印第安人
航海家哥伦布当时以为自己发现的陆地是印度，并将当地人视为印度人，而事实上他发现的是美洲大陆。

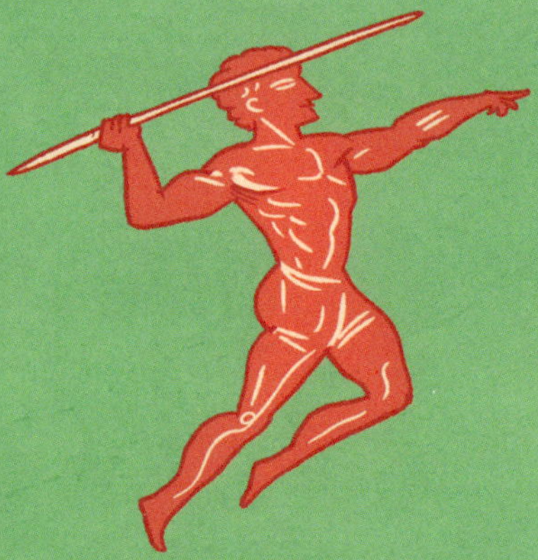

古代

随着文字的发明，史前时代结束了，一个新的时代开始了：信史时代。这个新的时代开始于5 000多年前，从那时起，世界各地最早的文明开始发展起来，如美索不达米亚文明、古埃及文明、中国文明，以及后来的古希腊文明。这些文明在艺术、科学和哲学领域取得了巨大进步。西方学界将历史中的这个最初的阶段称为"古代"。

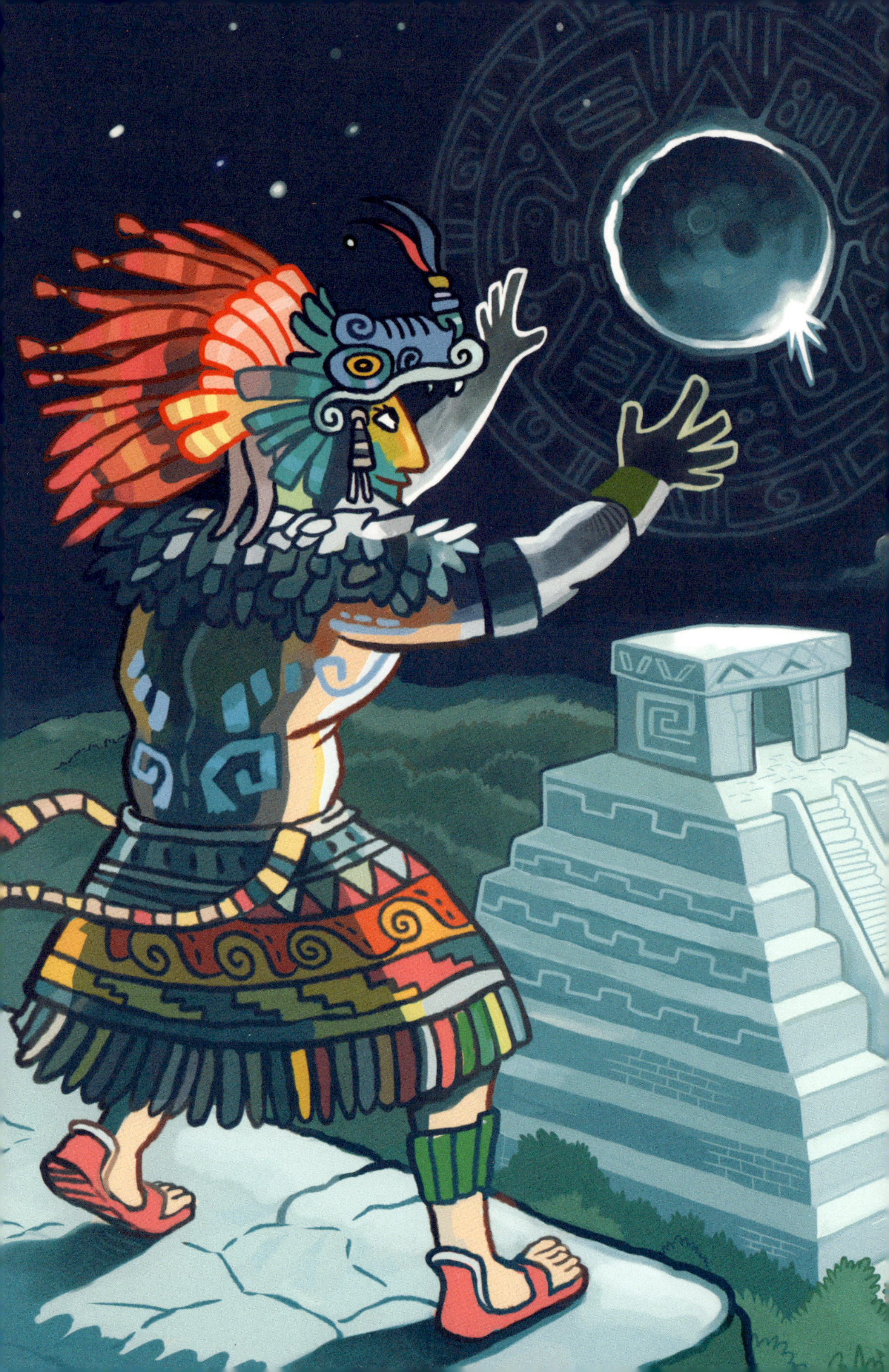

一种非常发达的文明

玛雅文明诞生于美洲中部地区，由当时一些定居在那里的部落创造。虽然后来它开始衰落，但并没有完全消失，后来人们重新发现了那些在大约 10 世纪被玛雅人遗弃的城市，它们依旧令世界震惊，因为人们没想到在丛林中隐藏着如此壮观的景象。

玛雅文明可以追溯到公元前 2500 年左右，并在约公元 250—900 年的古典时期达到鼎盛。玛雅文明非常发达，因其良好的体制、令人惊讶的建筑、先进的数学和天文知识、杰出的战士、农作物和历法而闻名。玛雅人还发明了一种非常复杂的书面语言——在石头或木头上雕刻的象形文字。

玛雅人建造了城市，比如奇琴伊察、蒂卡尔和科潘，在这些城市中都有金字塔式的台庙，在那里人们进行祭祀、举办向他们的神祇献祭的仪式。这些金字塔式的庙宇是巨大的建筑群，其规模和上面雕刻的精美的图案在今天仍然让人震撼。他们从事农业生产，主要种植玉米。他们还种植豆类、西红柿、可可和块茎类等植物。玛雅人为我们的厨房和味蕾做出了巨大的贡献。没有他们，我们可能现在都吃不上巧克力！因为巧克力的主要原料是可可豆。可可豆在当时十分宝贵，甚至被当作货币。

玛雅文明，如果说有什么是众所周知的，那就是玛雅人基于对金星和太阳的观察而创立的玛雅历法。本世纪初，玛雅历法几乎挂在每个人嘴边，因为根据这个历法，世界末日将在 2012 年 12 月 21 日降临。尽管许多人并不相信，但还是怀着些许紧张的心情等待那一天的到来。最后，什么都没有发生，证据就是我们都还在这里。

如今的玛雅人

尽管玛雅文明衰落了——目前还不能完全确定是如何衰落的——但玛雅文明的影响仍然存在于他们的后裔中，其后裔主要分布于中美洲国家（尤其是萨尔瓦多、洪都拉斯、伯利兹和危地马拉）和墨西哥。

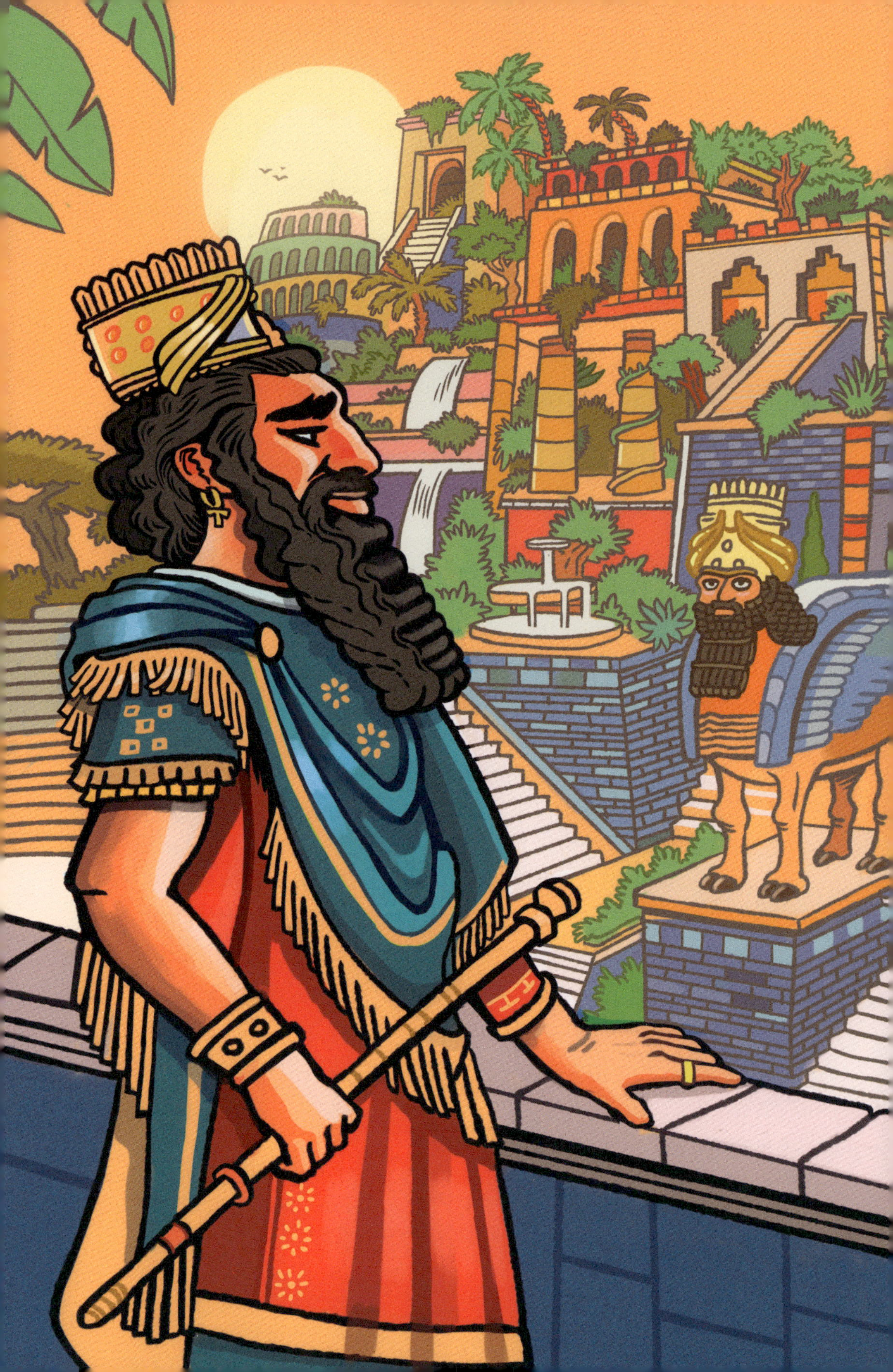

底格里斯河和幼发拉底河之间

在亚洲西部的叙利亚东部和伊拉克境内曾经有一个很广阔的区域，被称为美索不达米亚，意思是"两河之间的地方"，这两条河指的是底格里斯河和幼发拉底河。约公元前3000年，最初的文明之一正是在那里发展起来的。

如今，大多数的大都市位于河流沿岸，而在过去，主要的文明同样是依河而生。例如尼罗河沿岸的古埃及文明和两河流域的美索不达米亚文明。因为河流意味着有水，有了如此近在咫尺的水，当时的美索不达米亚人可以根据需要灌溉农作物，不必只等着下雨，所以他们的收成更好，更富足，甚至还有多余的食物。他们以农业和畜牧业为生，并且很早就有贸易活动。在美索不达米亚文化中，国王拥有绝对的权力，此外他们信仰众多神灵。美索不达米亚人不乏伟大的数学家、艺术家和建筑师，他们用土坯和烧制的砖头建造了寺庙，被称为塔庙，该建筑物具有阶梯式的结构。

最早的城市是独立自主的，被称为城邦，例如乌尔和乌鲁克。每一个城市都按照自己的方式组织和发展，但这些城市会征服它们的邻居，以控制邻居的资源，增强自己的权力。因此，那时发生了许多战争，一些地方的控制权在各个城邦中流转。

在美索不达米亚居民中，最重要的是苏美尔人（就是那个据说发明了轮子的民族）、阿卡德人和巴比伦人。巴比伦人创建了巴比伦王国，其首都是巴比伦城，这是一座伟大的城市，其宏伟的建筑令所有有幸看到它的人都惊讶不已。然后，亚述人来了，波斯人来了。后来，在亚历山大大帝的带领下，马其顿人也来了。

巴比伦空中花园
在巴比伦，曾有一个名字很长的国王，他是尼布甲尼撒二世。他被载入史册的原因之一是他建造了空中花园，这个花园是如此地美丽，以至于被誉为"世界七大奇观"之一。

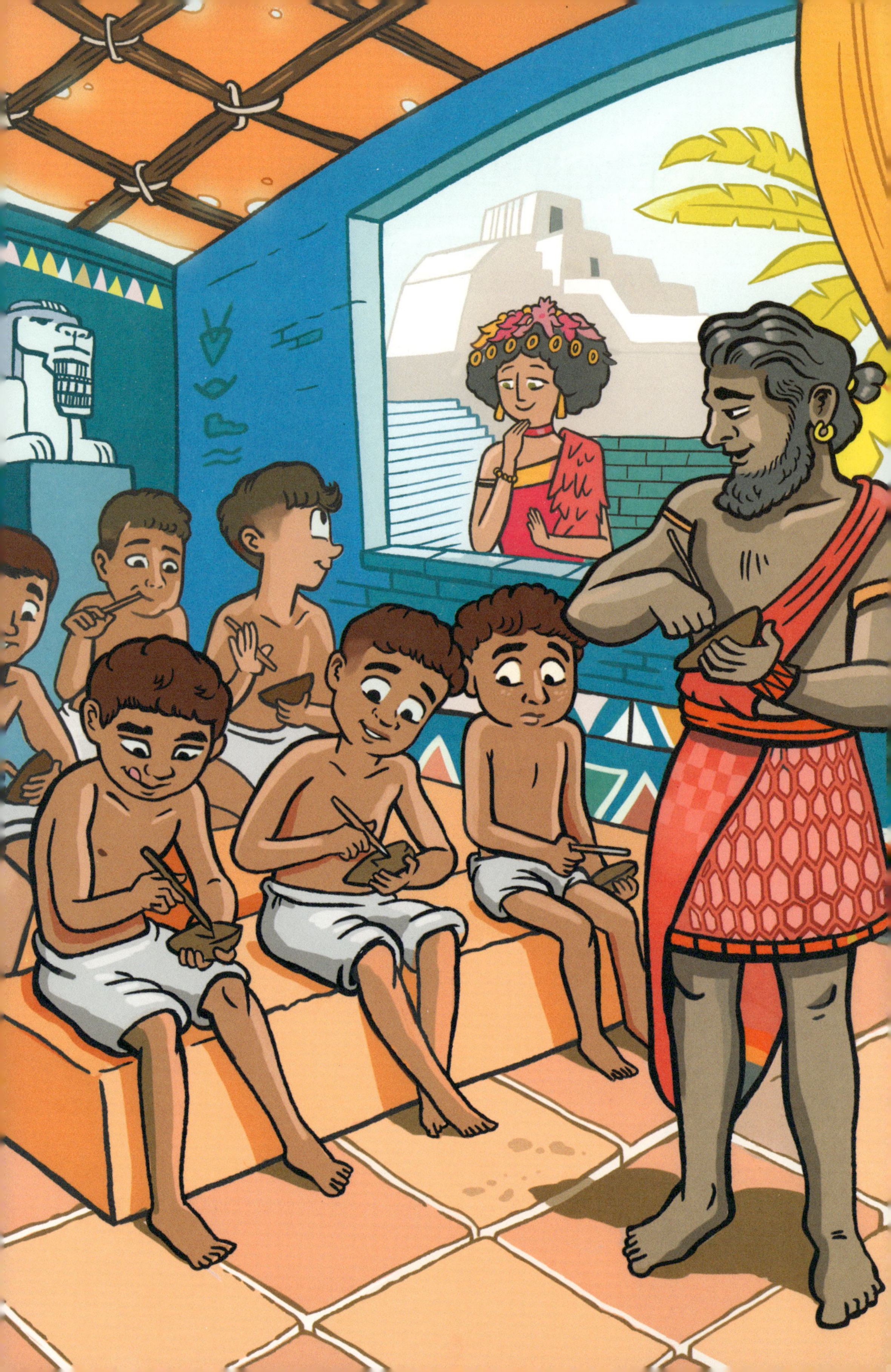

信史时代开始

由于有了文字记载，我们对过去发生的事件有了更多的了解。对于历史学家来说，文字的出现标志着史前时代的结束，以及信史时代的开始。

公元前3300年左右，在美索不达米亚南部的苏美尔地区出现了文字，最早的文字记载就来自他们。不久之后，公元前3200年左右，在埃及也出现了文字。苏美尔人用芦苇尖在软泥板上画出符号，然后在太阳下晒干。由于他们在软泥上标记的线条很像木楔，因此被称为楔形文字，它被认为是最早的正式文字。起初，他们用符号（类似于今天的表情符号）只做一些标识，用来代表动物、器皿、食品……但随着时间的推移，他们开始赋予这些符号语音，这使得它们可以组成单词或短语来表达其他概念。最早的用途主要是关于商业活动，记录契约或商品交易的情况。

古埃及人则在神庙和陵墓的墙壁上，在软泥板和木板上，书写着著名的象形文字。他们还在莎草纸上用僧侣体书写，莎草纸就是当时的纸张，由纸莎草这种植物制成，它们大量生长在尼罗河畔。他们用芦苇笔（斜切的小芦苇秆）或羽毛蘸着墨水进行书写。在学校里，为了成为书吏而学习的孩子要花很多年时间去学习这种非常难的书写系统。因为当时大多数人都不会写字，所以书吏是非常重要的人，由他们负责书写文本和抄写文本。正是由于古埃及象形文字，我们现在才能对古埃及有较多的了解。曾经在很长一段时间内没有人知道这些在各地发现的神秘的图形符号的含义，这种情况一直持续到罗塞塔石碑被发现后才得以改变。但这是另一个故事了。

其他文字

古埃及象形文字很难写在莎草纸上，因此古埃及人创造了一种更简单的文字，称为僧侣体，他们在莎草纸上用僧侣体写各种文本。后来他们又创造了一种书写速度更快的文字，被称为世俗体。

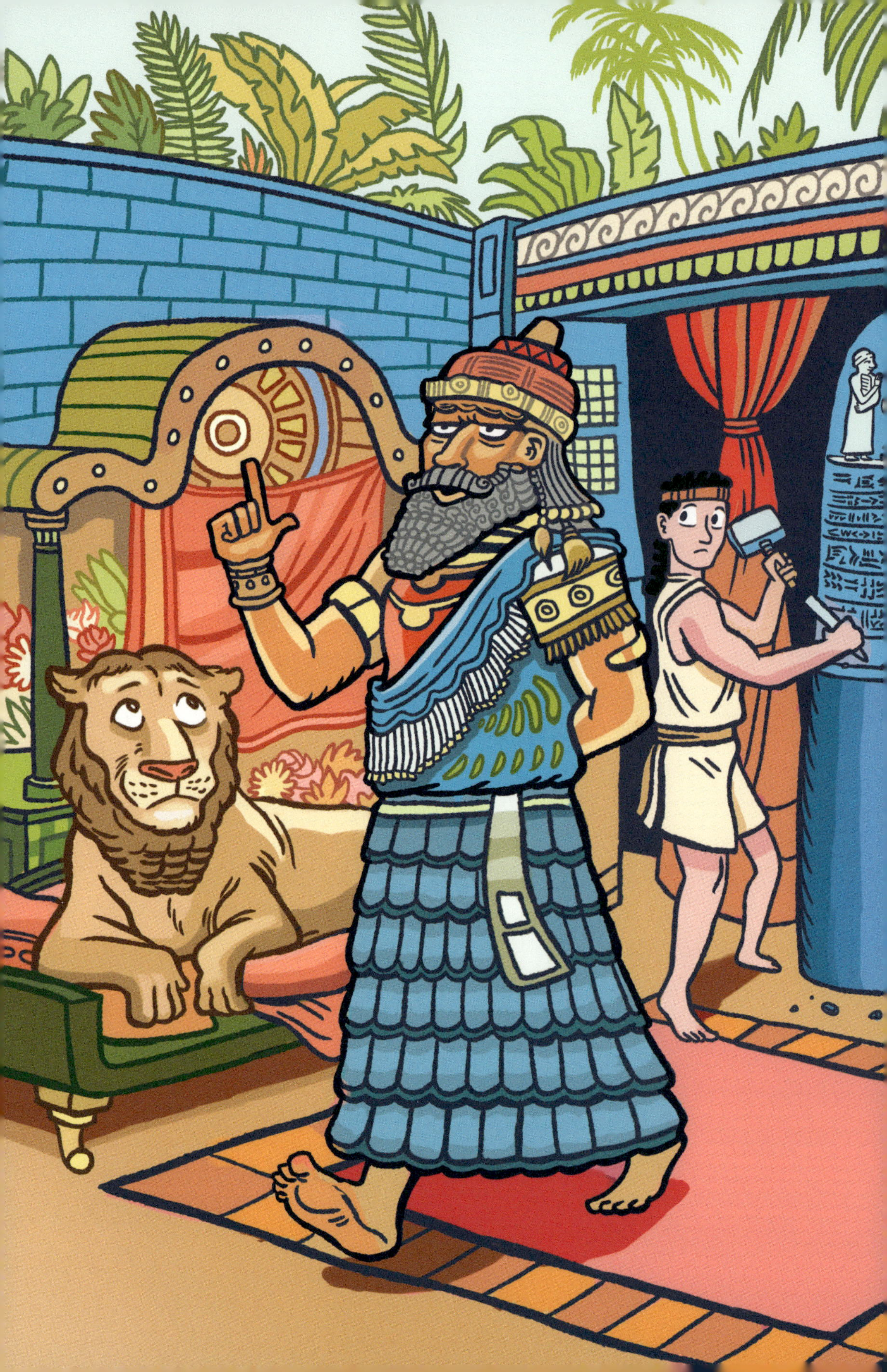

一部全面的法典

在古巴比伦，小偷和歹徒如果不想受到严厉的惩罚，就必须规规矩矩。因为在那里，处罚由法律规定。这是人类历史上第一次将法律以文字的形式写下来，这样每个人都知道如果触犯了某条法律，应该受到什么样的惩罚。

巴比伦是美索不达米亚的一个城邦。在美索不达米亚的土地上，很多事情都已经很先进了，那里的人们发明了轮子和文字。在制定规则方面，他们同样非常先进，因为目前世界上迄今完整保存下来的最早的一部法典就出自他们之手，那就是用阿卡德语楔形文字写成的《汉穆拉比法典》。

大约4 000年前，在巴比伦有一个叫汉穆拉比的国王，他很有学问，也非常关心他的子民。他意识到在他的国家里没有社会秩序，并决定着手解决这个问题。根据国王本人的说法，太阳神沙马什向他下达了几条法律，确切地说是282条，这些法律的目的是治理社会，为这片土地带来和平。

这位国王决定将法律写成文字，并下令将其刻在石头上，以便每个人都能读到。那是一块非常大的黑色石头——它必须得是一块非常大的黑色石头，这样才能写得下这么多条法规——其高度超过两米。在石头顶部刻有国王接受沙马什下达法典的浮雕画。《汉穆拉比法典》颁布于18世纪，据说最初石碑被放在西巴尔城的夏马西的神庙里。后来，国王命人制作了复制本在整个国家分发。这样就没有人可以用自己不知道怎么做是对还是错为借口去犯错了。

就像古代的许多东西一样，后来这部法典就不知踪迹了，直到它在1901年被考古队发现。在此之前，人们完全不知道它的任何信息。它保存得非常完好，如果你想一睹真容的话，可以到巴黎的卢浮宫博物馆里去参观。

涵盖一切的法典

《汉穆拉比法典》涉及生活的许多方面：责任和义务、社会地位、职业、产权、婚姻……你无法想象根据这部法典，如果当时有人销售残次产品，他将会受到什么惩罚。

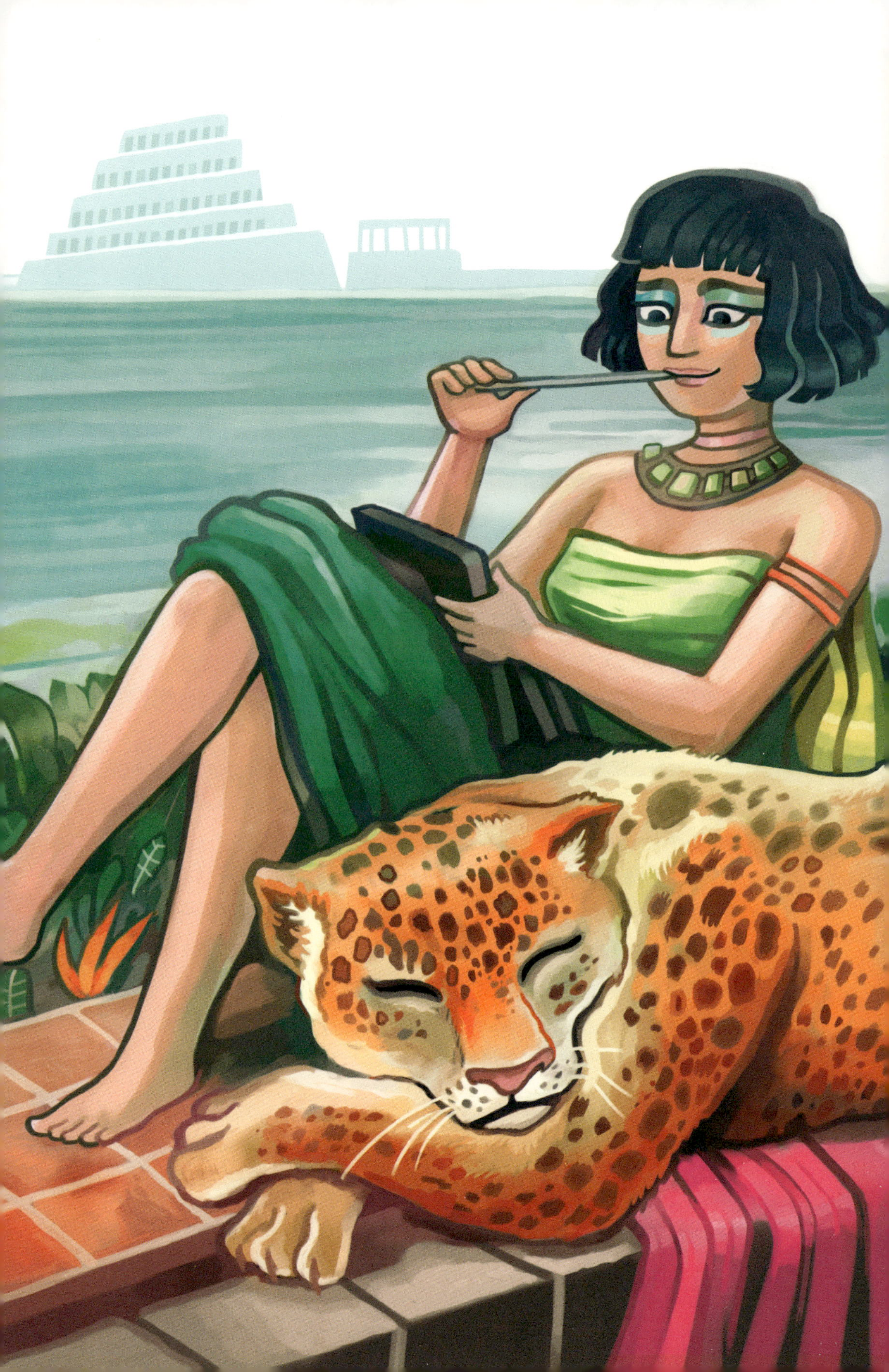

诗人和女祭司

第一个撰写文学作品并署名的人是一名女性。她是 4 000 多年前的一位公主，也是月神南娜的高级女祭司。对于历史上的这位女作家，人们曾经几乎一无所知，直到现在才慢慢开始关注。

一旦书写成为日常生活的一部分，它就不仅仅用在行政管理和商业交易中了。于是从某一刻开始，文字变成了艺术的载体。诗歌诞生了，用文学表达感情的能力诞生了。

安海度亚娜是阿卡德国王萨尔贡一世的女儿，这位国王统治着美索不达米亚的众多城邦，创建了历史上目前所知的最早的王国之一——阿卡德王国，其首都是阿卡德。萨尔贡任命他的女儿在乌尔城担任月神南娜的高级祭司。

阿卡德人是多神论者，也就是说他们同时信奉几个神，其中月神南娜是最受尊敬的。神殿由大祭司和女祭司管理，他们同时具有宗教和政治职能，是社会上非常有权势的人，他们负责发出指令，而所有人都必须服从他们。安海度亚娜就是他们中的一员，虽然官方意义上她是南娜的女祭司，但实际上她敬仰的是伊南娜——战争和爱之女神，这位女神后来被称为伊丝塔。

安海度亚娜写了许多献给诸神的诗歌，并创作了宗教赞美诗，其中包括《伊南娜女神赞歌》。她还写了关于她父亲功绩的编年史。人们在乌尔的神庙的一块雪花石膏圆盘上发现了她的诗作，她的名字出现在印章上，后来该神庙被重建。如今该诗作在费城的一个博物馆中展出。

一个有深意的名字

虽然安海度亚娜（Enheduanna）这个名字可能听起来有点奇怪，但它充满深意。en 意为"高级祭司"；hedu 意为"装饰品"；anna 是"天堂"。所以她全名的意思可以理解为"天堂装饰品的高级女祭司"。

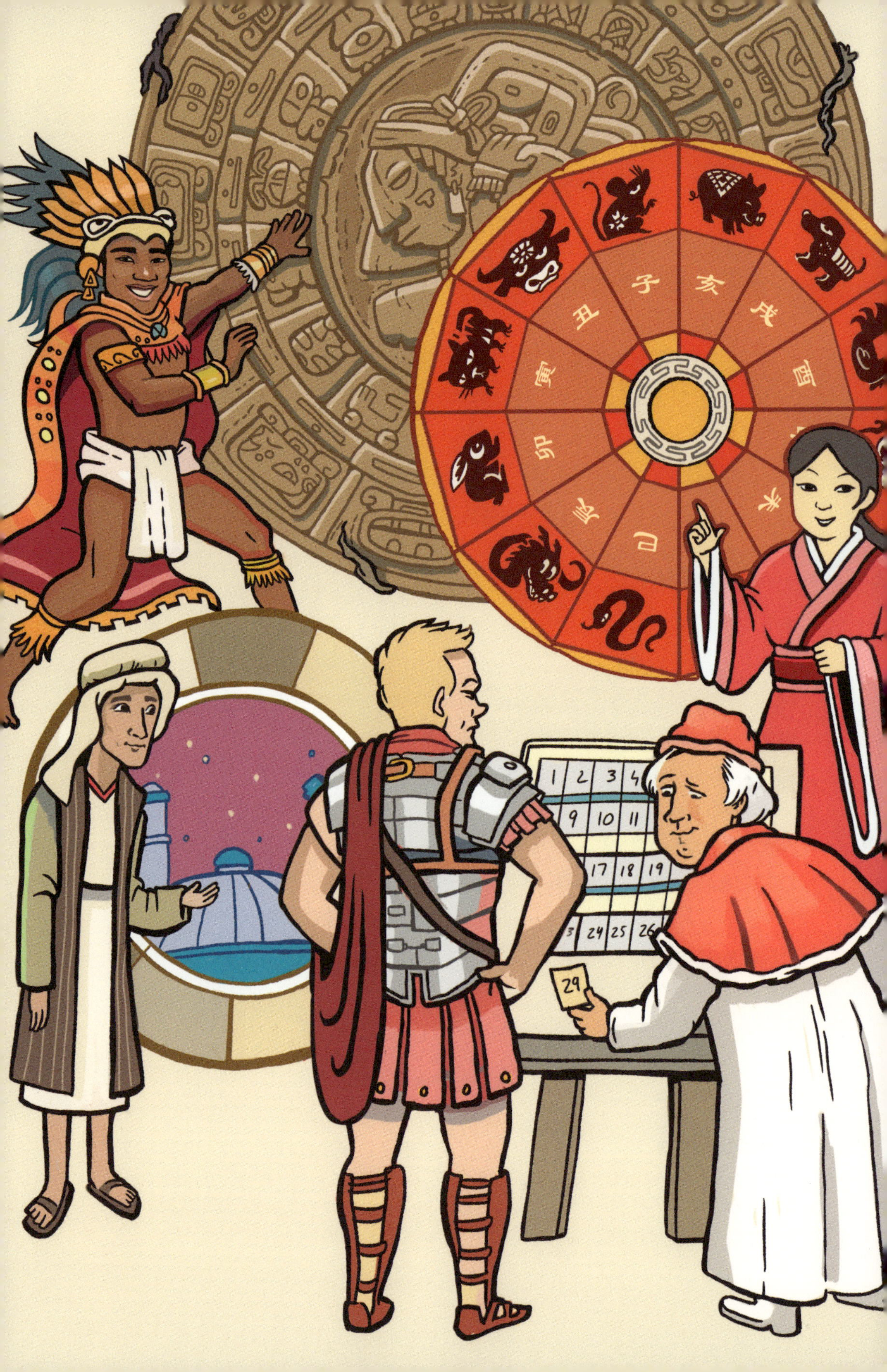

子
亥
戌
酉
未
巳
辰
卯
寅
丑
1 2 3 4
9 10 11
17 18 19
24 25 26
29

历法的发明

早期人类对周遭的一切都抱有强烈的好奇心。其中一种让他们感到惊奇的现象是月相的变化：月亮不久前还又圆又亮，接着就逐渐变小，直到消失不见，之后又逐渐变大，变回一个圆。他们根据这种变化来计算时间，于是最早的历法出现了。还有一些地方的人通过观测太阳来计算时间，比如古埃及人；还有一些地方的人同时观测太阳和月亮来计算时间。

你知道什么是历法吗？它可以看作描述时间流逝的一种方式。一开始，人们只计算天数，后来又划分出了星期、月份和年份。这些与天文学、地球自转一圈所需的时间（即24小时，1天）、地球绕着太阳转一圈所需的时间（即365天，1年）有直接关系。然而，阴历是依据地球的天然卫星月亮运行的周期（约29.5天）变化制定的，曾有很多文明使用阴历。崇拜太阳的古埃及人曾使用阳历，以更好地遵循农时。

我们今天所熟悉的历法起源于古罗马。"历法"这个词的西班牙文calendario源于拉丁文calendas，指的是每月的第一天。罗马历原本只有10个月，不太符合太阳的运行情况，因此人们对它进行了改革，增加了2个月，变成了我们今天所熟悉的12个月。

最终，罗马教皇格里高利十三世在16世纪颁布了格里历，新历法进行了一些修订，以纠正之前施行的儒略历累计的误差。后来，教会规定将耶稣诞生的那一年作为公元元年。

其他历法
格里历是目前使用最广泛的历法，使用者遍布全世界各地。但在一些地方还有其他历法在继续使用，例如中国的农历、伊斯兰教历（希吉拉历）和希伯来历（犹太教历）等。

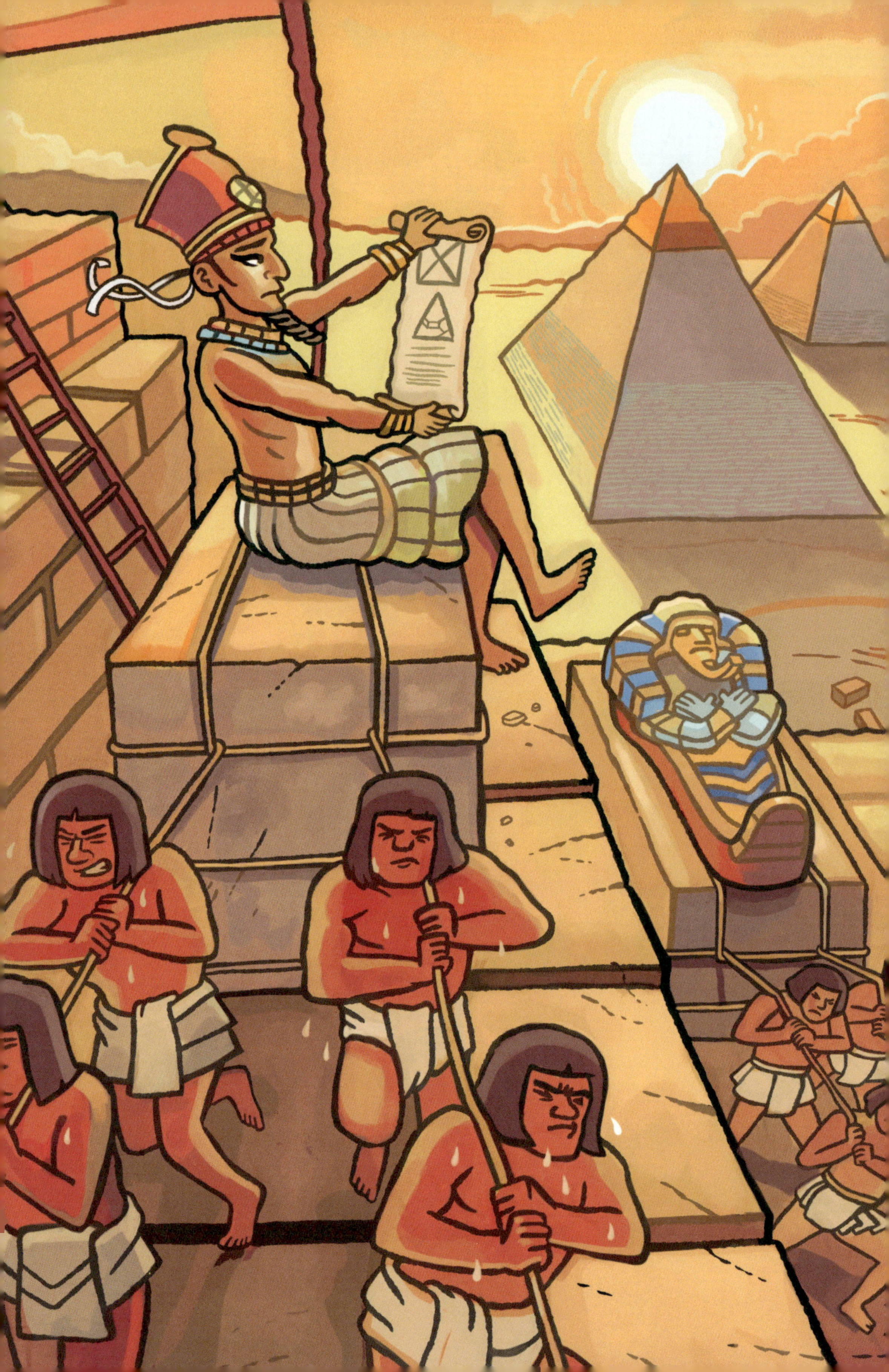

金字塔，古埃及的象征

5 000 多年前，古埃及文明在尼罗河畔发展起来。毫无疑问，它是有史以来最迷人的文明之一。它的神庙和金字塔至今仍然令世界赞叹不已。如果去埃及旅行，你会感觉仿佛穿过时光隧道，被带到一个神秘的地方。

有一段时间，法老们（在古埃及，国王被称为法老）命人建造金字塔以作为他们永恒的安息之地，因此金字塔是他们的陵墓。其中约有 90 座金字塔保留到了今天，最著名的是胡夫、哈夫拉和孟考拉的金字塔。它们的规模非常之大，据说胡夫的金字塔内部可以容纳八个足球场。它们不仅今天看起来令人印象深刻，在刚刚建成时应该更令人惊叹不已，因为当时它们周身被白色石灰石覆盖，金字塔的塔尖是金色的。

最为人津津乐道的谜团之一，是当时的人们如何能够建造出如此壮观和完美的建筑，毕竟当时没有滑轮，没有起重机，也没有我们今天用的技术。你知道三个金字塔中最大的胡夫金字塔用了多少块石材吗？超过 200 万块！试想一下古埃及人是如何从数百公里外的采石场搬运这些平均重 2.5 吨的石材的，而且那时候虽然他们已经知道了轮子，但还没有用它来进行运输。然而即使是这样，他们还是做到了。凭着聪明才智，凭着建筑学、工程学、数学方面的知识，通过无数的工人 20 多年的努力，他们做到了。

埃及学家正在逐渐揭开金字塔的神秘面纱，尽管如此，总会有一些问题有待解决，以及一些事情需要发现，所以在未来很长一段时间内，古埃及将会继续如此神秘迷人。

狮身人面像之谜

在吉萨的金字塔基区有一个同样令人震惊的建筑——狮身人面像。那是一个巨大的雕像，有着狮子的身体和人的头，头像部分据说是法老哈夫拉的雕像。虽然人们对它已经有了比较多的了解，但它仍然是历史学家热衷研究的对象。

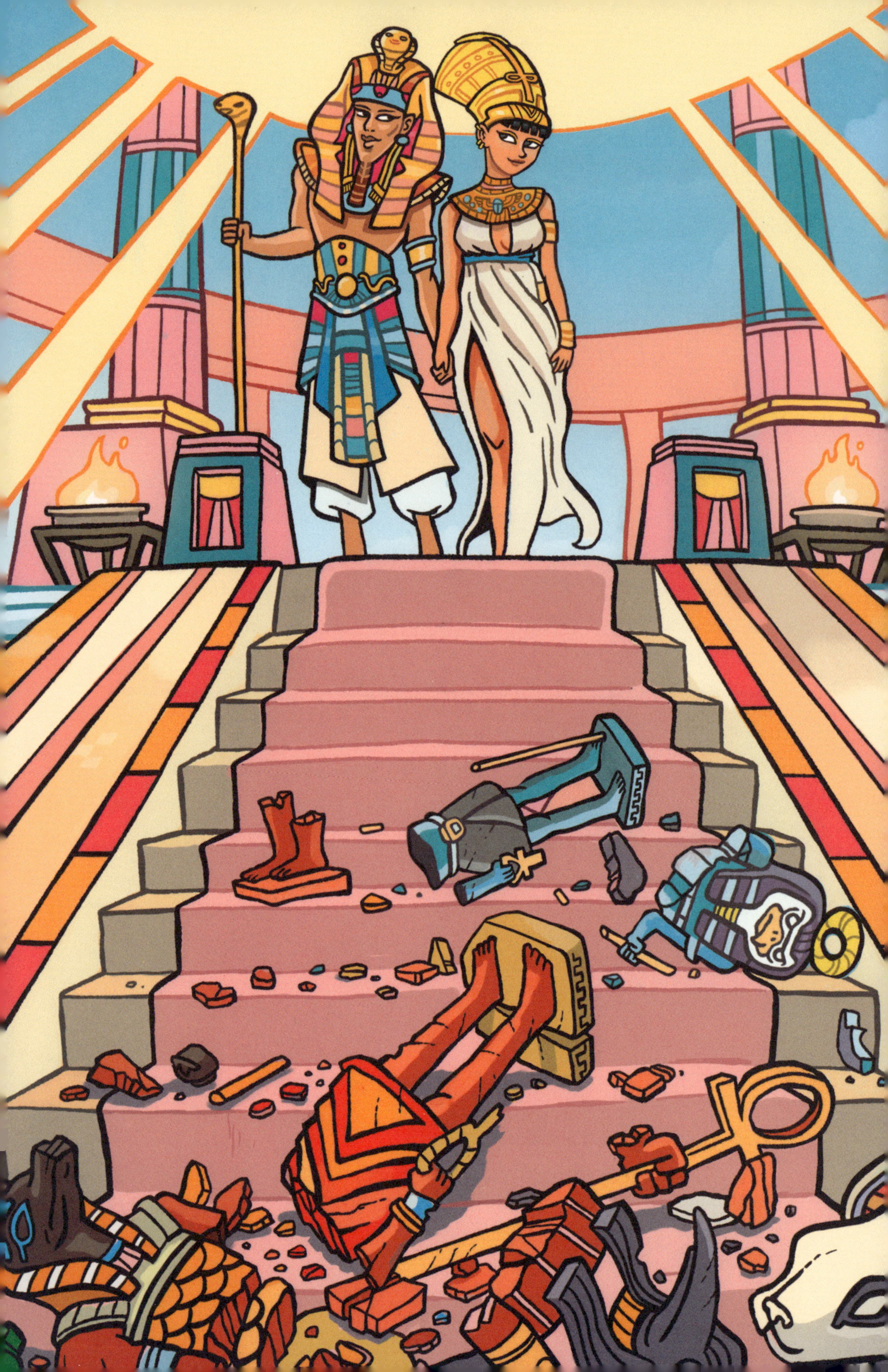

埃赫那顿，一位叛逆的法老

古埃及人相信来世的存在，崇拜许多神灵。他们为神灵建造神庙，并为他们举行仪式。但情况并非总是如此，有一位法老曾经改变了一切，尽管这种改变并没有持续多久。

当时在古埃及万神殿（放置一个宗教中全部神灵的地方）中有许多神。古埃及人崇拜底比斯守护神和太阳神阿蒙·赖神，也崇拜奥西里斯、伊希斯、阿努比斯、荷鲁斯和许多其他神。而有一位法老阿蒙霍特普四世有些叛逆，他决定不再崇拜其他神祇，只崇拜代表太阳的神，即阿顿。他为阿顿建造了一座巨大的神庙，还建立了新的都城——阿克塔顿，甚至给自己改名"埃赫那顿"。从那以后，他叫埃赫那顿，意思是"阿顿的侍奉者"。当时的古埃及人不喜欢这个决定，但由于他是法老，拥有绝对的权力，人们不得不服从命令。在他统治期间，人们很尊重他和他的妻子娜芙蒂蒂。他们俩变革了政治、社会和艺术。雕塑和绘画中的埃赫那顿和娜芙蒂蒂的形象，与前人的很不一样，后者在作品中通常只是僵硬地坐着，而埃赫那顿和娜芙蒂蒂则不同，甚至他们日常生活中的场景也被绘制出来。

这位法老去世后，斯蒙卡拉曾短暂地接任了他的王位，而埃赫那顿的儿子图坦卡顿又接替了斯蒙卡拉的王位。图坦卡顿继位时非常年轻，他受到了那些一直不认同他父亲信仰的人们的影响，而这些人成功地让他又恢复了多神崇拜，并将他的名字改为图坦卡蒙，这个名字明确地表示他与阿顿神脱离关系，而阿蒙·赖神再次成为古埃及万神殿的主神。尽管图坦卡蒙的故事并不重要，但因为他的坟墓被发现时几乎是完好的，因此成了最著名的法老之一。

一位有影响力的王后

人们认为，在埃赫那顿法老统治时期所发生的变革的背后，他的妻子娜芙蒂蒂发挥了很大作用，她是一位杰出且很有影响力的王后。她那广为流传的美貌名副其实，她名字的意思是"美人来了"。

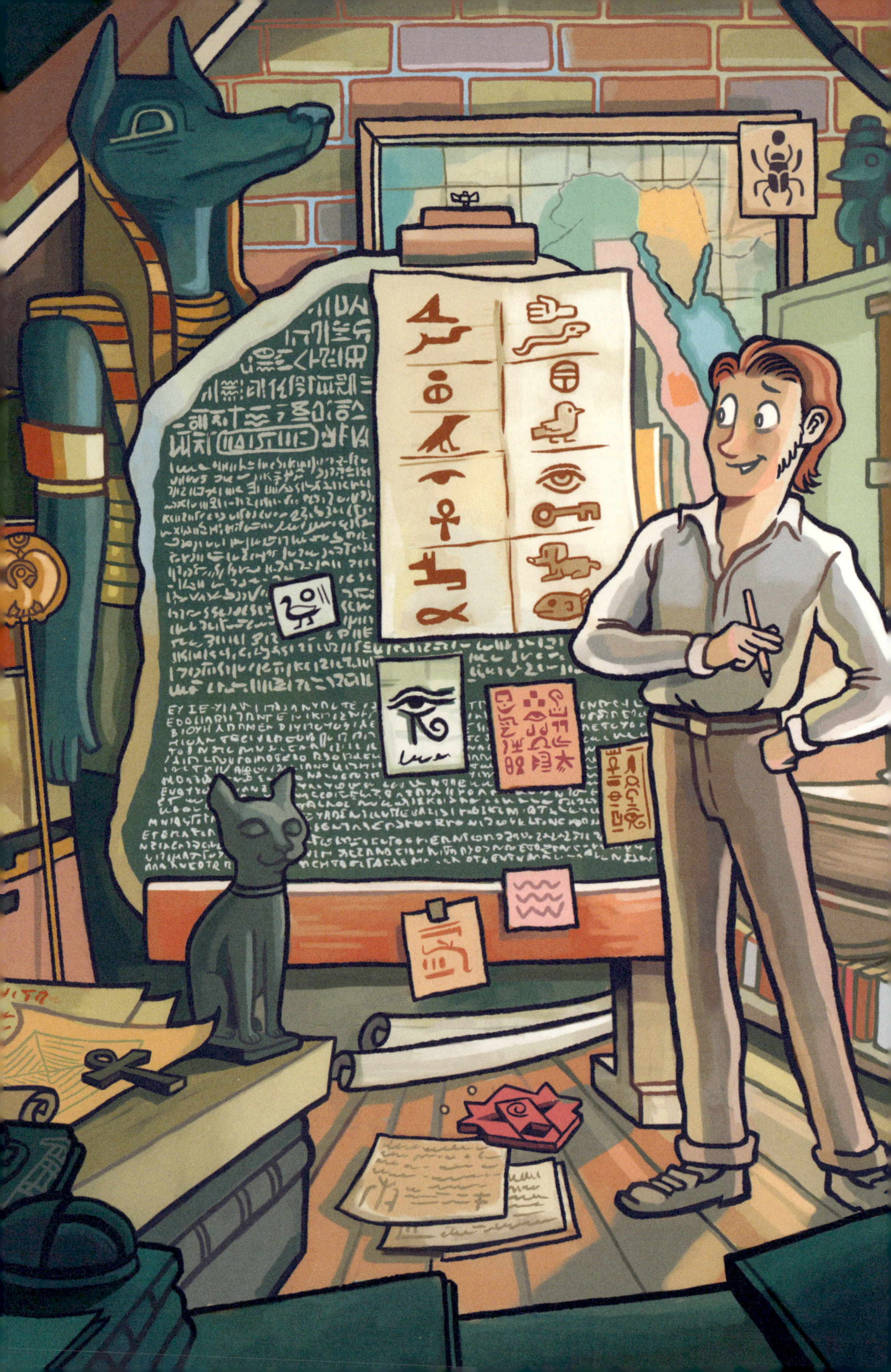

罗塞塔石碑解开的谜团

罗塞塔石碑是破解象形文字谜团的钥匙。多亏了罗塞塔石碑，人们才破译了雕刻在古埃及神庙和陵墓墙壁上的奇怪图形的含义。"象形文字"的西班牙文 jeroglífico 源自古希腊语，意思是"神圣的雕刻"。

大约 300 年前，欧洲人开始对古埃及产生兴趣，这样一个如此古老但却已经非常先进的文明让他们大为震撼。在很长一段时间内，没有人知道那些刻在各个地方的图形的意思，这种图形尤其在神庙中和墓地上更为常见。不管他们再怎么观察和研究，都无法破译它们的含义。

直到 1799 年 7 月的一天，一支由法国学者和考古学家组成的团队在一次随拿破仑远征埃及时，在罗塞塔城附近发现了一块刻有碑文的石头，他们把石头带了回去。很快人们就意识到这块石头的重要性，石头上有古埃及的象形文字、世俗体和古希腊文三种文字写的碑文。可以确定的是那是由三种字体写成的同一内容的文本，但具体内容不知。直到 1822 年，经过不同国家的几位研究者多年的努力，最终被一位名叫让－弗朗索瓦·商博良的法国语言学家成功地确定了三种文本之间的对应关系，并破译了这些文字符号的含义。经过多年的研究工作，人们终于能够知道古埃及人在墙壁上、陶器上、莎草纸上留下的信息的意思了。

从此，罗塞塔石碑声名鹊起。但你不要以为它是个庞然大物，它高只有 114 厘米，宽只有 72 厘米，而且有些破损。它如此重要，被陈列在伦敦的大英博物馆中展出，备受追捧。

语言学专家

据说，让－弗朗索瓦·商博良是个语言神童，虽然他直到 7 岁才上学，但他最终掌握了多门语言，包括拉丁语、希腊语、希伯来语、阿拉伯语、叙利亚语、科普特语等。

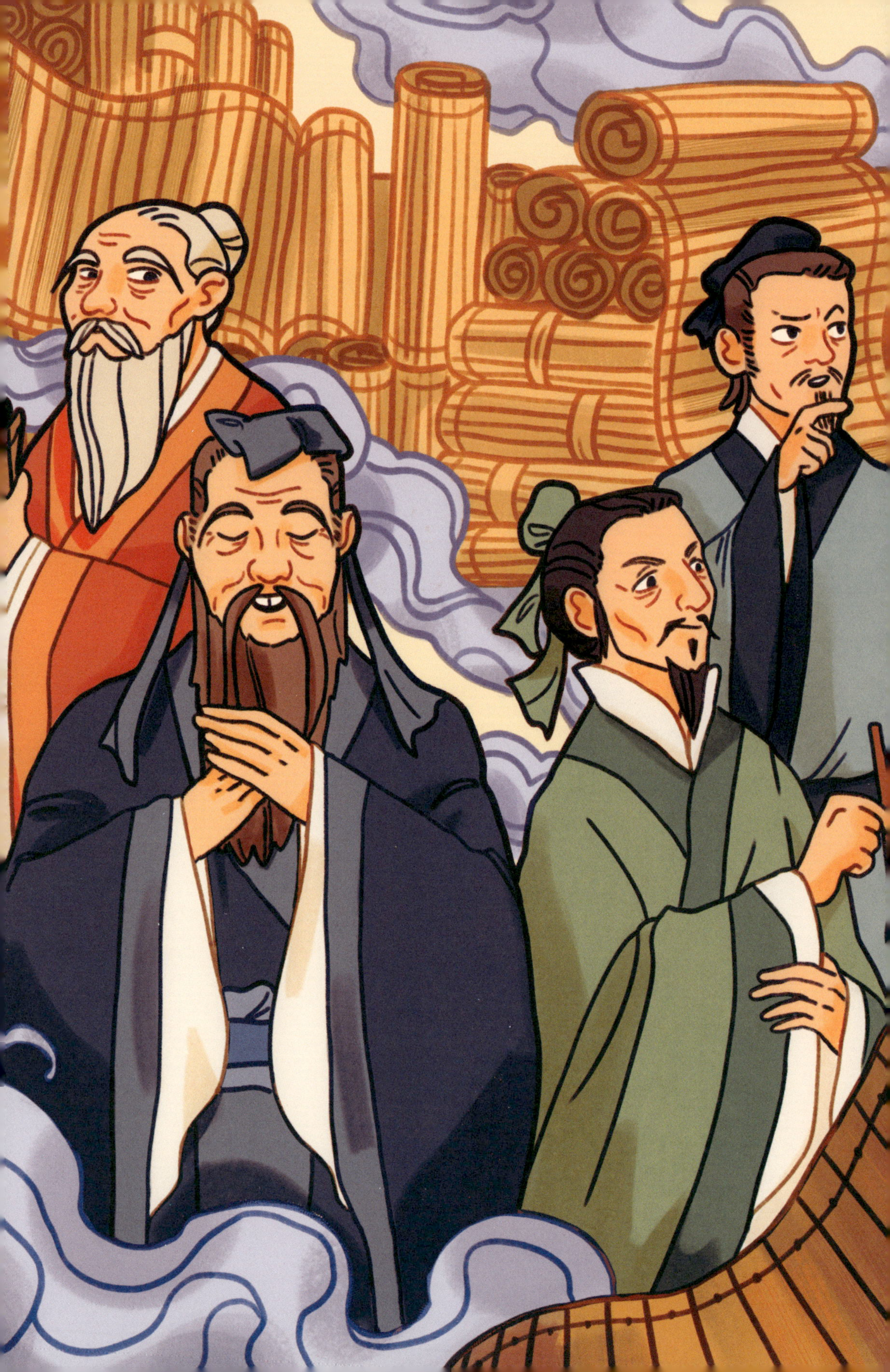

百家争鸣

中国的春秋战国时期是学术思想非常活跃的时期，形成了不同的学派，各陈其说，史称"诸子百家"。

这个时期，各学派之间相互影响，取长补短，造就了历史上"百家争鸣"的文化繁荣局面。其中，儒家、道家、墨家、法家等学派的影响最大。

孔子是中国古代杰出的思想家。他创立了儒家学派，其核心思想是"仁"和"礼"。他鼓励人们以仁心处理人与人之间的关系，提倡人们遵守礼仪规范，主张以德治国，反对苛政，认为只有实行德政，人民心悦诚服，社会才会稳定。孔子不仅是大思想家，而且还是大教育家。他曾经招收过不同出身的学生，先后培养了三千弟子，注重道德教育和文化知识教育。

老子是道家学派的创始人。他学识渊博，据说孔子都曾向他请教过很多问题。他认为万物运行有其自然的法则，人们应该顺应自然。他在政治上主张"无为而治"，认为世界上的人们与世无争，天下就能太平。老子的《道德经》集中展现了他的哲学思想，这部书成为道家的经典。

墨子是墨家学说的创立者，提出了"兼爱""非攻""尚贤""尚同"等观点。墨家学派分为前后两个时期：前期思想主要涉及社会政治、伦理及认识论问题，关注现世战乱；后期墨家在逻辑学方面有重要贡献，开始向科学研究领域靠拢。

法家提倡以法治为核心思想，以富国强兵为己任，着眼于法治在社会中的实际效用。代表人物有管仲、李悝、吴起、商鞅、慎到、申不害等，韩非子是法家学说之集大成者。

其他较有影响力的学派还包括兵家、名家、农家、纵横家、阴阳家等。百家争鸣奠定了中国主要的哲学思想流派，尤其是儒家和道家成为历代中国人重要的精神支柱。

"子"是一种尊称

"诸子"的子是一种尊称，在春秋时期，人们称卿、大夫为"子"，后来随着学者讲学之风兴起，又用于学者和老师了。

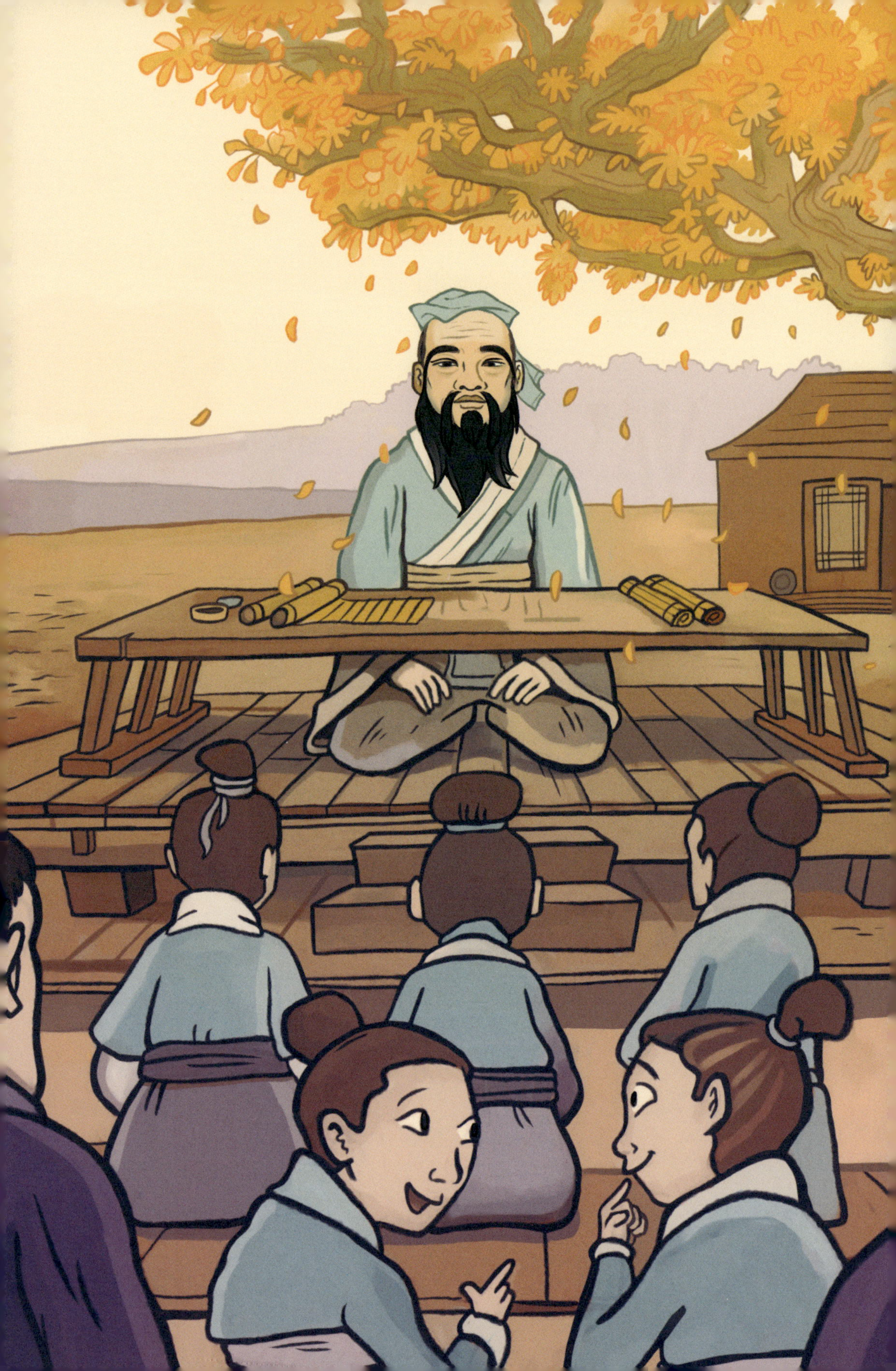

孔子时期的社会

中国从夏朝到清朝的漫长历史被分为不同的朝代。
公元前 6 世纪的时候，孔子传播他的思想，
当时的中国名义上由周朝统治，正处于春秋末期。

孔子（前 551—前 479 年）所生活的时期，各个诸侯国之间纷争不断，矛盾冲突是家常便饭。但显然并不是所有人都卷入了战争，生活仍在继续，社会也照常向前发展。城市越来越大，商人们把他们的产品卖给更多的人，因此商业得以发展。

孔子是一位思想家，做过官，当过老师。他的儒家思想对中国社会影响非常大，是中国传统文化的基础。在当时，学者是非常受人尊敬的。他们不喜欢人们彼此不和、战争不断，试图让社会归于和平。孔子就是这样的学者之一。当时学者通常是贵族阶层，紧随其后的阶层是农民、手工业者和商人。

官员指的是那些为统治阶层工作的人，当时他们工作内容很多。在古代中国，一切都是有相应规定的，甚至家里的装饰都要按照一定的规矩来布置。比如青铜礼器的使用成为王公贵族身份的象征。当时铁制农具和牛耕的出现促进了农业的发展，同时手工业也得到发展，商业活动更加活跃。

服饰制度

在封建社会，穿衣服也是有各种规定的。人们不能够根据自己的意愿随便穿衣服。比如，某些朝代丝绸质地的衣服平民不能穿，黄色的衣服只有皇家成员才能够穿，等等。

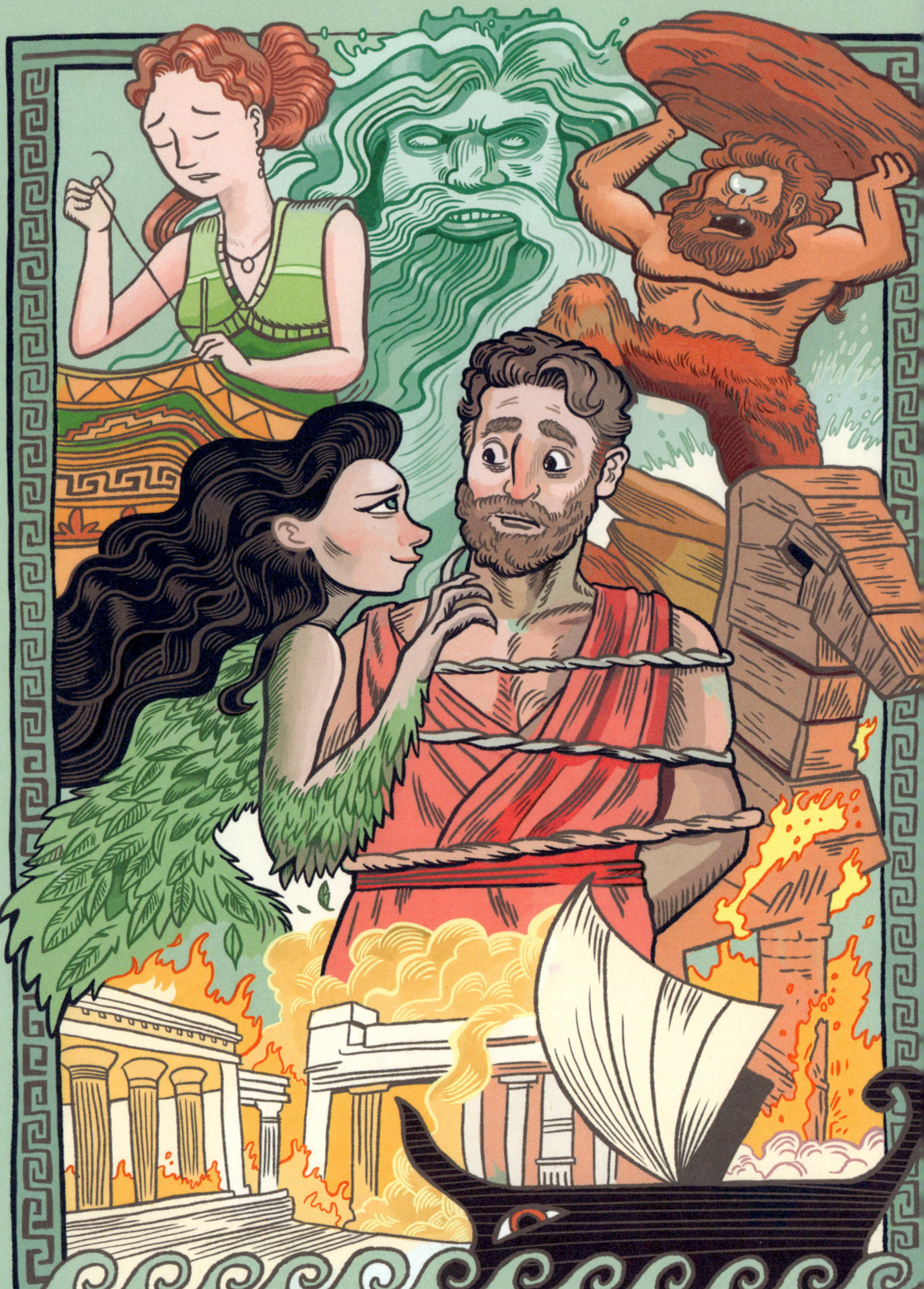

伟大的史诗:《伊利亚特》和《奥德赛》

在古希腊,神话传说在几个世纪口口相传。荷马根据几个人人皆知的故事,创作了两部跨时代的作品,它们成为西方文学的基础。

古希腊的《伊利亚特》和《奥德赛》都是篇幅非常长的史诗,讲述了神话中的英雄冒险的事迹。虽然它们很长,但还是有一些人,能把它们记得滚瓜烂熟,背诵出来。人们普遍认为是荷马确定了这些故事的最终版本,不过这些故事可能流传很久以后才被书写下来。

在《伊利亚特》中,有一段介绍了特洛伊战争(希腊人和特洛伊人之间的战争)以及参加战争的英雄的功绩,如阿喀琉斯、赫克托耳、阿伽门农和奥德修斯等。希腊人决定用计策进入特洛伊的王都伊利昂城。他们制造了一匹巨大的木马(著名的特洛伊木马),并把它放在海边。特洛伊人看到木马后,感到很惊喜,把木马带回了城里,但他们不知道里面藏着敌军的士兵。到了晚上,这些士兵从木马里出来,在杀死哨兵之后,他们打开了城门,放进自己的军队,一举攻下特洛伊的王都。就这样,一场持续了10年的战争结束了。

《奥德赛》讲述了特洛伊战争刚刚结束后,伊塔克岛的国王奥德修斯踏上了回家的旅程。但这是一个漫长的旅程,这期间他遭遇了太多的变故以至于花了10年时间才最终到达。一路上,他历尽种种艰险,打败了怪兽,制服了独眼巨人,还经受住了女妖歌声的诱惑。他终于到家,见到他的妻子和儿子。对于他的妻儿来说,多年的等待也并非易事,因为奥德修斯一直没有回家,纠缠着他妻子的追求者们认为他已经死了,因此逼迫她在他们中选择一个人作为她的新丈夫。

神话传说

希腊人很会讲述神和英雄的故事,他们用这些故事来解释过去发生的事情和自然界的现象,同时也将此作为一种教化途径。

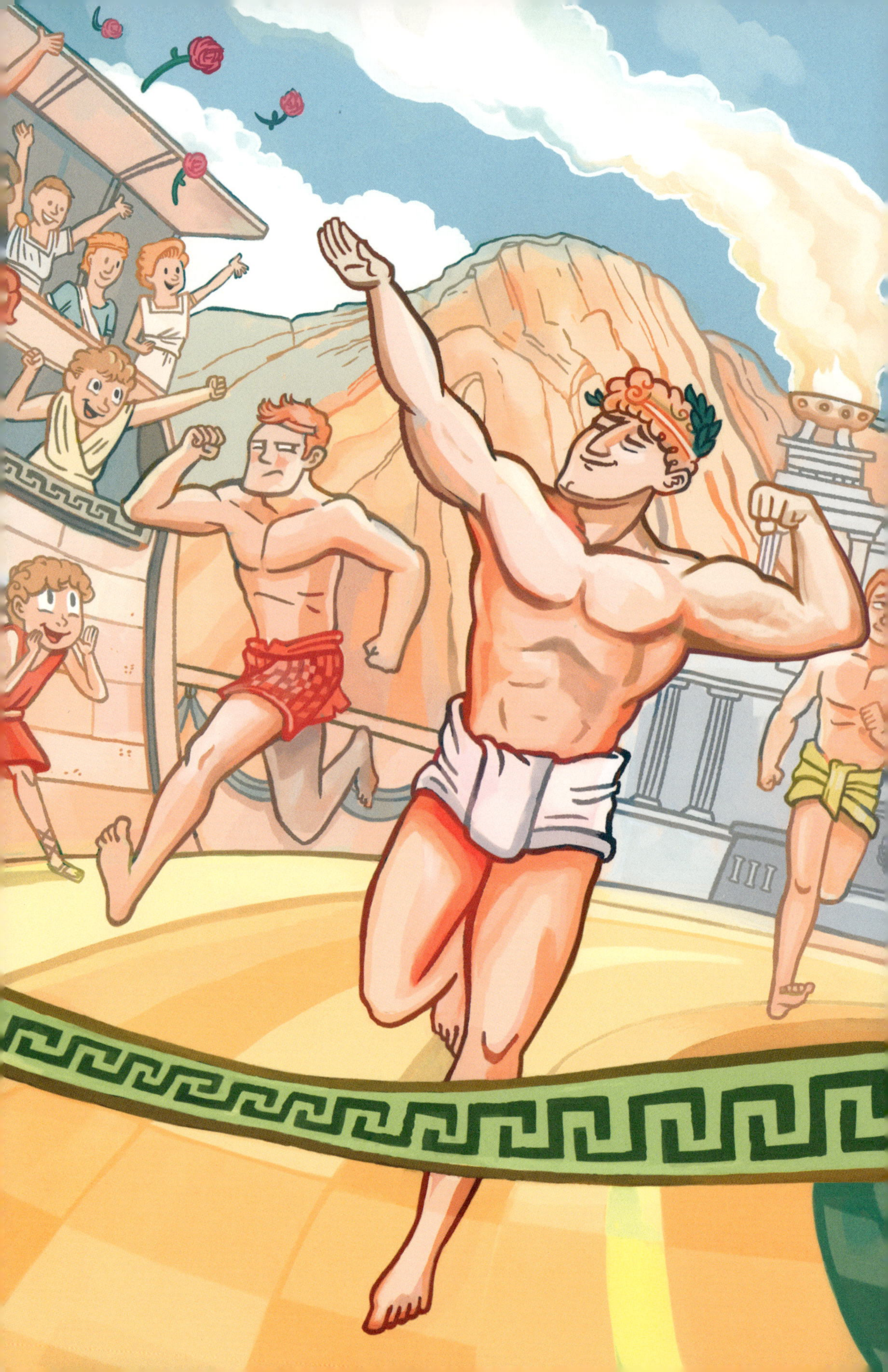

奥林匹克运动会，人民之间的友谊

现代奥运会（夏季奥林匹克运动会）是一项世界性综合运动会，如今每四年举行一次。奥运会的举办由来已久，第一届古代奥运会于公元前776年在希腊举行。

在古希腊奥林匹亚巨大的体育场上，当运动员进入场地接受观众喝彩时，观众会兴奋地鼓掌欢迎他们。运动员绕场一周后（和现在一样），运动会也正式开幕了。古希腊各城邦的人都会来参加这个活动，并且在那几天内，人们向神灵献祭，举行仪式，举办聚会、体育活动和艺术比赛，还会点燃火炬，火炬在整个运动会期间都不会熄灭。

古代奥运会是在奥林匹亚城举行的纪念宙斯（希腊万神殿中的众神之父）的庆典。这在当时是一件非常重要的大事，甚至战争都会为此暂时停止。战争双方同意休战，这样运动会可以在充满竞技精神的氛围中进行。最初这个庆典只持续一天时间，而且只有一场比赛，但由于它获得了非常大的成功，庆典的时间延长了，比赛项目也变多了，不仅包括原来的田径比赛，还加入了铁饼、标枪、跳远、摔跤等项目，后来又加入了五项全能——一项包括五个不同项目的比赛。此外，在赛马场还举行了赛马和战车比赛。

运动员们会为比赛做充分准备。不同项目的参赛者根据年龄分组比赛——不按照城邦划分组别，而且只有在希腊出生的男子可以参加比赛，还有参赛者不能是奴隶或犯过任何罪行的人。他们赤身裸体参加比赛，但会在身上涂抹橄榄油，以保护自己免受夏日阳光的伤害。比赛获胜者会获得一个橄榄枝制成的花环，还会获得人们的认可和名誉——这是最重要的，因为这样他们就会成为永远的英雄。

现代奥运会

公元394年，古罗马皇帝狄奥多西一世将奥运会视为异教活动而加以禁止。直到1896年，奥运会才得以恢复，同年，现代第1届奥林匹克运动会在雅典举行。4年后，即1900年，巴黎举办了奥运会，这是第一次有女运动员参加比赛的奥运会。

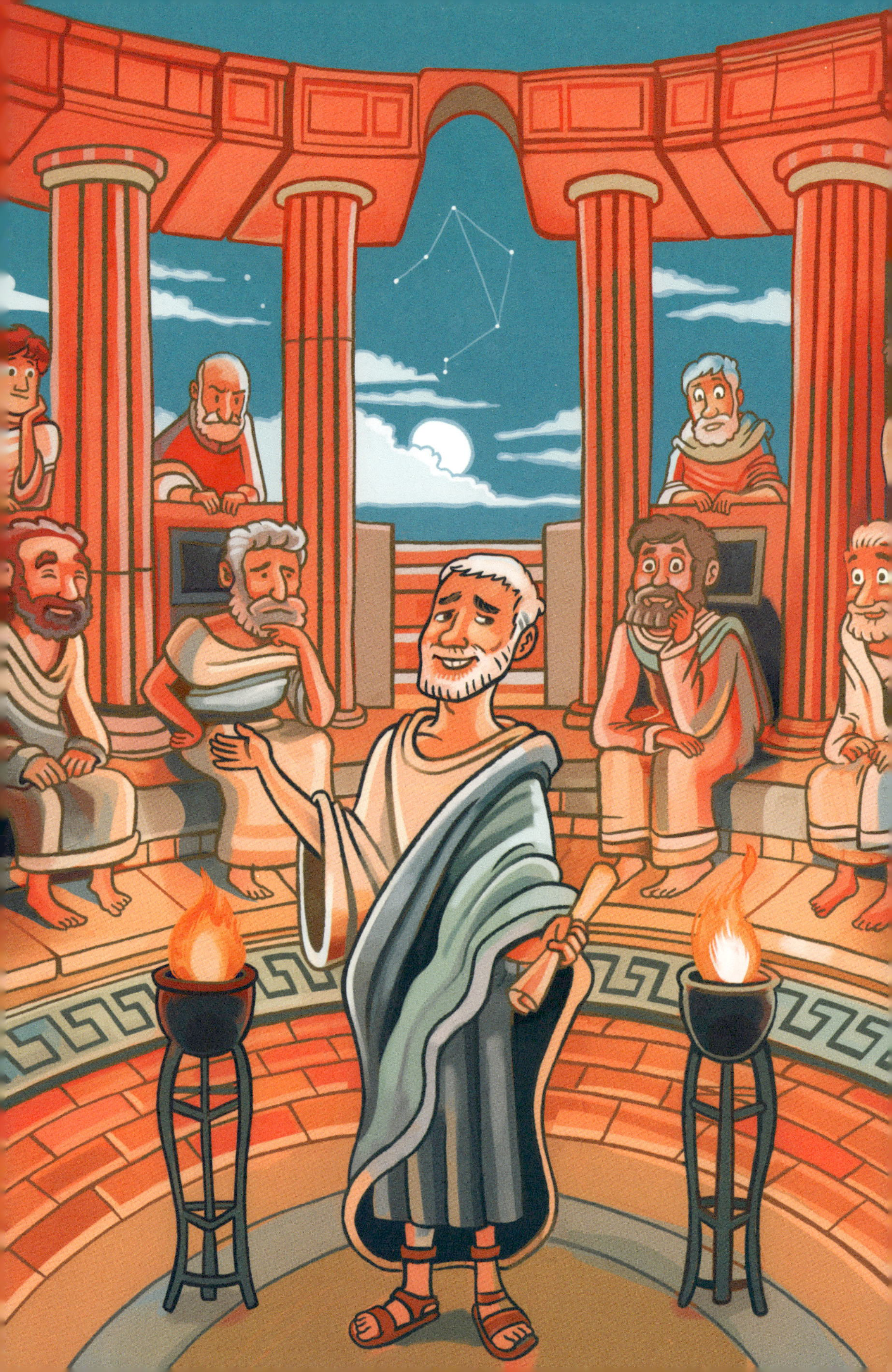

西方民主的起源

如今西方人的生活模式中的许多特征都始于 2 500 年前的古希腊。古希腊人为西方政治、哲学、医学、文学、科学、戏剧、艺术甚至体育的发展都做出了重要贡献。

古希腊是由多个城邦组成的。每个城邦都有自己的制度、军队、货币,其中很多城邦都有国王,其中最重要的城邦——雅典,它的居民不喜欢这种一个人说了算,所有人都要服从他的生活模式。就这样,西方民主诞生了,这意味着权力掌握在公民手中,而不是某一个人说了算。

伯里克利是一个能说会道的政治家,他在雅典人中比较有影响力。他提倡民主,推动建立了各种法律,这些法律在艺术、文化、经济、社会等领域均使雅典人受益。当时所有有意愿参与的雅典公民都在普尼克斯山上聚集,他们在那里讨论、投票并根据大多数人的意愿做出决定(比如是否参战、是否修复神庙等)。这种制度很好,但并不完美,因为妇女和奴隶不能投票,也不能参选。它还不是一个充分民主的制度,但确实是我们如今认知中的西方"民主"的开端。

举个例子,当时在雅典投票决定的事项之一,是他们是否要重建被波斯人毁掉的卫城(位于雅典城内的一座山丘上,是举行祭礼大典的宗教圣地)。雅典人的投票结果是要重建,于是他们建立了供奉雅典娜女神的帕提侬神庙。帕提侬神庙至今仍是希腊最著名的建筑之一。

水钟

为了确保没有人讲话(在演讲或者公开发言、审判或者其他官方事项中)时间过长,雅典人发明了水钟。它的工作原理和沙漏一样,不同的是,水钟是水从一个容器流向另一个容器。当第一个容器中的水完全流出时,讲话要结束。

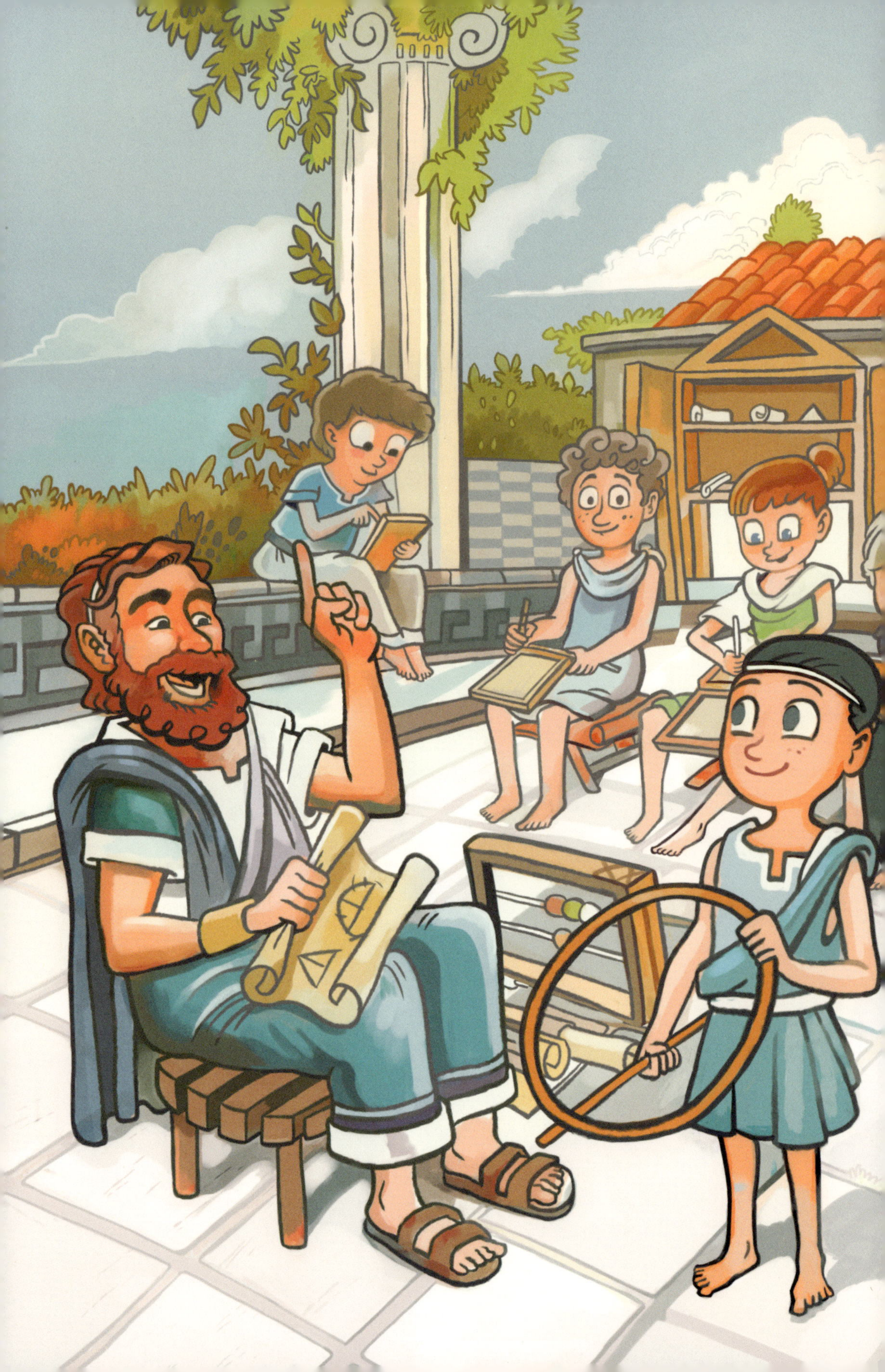

古希腊人的日常生活

古希腊人的生活与今天并没有太多不同。虽然时代在发展，但在本质上，我们的日常生活非常相似：工作、学习、吃饭、庆祝……还有，孩子们上学。

这是古希腊的一个普通城邦的一个普通的早晨，年满6岁的男孩们早早地起床去上学，陪同他们的是教仆，即学习上的监护人——在他们更小的时候在家里教导他们的人。而与之不同的是，女孩们与母亲一起待在女眷内室，也就是家中的女性专用房间。在家境好的家庭中，母亲教她们的女儿读书、写字、演奏某种乐器以及织布。她们要纺纱、织布，还要制作日常穿的长衫。值得一提的是，斯巴达的有些女孩子可以和男孩子那样接受正规教育。

在去学校的路上，孩子和他们的学习监护人走过拥挤的街道。他们路过农民和商人将货物运往市场的马车；他们还经过城邦的中心广场，那是城邦最热闹的地方：商人、农民和手工业者在那里售卖他们的商品，哲学家在那里思考，公民在那里讨论政治。人们在喷泉边拿着罐子排队打水，监护人要确保孩子不去玩掷距骨游戏（抓子儿，就像玩骰子一样，但不是掷骰子，而是掷距骨，即小小的骨头），因为他们一旦玩起来可能上学就会迟到了。

在学校里，孩子们学习阅读和写作，学习演奏某种乐器，学习演讲和算术。他们还是孩子，不知道自己长大后会从事什么职业。也许他们会成为政治家或哲学家；或者成为手工业者去制作陶瓷花瓶；或者前往地中海某个遥远的古希腊殖民地经商；或者，如果他们努力训练，也许可以成为古代奥林匹克运动会上的获胜者。

节日

在古希腊，当人们庆祝某个节日时，男孩和女孩会穿上他们最好的长袍，和父母一起去专门供奉某一个希腊神灵的神庙。在那里，他们会进行供奉，然后吃美味的食物：橄榄、无花果、蜂蜜，甚至还会有肉。这些是宴会专供的美味佳肴。

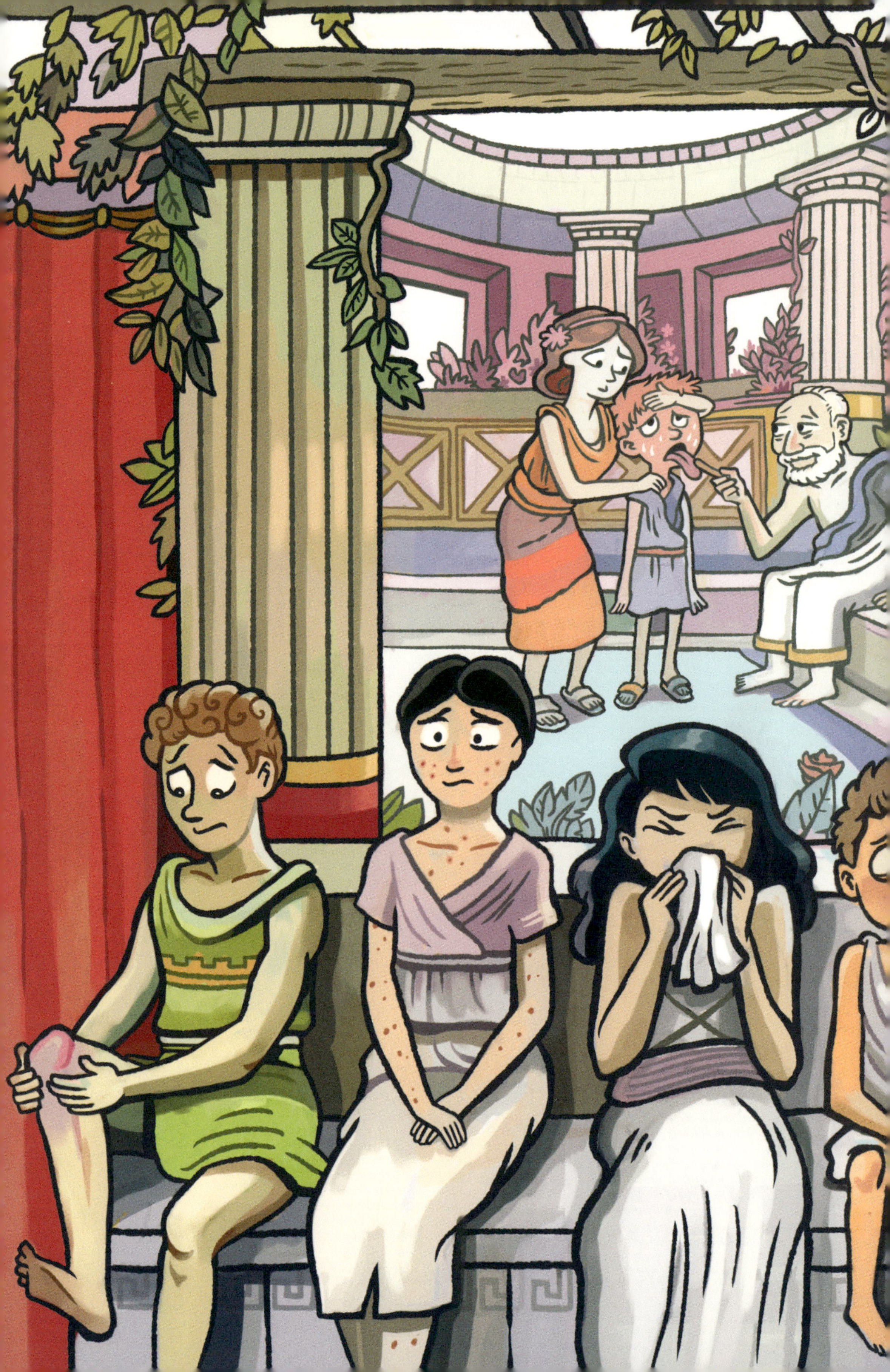

西方医学的起源

在古希腊时期，医学作为一门学科出现。这门学科发生的变革要归功于希波克拉底，他被认为是"西方医学之父"，因为是他彻底改变了此前西方人对疾病的观点。

如果将古代有些疾病的治疗方法用在今天，你可能在看医生之前就逃跑了，所幸现在，医学已经取得了巨大的进步。古希腊人认为，困扰他们的疾病和疼痛是神灵的旨意。这就是为什么许多病人会去埃皮达鲁斯的圣殿朝圣，接受药神阿斯克勒庇俄斯的治疗。这个圣殿（还有其他的圣殿）变成了一种医院或者疗养院。成群结队的人住在那里，等待着被阿斯克勒庇俄斯的祭司治疗。然后他们高兴地离开（无论是否被治愈），因为他们已经完成了仪式，相信神灵迟早会眷顾他们的。

尽管在相当长的一段时间内，圣殿和我们可能称之为"魔幻医学"的事物依然存在着，但一个叫希波克拉底的古希腊人提出了"科学医学"的概念，即以科学为基础的医学。在他看来，疾病是由自然原因造成的，并不是神灵心血来潮的产物。希波克拉底密切观察病人的情况，并根据病人表现出的症状寻求适当的解决方案。当时还没有像今天这样的药物，都是医生自己来制作药品，药品主要是从植物中提取。

希波克拉底是一位伟大的医生，他写了很多书，也是第一个教导人们健康生活从而避免疾病的人。为此，他建议人们营养饮食、多做运动、保证充足的睡眠，还有我们今天所熟知的许多其他事项。说到底，有些事情在2500年里并没有发生太大变化。

希波克拉底誓言
每一名医学生在入学时都要按此誓言宣誓，他们承诺总是会尽一切可能来治愈病人。誓言是以希波克拉底的名字命名的，誓言中列出了每名医生都必须履行的义务。

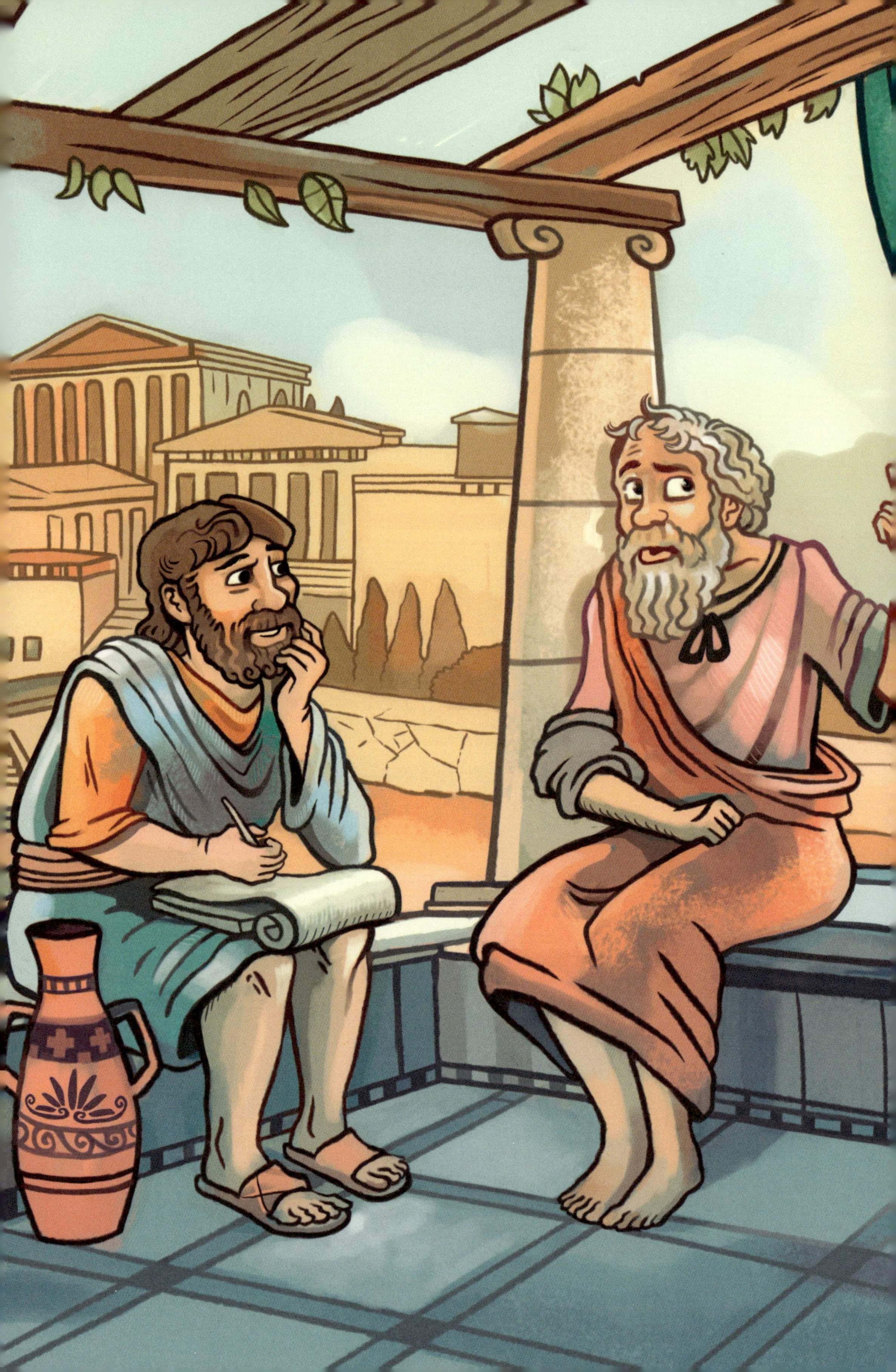

伟大的思想导师

在古希腊，有三位伟大的哲学家脱颖而出，他们的观点对西方的思想有重要影响。这三位哲学家是：苏格拉底、柏拉图和亚里士多德。

你知道什么是哲学吗？西班牙语"filosofía"（哲学）这个词是由两部分组成的：在古希腊语中，filo，意思是"爱"；sofia，意思是"智慧"。所以这个词的意思大概是"对知识的爱，对求知的爱"。我想如果你听到有人说"我唯一知道的就是我一无所知""认识你自己""好人都是为了活着才吃与喝"之类的话时，你会开始思考。这正是苏格拉底在2500年前思考时想要达到的目的。

苏格拉底是一个非常有智慧的人，他对人类进行思考，还会思考什么是真理以及诸如此类的事情。他用一种愉快和有吸引力的方式启发他人思考，那就是提问。他认为，思考和拥有知识并不是只有受过教育的或非常聪明的人才能做到的事情，所有人都可以做到。他和学生们一起思考的主题包括：善、恶、知识、道德、正义、美等。

苏格拉底没有留下任何文字。我们对他的思想和他所有的经历的了解主要来自他的两个学生：色诺芬和柏拉图。柏拉图跟他的老师一样，也是一位世界级的伟大哲学家，他在雅典建立了一座学校——柏拉图学园，这所学园存在了900多年。柏拉图的著作以对话体写成，涵盖了多个领域：伦理学、心理学、政治、哲学、教育学、宇宙学……

亚里士多德是柏拉图学园的学生之一，他也是一位伟大的哲学家。柏拉图热衷于研究自然，但他的兴趣非常广泛，研究涉猎许多领域：文学、灵魂、气象学、逻辑学、美学、修辞学……亚里士多德也创立了一所学校——吕克昂学园，很快它就成为古希腊最重要的思想中心之一。

逍遥学派

这个名字起源于古希腊语，意思是"散步的人"，当时亚里士多德和学生们会在散步时讨论他们的想法和提议，所以称逍遥学派。

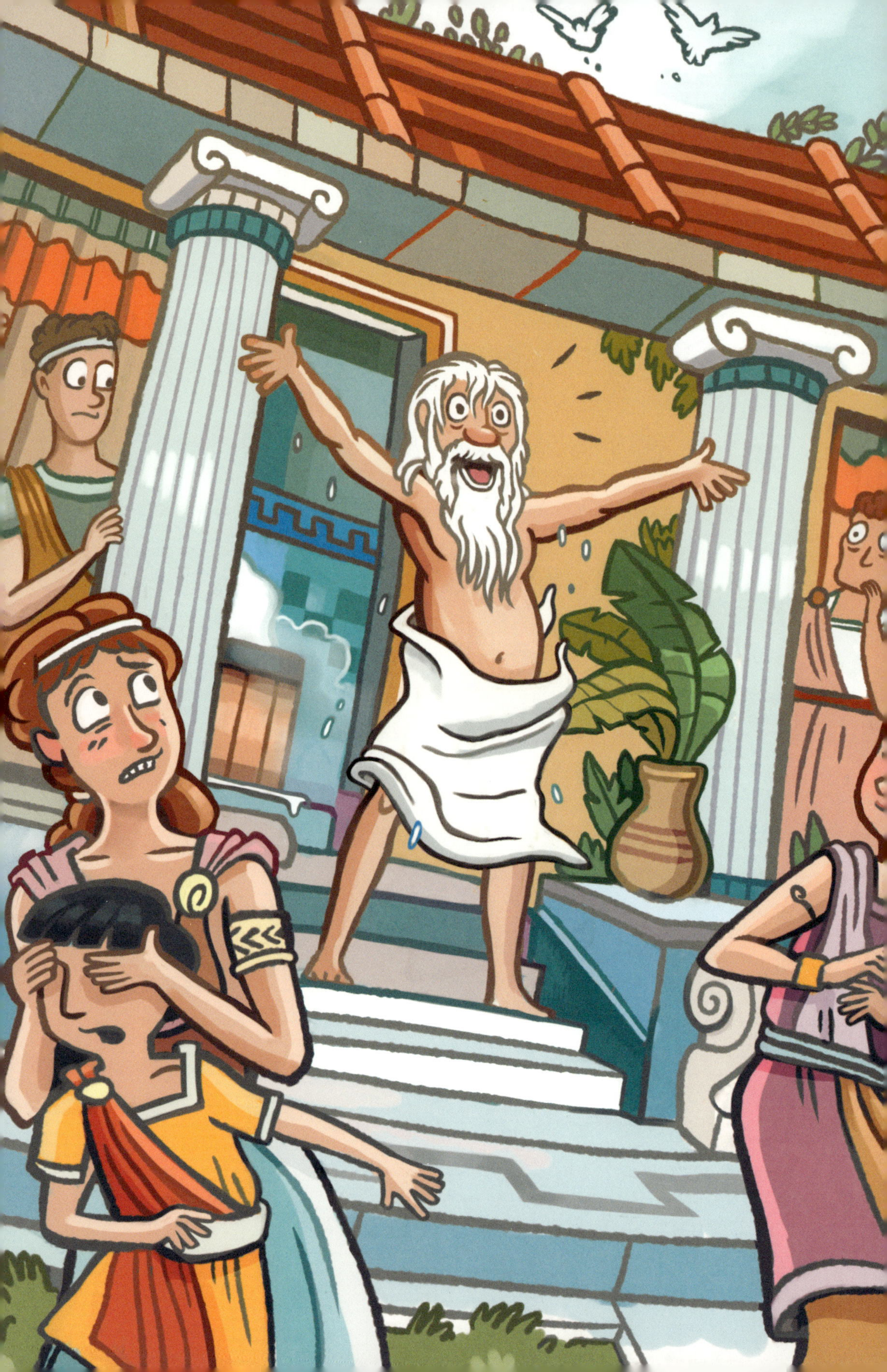

"我发现了！"阿基米德原理

你有没有想过，为什么船会浮在水面上而不沉没？阿基米德对这一现象给出了解释。阿基米德是古希腊最伟大的学者之一。

据说，有一天阿基米德正在洗澡，突然他赤身裸体跑了出来，高举着双臂大喊："我发现了！"阿基米德发现了什么，以至于他像个疯子一样奔跑？

事实是，那天当他进入浴缸时，水溢出来了，就在那一刻，他推导出了著名的阿基米德定律：浸在流体中的物体受到垂直向上的浮力，其大小等于物体所排开流体的重力。由此可以得出，密度小于水的物体会浮起来。因此，即使一艘船（我们假设是一艘油轮）很重，但在内部留有中空部分的情况下，其重量将小于它所排开的水的重量，因此它会漂浮起来。

阿基米德是一个非常有好奇心的人，他总是思考事情发生的原因，并且会做很多研究。他设计或研究的发明包括：用于抬起重物的滑轮、杠杆和阿基米德螺旋泵——一种将水向上运输的装置，对抽水灌溉农作物非常有用。

除了发明家的身份，他还是一位天文学家和数学家。他非常喜欢计算，他会把计算过程写在沙滩上或任何东西的表面。他会思考一些问题，比如要用多少沙粒才能填满宇宙。他为数学做出了巨大的贡献，比如他计算出非常有用的无理数 π 的误差范围。据说阿基米德总是在专心思考，有时甚至会忘记吃饭。

所学的东西

经过阿基米德和其他学者的努力，数学获得了巨大的发展。西班牙语"matemática"（数学）这个词来自希腊语，意思是"知识"或"所学的东西"。这门科学包含了几个不同的分支，例如几何和代数等。在古代，它们对贸易和农业非常重要。

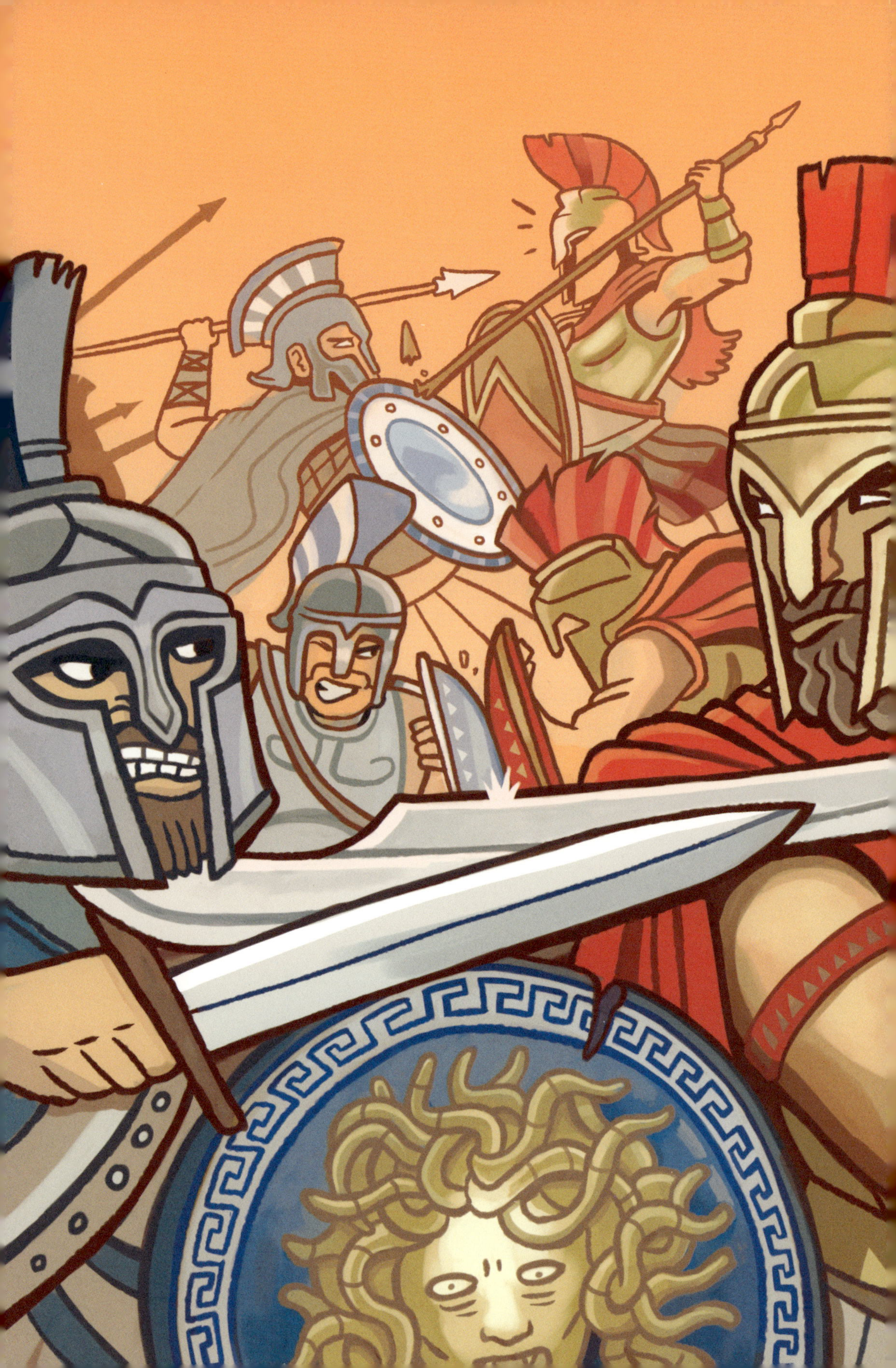

伯罗奔尼撒战争

在古希腊，战士们不得不一直去打仗，很多年才能回家。在当时，战斗是经常发生的，人们总是为了这样或那样的事情在打仗。

古希腊城邦之间经常处于对立状态。城邦之间以及它们与其他国家的不同民族之间经常发生争端。有时，这些城邦会集合在一起对抗一个共同的敌人，但随后他们会再次反目成仇。幸运的是，古希腊每年都会举办奥运会，在奥运会举办的几周内会休战，人们可以暂时休息一下。

古希腊最重要的两个城邦——斯巴达和雅典，以及他们各自的盟友，爆发了一场持续了 20 多年的战争。当时雅典正处于最辉煌的年代，雅典在各个方面都发展得很好，其势力不断扩张。斯巴达是伯罗奔尼撒半岛上最强大的城邦，斯巴达对雅典日益增长的影响力开始恐惧，最终爆发了一场战争。

斯巴达有训练有素的陆上作战军队，他们强大有力，享有不可战胜的美誉。雅典人则是优秀的"水手"，他们在海上的战斗中占有明显优势。这两个城邦之间的战争非常漫长，分为几个阶段，在不同的地方展开。此前战争中双方各有输赢，后来雅典人遭受了几次失败，最终舰队全军覆没。这是一个具有决定意义的事件，此后他们彻底投降并将统治权让给了斯巴达。

斯巴达式教育

斯巴达的孩子从小就被教育要成为勇敢的战士，哪怕他们小的时候不曾感受到宠爱或者亲热，也没有玩过游戏。他们从 7 岁开始接受家庭以外的军事教育，会一直被训练到能够上战场的年龄，然后去打仗。

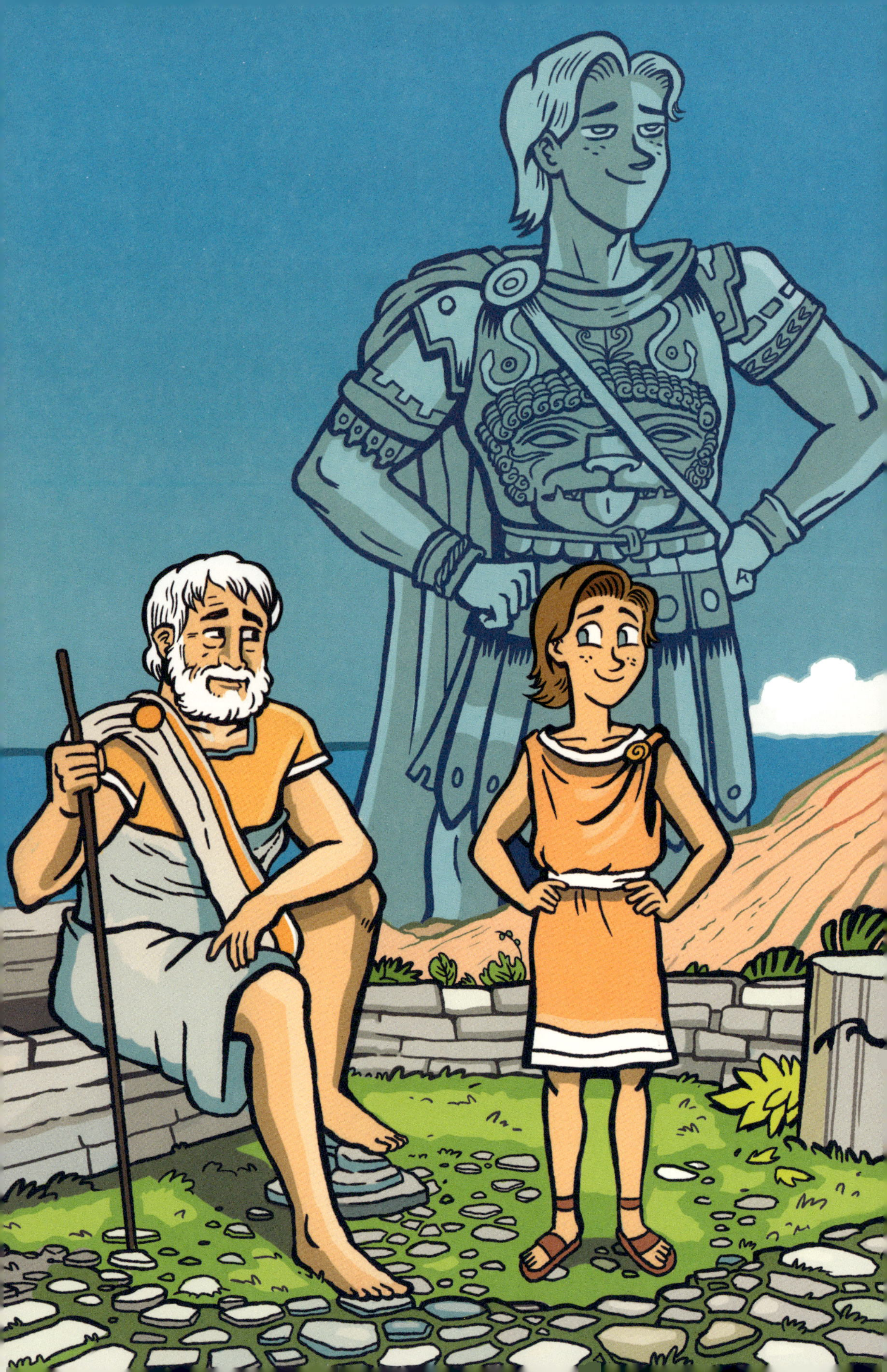

亚历山大大帝的梦想

亚历山大大帝是古代历史上最杰出的人物之一，
他梦想建立一个没有国界的世界，一个"大希腊"。

亚历山大小时候，万万想不到有一天会被称为"伟大的人"。不过，他确实是一位王子。他是马其顿国王的儿子，而马其顿在当时国力强盛。他的父亲腓力二世为了让儿子日后在战场上能够取得胜利以及更好地统治国家，让他接受了严格的训练。与此同时，他还有另一位老师——亚里士多德，亚里士多德教他哲学、文学，并给他讲述希腊历史上发生的事情。亚历山大非常喜欢听这些历史，而且他对自己想要效仿的希腊英雄的冒险经历了如指掌。事实上，这位王子的品格与她的母亲也有一定的关系，她母亲说他的父亲实际上是宙斯。亚历山大是否相信了她的说法，我们不得而知，但可以肯定的是，他带着作为神的儿子的自信，开始了对世界的征服。

他的父亲去世后，亚历山大成为国王，那一年他20岁。他很快就镇压了希腊城邦的起义；后来他打败了波斯——几个世纪以来希腊人的宿敌。他对自己的实力信心满满，继续攻打其他邻近地区，当他到达埃及时，被以法老的礼仪接待并被拥立为法老。他在那里建了一个以他的名字命名的城市——亚历山大城，这是他的政策上的又一个环节，即在他所到之处建立希腊文化中心。但他并没有就此停止，他继续向亚洲进发，甚至到达了印度。

他通过征战，建立了地跨欧亚非三大洲的庞大帝国。他开辟了许多贸易路线，建立了城市，将希腊文化传播到所到之处。他去世时只有33岁。没有人知道如果他继续征战，他将会到达哪里。亚历山大大帝的名声超越了时间的界限，至今仍被人们铭记。

亚历山大城
亚历山大在他所征服的土地上建立了很多亚历山大城。在地中海沿岸埃及的那座亚历山大城是其中最重要的一个，因为它后来发展得很好，聚集了很多科学家和其他最有智慧的人。据说当时世界上绝大部分的书籍都曾经保留在亚历山大图书馆——当时世界上最大的图书馆。

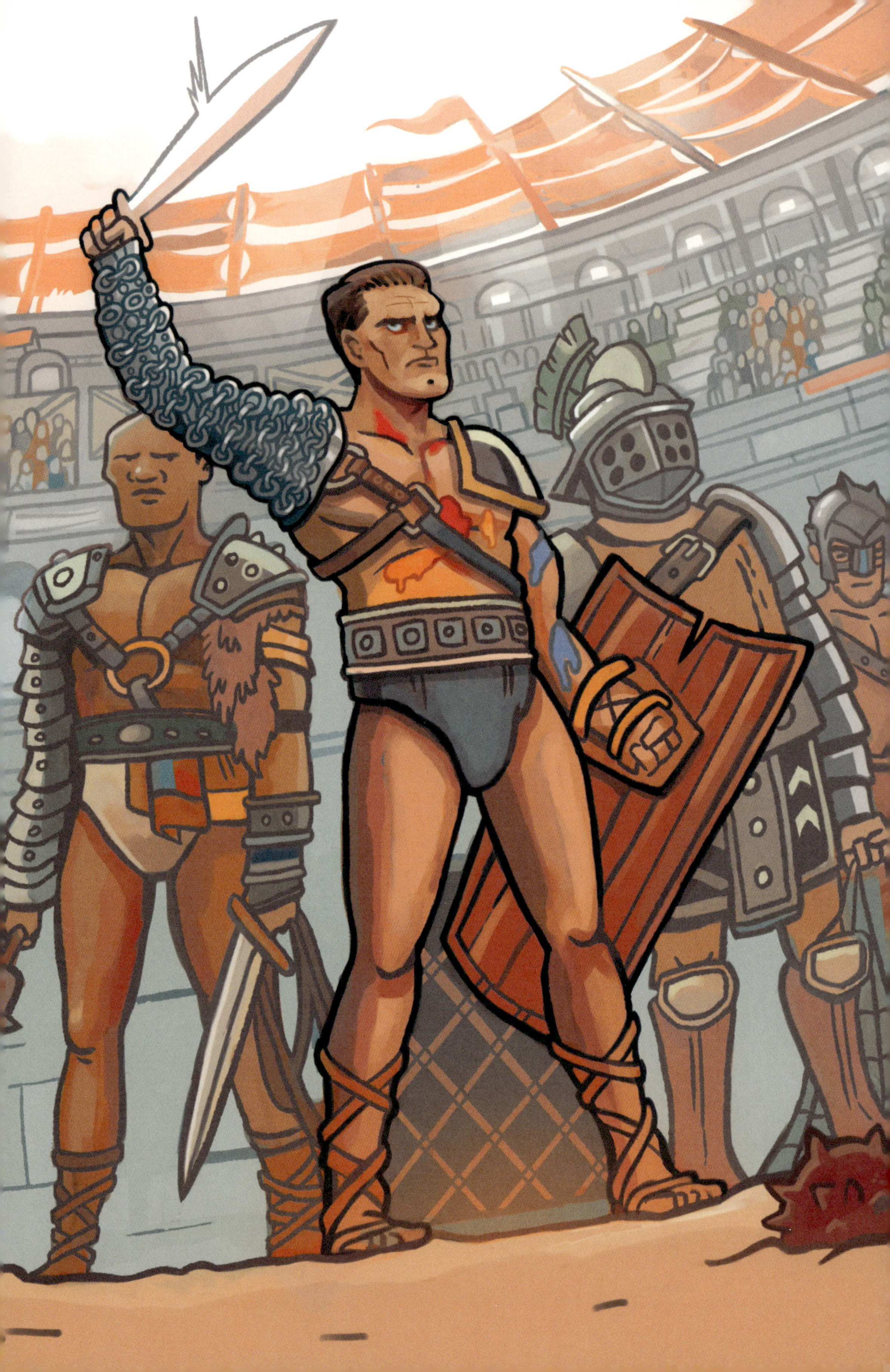

奴隶起义

在罗马共和国时期，奴隶们曾多次奋起反抗。其中，最著名的一次起义是由一名叫斯巴达克的角斗士领导的，起义军为自由而战。起义持续了近3年，最终他们形成了一支超过10万人的军队。

在古代罗马，奴隶处于社会的底层。战争结束后，胜利者会把俘虏带回去充当奴隶，他们是打仗的战利品。当然也有人生来就是奴隶，在这种情况下是几乎没有办法获得自由的。如果买他的家庭能够善待他，那么这个奴隶还算幸运，但有些奴隶也可能会沦为角斗士，这样日子就不好过了。

在古罗马，人们喜欢去圆形竞技场观看角斗士表演。角斗士大多是经过专门训练的，不管他们愿意与否都要互相决斗。在公元前73年，出现了一名沦为角斗士的奴隶——斯巴达克，他决定不再忍受下去。他在角斗士们被迫接受训练的角斗士学院发动了一场起义。他和70多名角斗士逃了出来并藏了起来，随后自发地组织起来。很快，他们逃跑的消息就传开了，许多像他们一样的人纷纷投奔了他们。

这支起义队伍首先打败了追击他们的罗马军队，夺取了他们的武器。起义持续了近3年，在此期间，他们的活动范围遍及意大利南部，有许多奴隶加入他们，这些奴隶都像斯巴达克一样，决定反抗压迫。在最后的战斗中，起义军面对罗马军队这样的职业军队时实在无能为力，最终被打败了。斯巴达克死了，但他成为所有反对压迫和剥削的象征。

罗马公民

斯巴达克是色雷斯人，在一次战争中成为罗马人的俘虏，他被迫在罗马军队的辅助部队中服役，后又从那里逃了出去。再次被俘后，他被当作奴隶送到矿井中工作。由于他体力出众，一个奴隶商人注意到他并买下了他，使他成为一名角斗士。

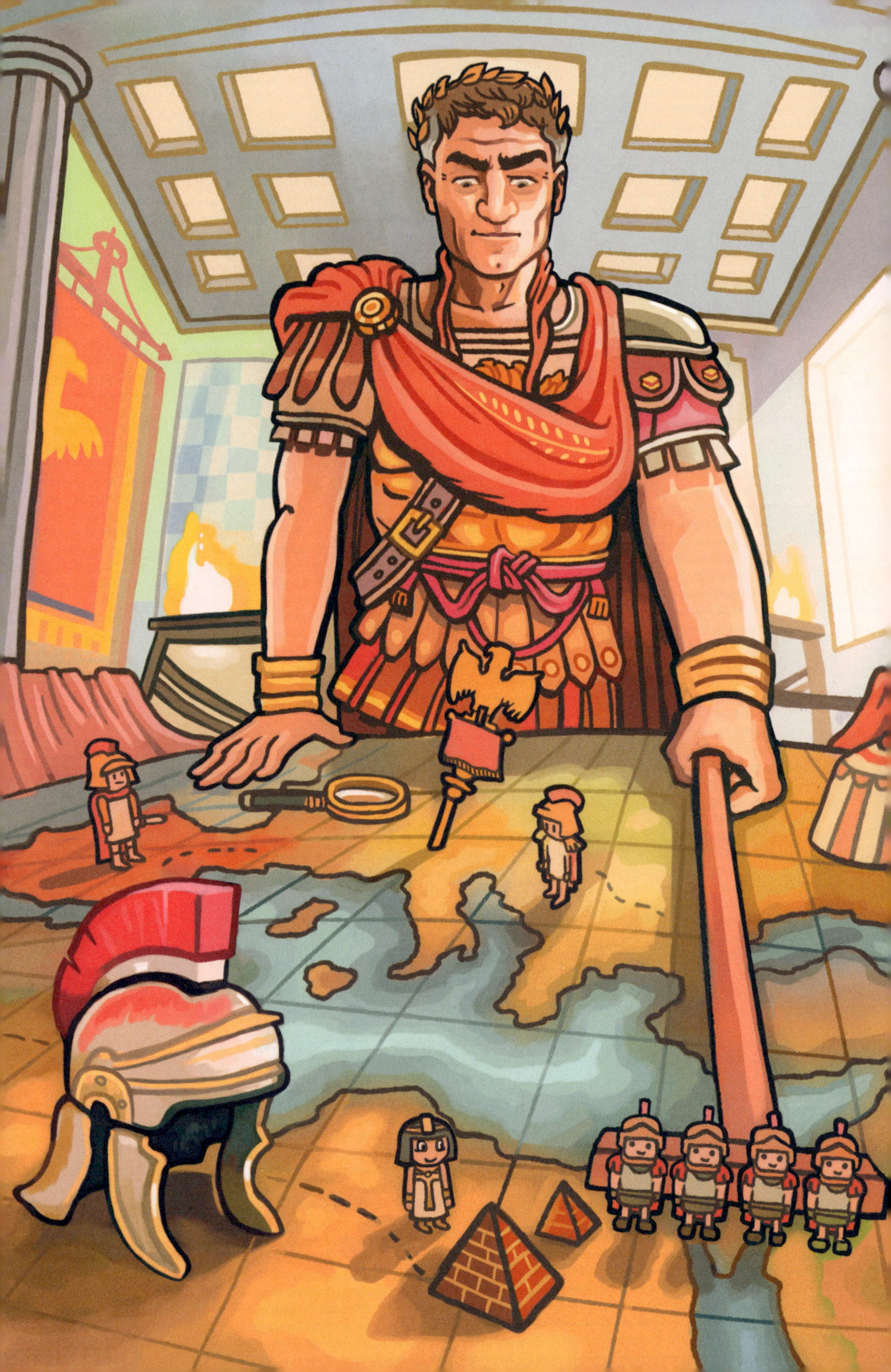

尤利乌斯·恺撒和罗马征战

罗马，一个曾位于台伯河畔的小城邦，后来征服了许多领土，变得如此强大，最终成为罗马帝国的首都。但在罗马成为帝国之前，曾经出现了一个共和国，而一位统治者在众多统治者中脱颖而出，他就是尤利乌斯·恺撒。

传说古罗马是在公元前 753 年由罗慕路斯和雷穆斯两兄弟建立的，他们被一只母狼喂养长大。这个故事一定是传说多于事实，但这并不重要，重要的是后来发生的事情。起初，罗马是由王统治的，但后来权力落入元老院——一个由贵族组成的机构，元老院每年选择两名执政官来管理国家。这种类型的国家被称为共和国。在打赢了一场内战之后，之前担任执政官的尤利乌斯·恺撒，让元老院任命自己为独裁官。

尤利乌斯·恺撒是一位非常重要的将领，也是一位出色的政治家和征服者，他逐渐攻占其他领土，先是攻占比较近的地方，后来越来越远。被攻占的领土变成了罗马的行省。就这样，罗马的领土面积越来越大，实力越来越强。

恺撒还征服了高卢（今法国、比利时一带），当时的高卢并不是一个国家，那里的主要居民是凯尔特人。他还成功攻占了日耳曼尼亚，将这些地方变成了罗马的属地。他还再次入侵不列颠，这两场战役的目的更多是为了显示罗马的力量，而不是仅仅为了征服。不列颠还曾成为罗马版图的一部分，不过这是后来的事了。

"七月"名称的来源

尤利乌斯·恺撒改革了历法，颁行儒略历，恺撒被刺杀后，元老院决定将他出生的月份 7 月改名为 Julius（拉丁语，音尤利乌斯），以此来纪念他。但他的名气远不止于此，在月球上有个环形山，也是以他的名字命名的。

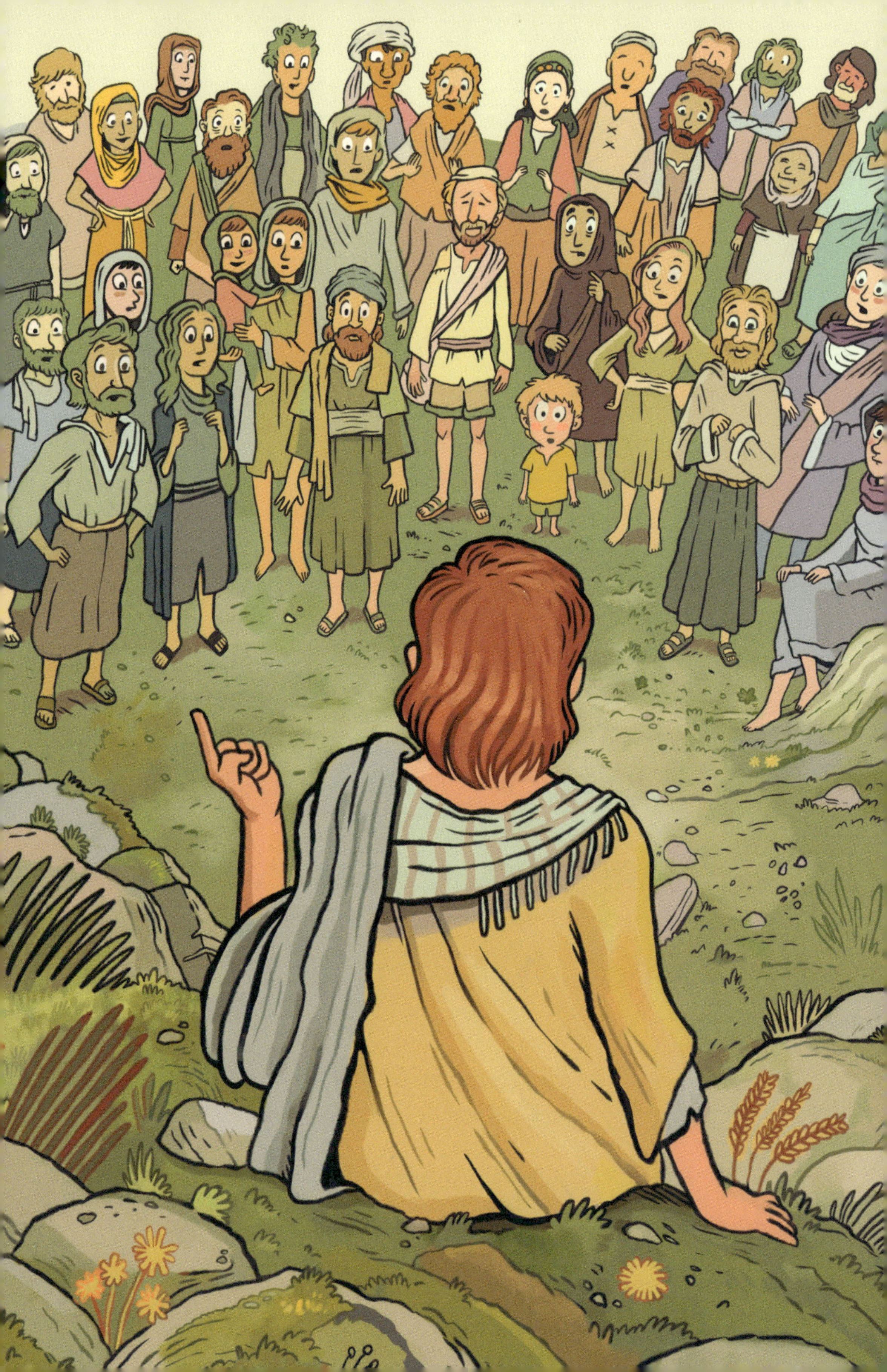

新的宗教

2 000多年前，一个孩子降生了，这个孩子后来创立了一种宗教——基督教。后来，人们在12月24日晚上开始庆祝圣诞节的到来，以纪念他的诞生。

耶稣出生时，罗马帝国统治着整个地中海地区，奥古斯都是当时的统治者。根据传说，耶稣出生在犹太地区的伯利恒，当时的犹太地区是罗马帝国的属国，由一个叫希律的国王统治。

但是，耶稣是谁？他是一位布道者。他新颖的思想，对信徒们产生了很大影响。但他的行为招来了当权者的疑惧和嫉恨，这导致他被判处了死刑。据他的信徒的说法，在死后的第三天，耶稣死而复生，从此他被信徒们视为神的儿子。

事实是，耶稣的追随者队伍逐渐壮大，这些追随者们开始传播基督教。在罗马帝国和以前的所有文明中，人们同时信仰众多神祇，而基督教提出了一神论。基督教并不是在一夜之间传播开来的，而是在耶稣死后，人们用了很多年来传播这种宗教，首先在罗马帝国内部，随后传播到世界的其他地方。

新的纪年体系

如今为了描述历史事件发生的时间，我们会说某件事情发生在公元前（耶稣诞生之前）或者在公元之后（耶稣诞生之后）。但这种纪年法不是从耶稣出生就开始的，是在很多年后才被确定下来的。

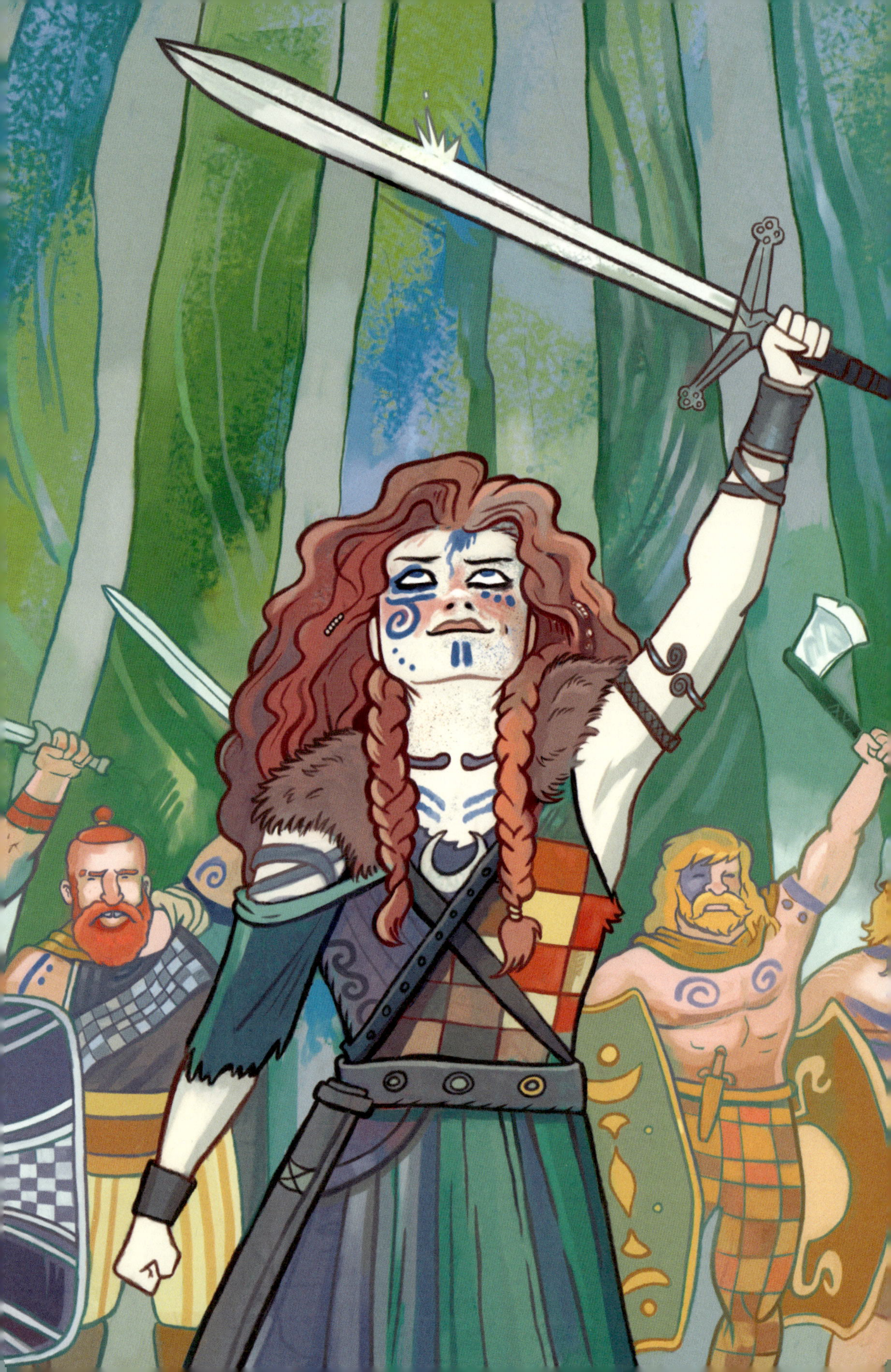

反抗的女王布狄卡

罗马人的铁骑强大有力地踩踏在他们所征服的土地上，也许正是如此，许多被征服的人们都选择了服从，从而避免更大的灾难。但在英国历史上，有一位女性拒绝低头，相反，她领导了一场反抗压迫的起义。

尤利乌斯·恺撒不止一次入侵不列颠，但他没有实质意义上征服该地。在克劳狄乌斯皇帝时期，罗马人再度征战不列颠，这一次，他们统治了一直生活在那里的凯尔特人部落。爱西尼就是其中的一个，爱西尼与罗马人结盟。双方就像互利共赢的朋友，爱西尼的国王普拉苏塔古斯承诺为罗马服务，缴纳高额税款和粮食，而罗马人则允许他继续担任国王。但是在这位国王死后，事情发生了变化。罗马试图吞并爱西尼人的全部领土，并在这里胡作非为。

普拉苏塔古斯的妻子布狄卡目睹了罗马人在她丈夫死后的所作所为，决定不再这样继续忍受下去了。她说服了众多同样被罗马统治的其他部落，并恳请他们拿起武器，准备起义。他们也确实这样做了。

组织起来的各个部落，在布狄卡的带领下，攻打了罗马在不列颠的统治地。他们摧毁了城市，甚至攻下了罗马人在不列颠建立的城市伦蒂尼恩（伦敦的古名），这种攻势一直持续到最后一场战争爆发。那场战争中，双方的力量相差悬殊。不列颠人人数更多，但罗马人的武器更好，军队组织更有序，纪律更加严明。布狄卡他们对抗的是一支正在征服世界的军队，一支在战车上作战的联军中的队伍。毫无疑问，凯尔特人战败了。在罗马获胜以后，不列颠开始进入了一段更加安定和平静的时期，这有利于罗马化的开始，尽管此地的罗马化最终也没有达到罗马帝国统治的其他地区的程度。

一位勇敢的女性

罗马编年史家所描述的布狄卡是一位非常高大的女性，她留着一头红色的长发，身着彩色的长衫。我们无法得知这是真实的还是传说的一部分，但是无论布狄卡的真实相貌如何，她都会因为勇气和决心而被人们永远铭记。

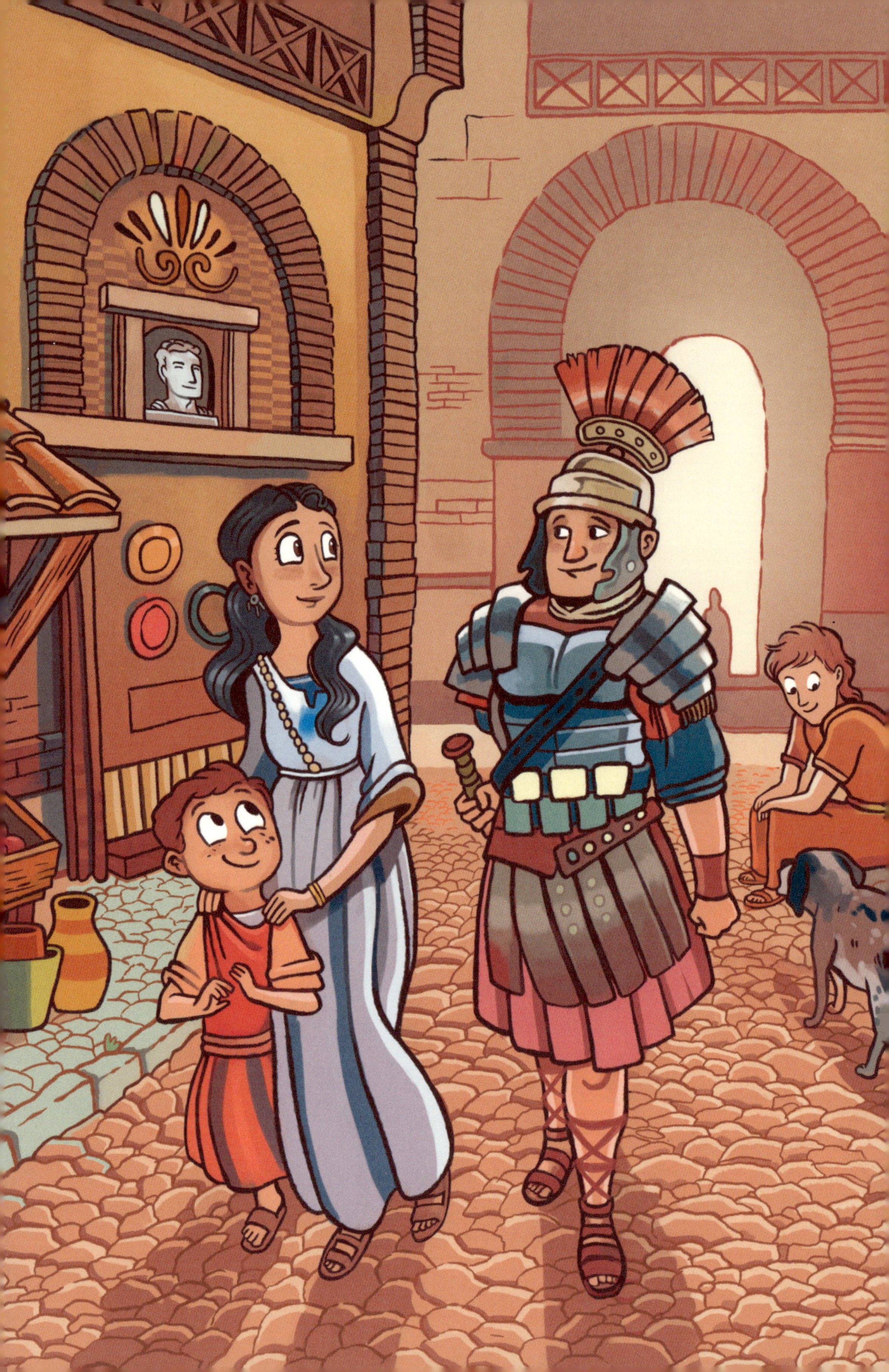

罗马治世

从公元前 27 年奥古斯都开始统治到公元 180 年马可·奥勒留去世，这期间罗马帝国经历了一段稳定时期，被称为罗马治世，这是一段长达 200 多年的和平时期。

尤利乌斯·恺撒死后，罗马爆发了一场内战（在罗马人之间），这场战争旨在决定由谁来掌权。战争结束后，恺撒的甥外孙屋大维宣布自己是罗马的统治者，自立为皇帝，并称奥古斯都。那一年是公元前 27 年，从此共和时代结束，帝国时代开始了。那时人们已经厌倦了战争，非常向往稳定和平的日子。罗马治世期间经济获得了巨大的发展，罗马帝国达到了几个世纪以来的鼎盛时期。

罗马治世时期的政治和立法与共和时期一样，他们推进并制定了新的法律，增加了罗马法的内容。当时人们建造了高大的建筑，如罗马斗兽场；继续在整个帝国内完善基础设施网络，如水渠和桥梁，它们建造得非常坚固，其中许多至今仍然屹立不倒。甚至今天的一些道路都是在当时罗马帝国铺设的道路的基础上修建的。首都罗马城已经成为当时绝无仅有的大城市。事实上，在和平时期，当人们不必去思考发动攻击和进行自保时，社会发展就会更迅速，城市建设就会更发达，文化就会更丰富。

罗马帝国统治了当时欧洲人所知的半个世界：整个地中海盆地和不列颠岛的一部分。许多被罗马征服的领土变成了罗马帝国的行省，使得这些地方"罗马化"。当时这些地方的人们被迫接受罗马的习俗、文化、法律和语言，以及接受强加给他们的组织构建方式。

拉丁语系

古罗马文明在其统治的地区留下了重要遗产，其中包括当时罗马人推行的语言——拉丁语。而拉丁语在不同地区发生演变产生许多新的语言，其中衍生出的一些语言至今仍在使用，如法语、卡斯蒂利亚语、加泰罗尼亚语和葡萄牙语。

Abc

中世纪

西罗马帝国的覆灭标志着中世纪的开始,中世纪是一段持续了约 1 000 年的西方文明时期。那时候社会被划分为不同的阶层。在封建时期,封建领主们限制了国王的权力,而基督教则占主导地位。但这一时期也出现了其他宗教,如伊斯兰教等。印刷术的发明使得文化得以传播到世界上的大部分地区,这标志着一个新时代的开始。

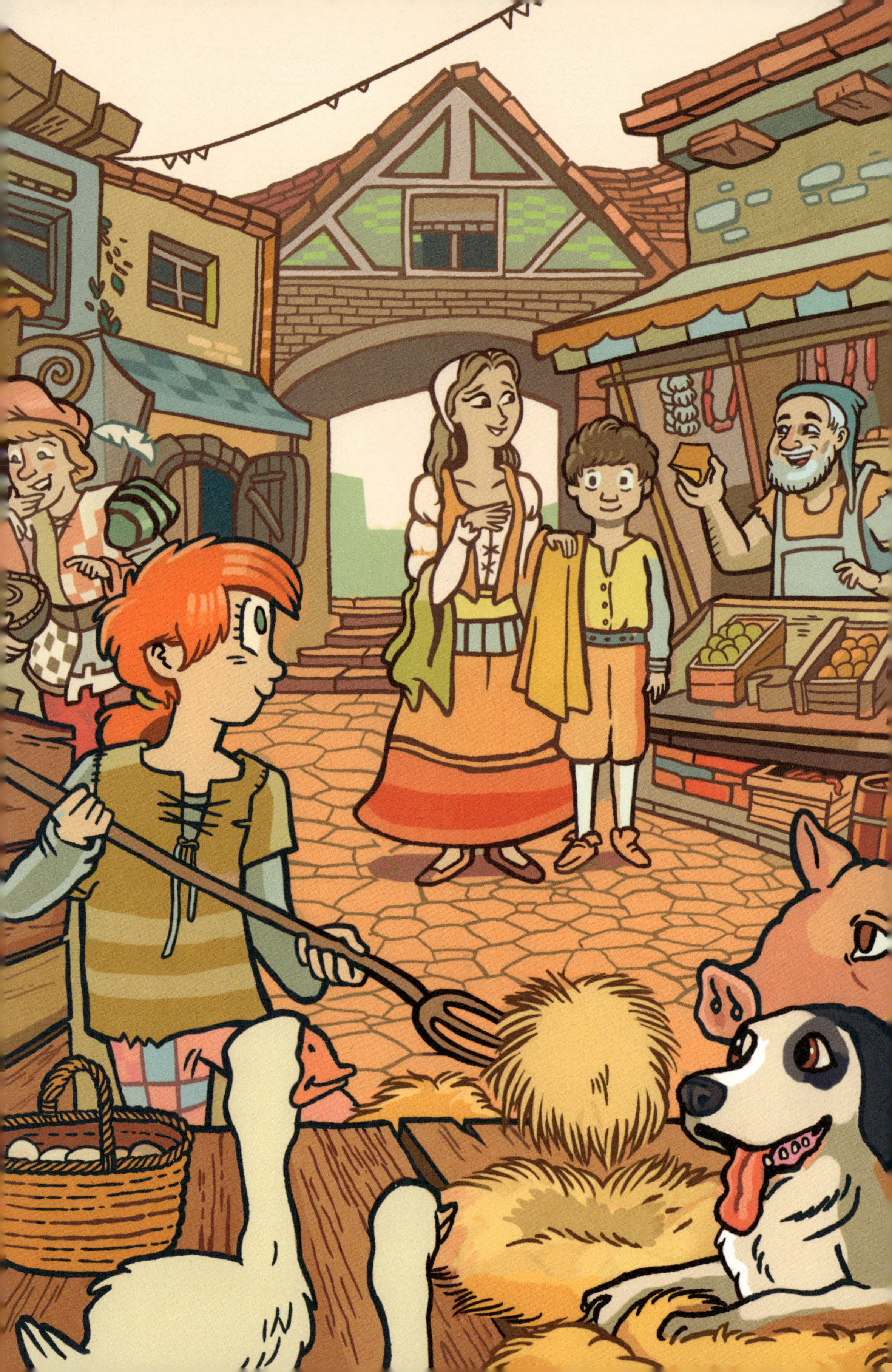

中世纪的日常生活

在中世纪，即从 5 世纪到 15 世纪的历史时期，社会被划分为阶层或阶级，这种社会组织形式被称为"封建制"。国王是凌驾在所有人之上的，其次是贵族和神职人员，再次是工匠、商人和农民等平民。

在中世纪，男孩和女孩们根据出生时所处社会阶层的不同，生活也是非常不同的。那些父母是贵族或封建领主的幸运儿，他们住在城堡或庄园里，还有人为他们服务。私人教师在家里教他们读书写字，7 岁起他们会去学校（隶属于教会）继续接受教育。此外，男孩们还会学习使用武器，因为也许有一天他们会被授予骑士称号。女孩们不去学校，她们接受的教育是掌握基本的知识，以及在宫廷中如何举止得体。

农民的子女会协助父母工作，他们的父母生活在封建领主转让的土地上，代价是要给封建领主交租。这些孩子不上学，很少有人学习读书和写字。其中不安于现状的、好奇心比较重的孩子有机会结交那些赶路的或在城市及村镇里休息的朝圣者和商人。

当然也有孩子出生于一个世代都是手工业者的家庭。他的父亲和母亲可能是织工（或者陶工，或者鞋匠……），一如他的祖父母和曾祖父母。他们住在城里，住在遍布手工业者的街道上，因为在中世纪，手工业者会根据他们从事的行业聚集居住。商店和作坊就在他们的楼下，而生活区在楼上。手工业者的孩子们学习他们的手艺，同时也经常去学校学习阅读和写作，此外他们还会学习算术，以便有一天能够自己做生意。

中世纪的集市

在集市日，男孩和女孩们会去广场，所有人都聚集在那里。手工业者和农民展示、出售他们的商品。小商贩们试图出售一些小东西。如果运气好的话，还可以看到吟游诗人的表演。

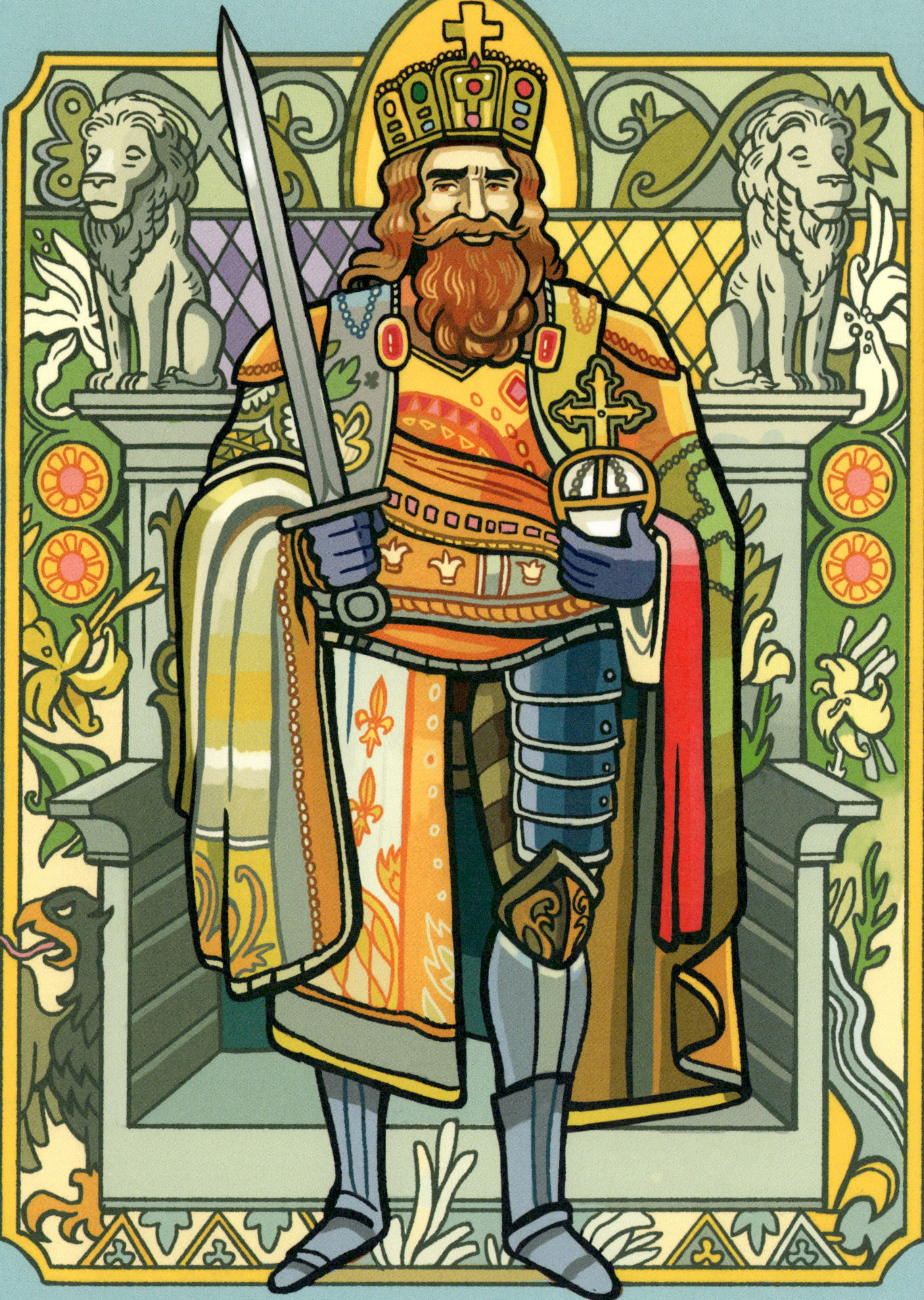

中世纪的法国

中世纪的欧洲被划分为由不同国王和王朝统治的王国。在中世纪初，法兰克人的领土由墨洛温王朝统治，后来统治权由加洛林王朝继承。加洛林王朝的一位君主——查理，他最终统治了西欧的大部分地区，被加冕为皇帝。

当阿拉伯人入侵伊比利亚半岛时，他们到达了法兰克人的领土（今法国）。732年，一个叫查理·马特的人带领军队在普瓦提埃阻止了阿拉伯人的脚步，毫不客气地把他们赶走了。他的儿子矮子丕平是加洛林王朝（王朝指的是掌握权力的家族，他们会把权力从父亲传给儿子）的第一位国王。多年以后，一位年轻的王子查理——矮子丕平的儿子，继承了王位。查理想建立一个伟大的基督教帝国，于是他开始扩张领土，他的征伐大业很成功，最终在800年时，罗马教皇利奥三世为他加冕为"罗马人的皇帝"。因此他被称为查理曼（意思是"伟大的查理"或"查理大帝"）。

查理曼定居在亚琛（位于今德国），这座城市成为整个帝国的首都，这个帝国的国土几乎覆盖了西欧大部分（今法国、德国、奥地利和意大利北部等地）。但这个帝国并没有存在多久。814年皇帝去世，多年后，这个帝国被分为三个王国，每个王国都由一个查理曼的孙子统治，这标志着帝国的结束。

查理曼在亚琛建造了一座宫殿，并在里面建造了供他个人使用的宫殿式教堂。在他统治期间，文化得到了极大的发展，艺术家和学者纷纷来到亚琛工作。在整个帝国内还修建了很多教堂和修道院。

加洛林学校

查理曼认为，如果文化得以发展，帝国就会变得更加强大。因此，他尽其所能地促进艺术和科学的发展。他在亚琛建立了"宫廷学院"，贵族的孩子可以在这里学习。这所学校也成为典范，整个帝国内的很多学校都是仿照它建立的。

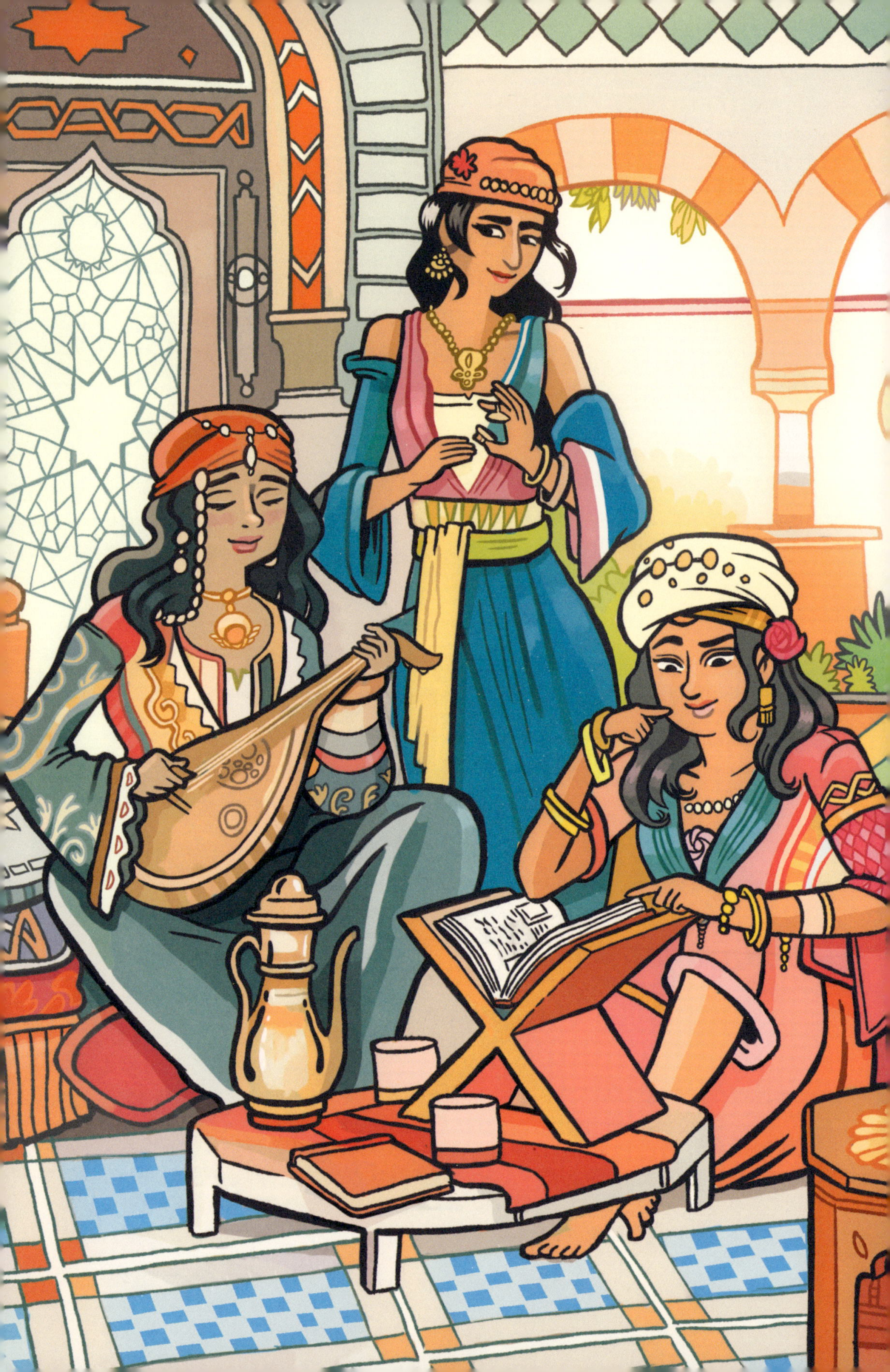

安达卢斯，阿拉伯人的西班牙

7世纪时，先知穆罕默德创立了一个新的宗教——伊斯兰教，它只承认唯一的神——安拉。信奉伊斯兰教的人称为穆斯林。他们的信奉经典是《古兰经》，主要圣地是麦加（位于今沙特阿拉伯境内）。

8世纪时，阿拉伯人从北非来到伊比利亚半岛（西班牙大部分国土位于此地）。当时的伊比利亚半岛由有日耳曼血统的西哥特人统治，后来，阿拉伯人打败了西哥特人，他们把占领的伊比利亚半岛等地称为安达卢斯，他们非常喜欢这里，决定长期在此定居。事实上，他们在这里统治了700多年！

安达卢斯的首都是科尔多瓦。穆罕默德逝世后，穆斯林服从哈里发（国家领导者，穆罕默德的继承者）的命令。后来，929年，一位被称为阿卜杜·拉曼三世的领导者在西班牙建立了科尔多瓦伊斯兰教哈里发国家。在这位哈里发统治时期，阿拉伯帝国的文化以一种非同寻常的方式发展起来。在此期间，人们建造了大型建筑，例如科尔多瓦大清真寺，它的建筑设计与中世纪的教堂非常不同，让人惊叹。这些建筑都用马赛克和花纹进行装饰。如果你仔细观察这些建筑，仔细观察它们的装饰，你会发现上面没有任何人像出现，因为这是伊斯兰教所禁止的。

阿拉伯人在医学、文学、数学、天文学和工程学等方面取得了重大进步。例如，他们开发了非常适合旱地的灌溉技术，这种技术至今仍在使用；他们在哲学方面也取得了很大发展（其中比较突出的是思想家伊本·路西德）；他们的安达卢斯文学也很繁荣。此外，当时还开设了大学。

阿拉伯人的遗产

阿拉伯人对世界的贡献数不胜数。如果没有他们，我们就不会知道阿拉伯数字（那么西方人仍将不得不继续使用罗马数字），也不会知道零（0）——这个此前并不存在的概念。还有许多如今已经是西方常用的词汇，也是源自阿拉伯语，例如 alcachofa（洋蓟）或 acequia（水渠）。

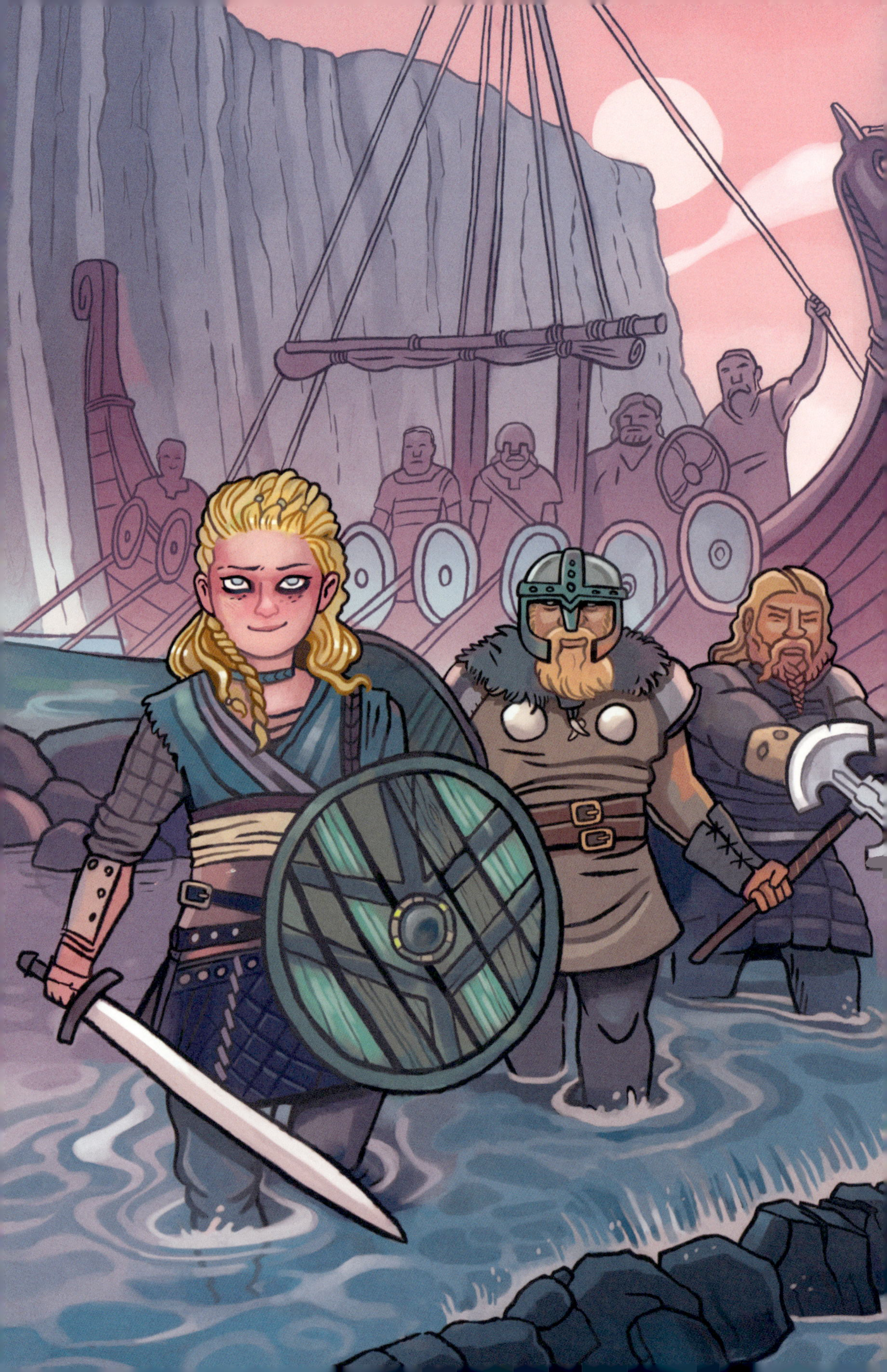

维京人，无敌战士

维京人是来自北欧斯堪的纳维亚半岛的民族，800年左右，他们开始在欧洲的土地上掠夺。他们不仅是冷血的战士，还是熟练的海盗和优秀的商人。

维京人是"异教徒"海盗，每当他们向一个毫无戒备的地方进行侵扰时，都会谨慎行事。他们非常隐蔽，以至于还没有人注意到，他们就突然攻打过来，此时当地人已经无法逃脱了。他们手里拿着剑、矛、盾牌、锤子和斧头，还戴着头盔保护（没有角！这大概率只是传说），乘坐带有龙形装饰的船只悄然而至。他们会把所到之处夷为平地，会拿最值钱的东西然后扬长而去，不过有的时候也会定居下来，例如在诺曼底他们就居住下来了。

他们很强壮，无所畏惧。也许所生活的北方寒冷的环境磨炼了他们，让他们变得几乎无坚不摧。维京人也会组建家庭、耕种土地和从事畜牧业。他们生活在村庄和农场里，以捕猎为生，尤其经常捕鱼。他们不仅是手工业者，而且是熟练的造船者和优秀的水手。因为他们生活的地方多是山地，物资匮乏，所以靠掠夺其他人的土地来谋生。

维京人从斯堪的纳维亚半岛出发，穿越西欧，进入地中海，甚至远至美洲。他们是优秀的商人，用自己北部特有的产品，像熊皮、鹿角和海象牙，来换取他们没有的东西，例如小麦、丝绸和香料。随着与其他地区和其他宗教信仰的长期接触，他们融入所征服的地方，并皈依了基督教，而袭扰活动也逐渐减少，直到最后彻底不再袭扰。

北欧诸神

维京人不止信仰一位神，其中最主要的是奥丁——智慧、战争和死亡之神，他们会在参加战争之前向奥丁寻求庇护。托尔是奥丁的儿子，他是雷神和天空神。关于北欧诸神有很多神话和故事，这些故事在北欧人中代代相传。

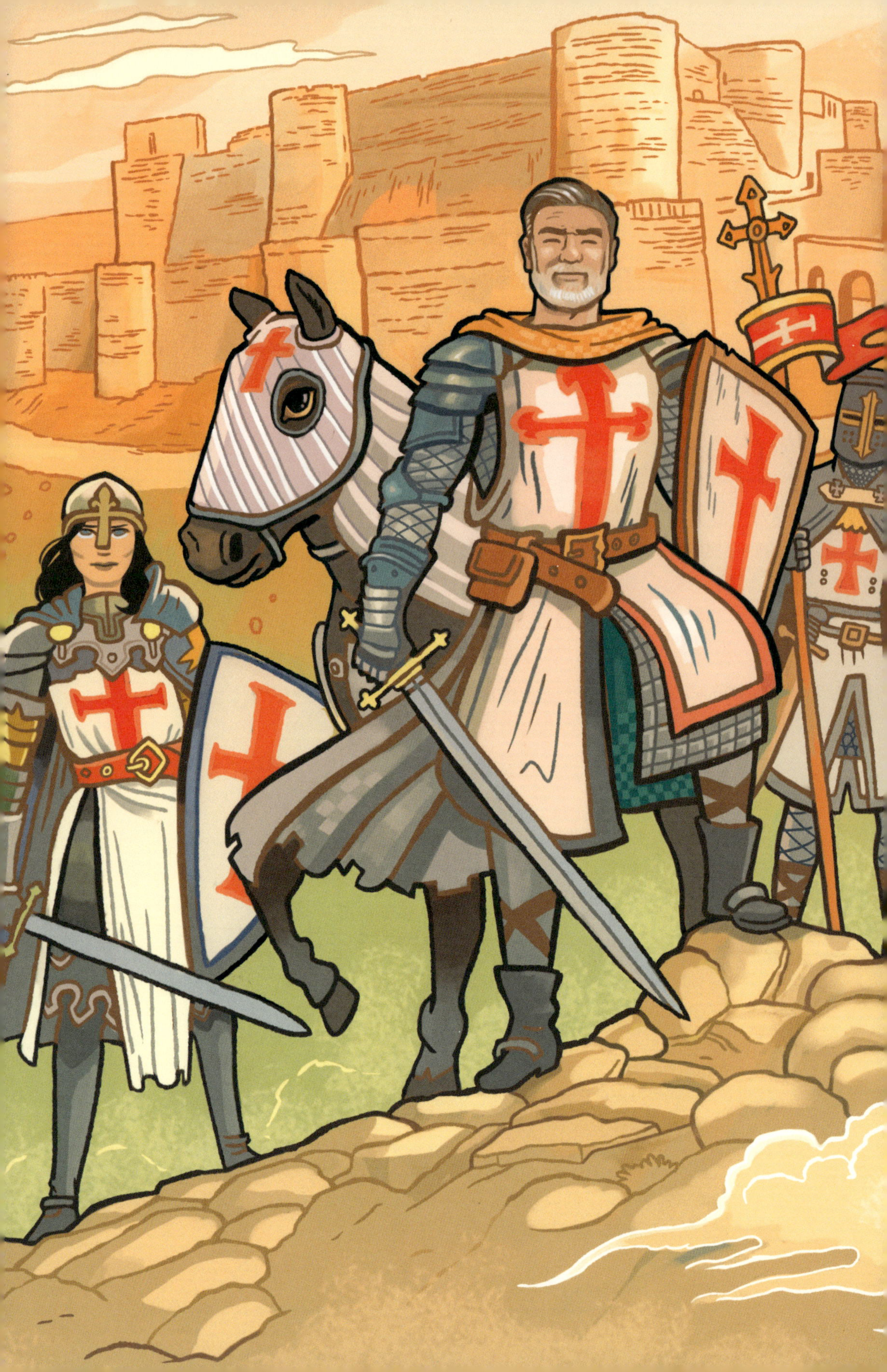

十字军东征，宗教和军事行动

骑士们告别家人、朋友去参加十字军东征，要从穆斯林手中夺回"圣地"耶路撒冷。他们会在自己的衣服上缝制十字架，这样大家就会知道他们是基督徒。

1095年，教皇乌尔班二世向骑士和农民发表演讲，号召征服自7世纪以来就被穆斯林占据的耶路撒冷（被称为"圣地"）。第二年，开始了十字军东征——对中东（从地中海到波斯湾的大片地区）的远征。以教皇为首的基督徒认为，他们不能允许耶稣曾经生活过的地方被不同的宗教信仰的穆斯林所占据。在1096年和1291年期间，一共发动了八次十字军东征。他们在1099年攻占了耶路撒冷，又在1187年失去了那里。尽管该地后来又曾回到过基督徒手中，但时间不长，那是在1229年和1244年期间，基督徒以和平的方式得到了耶路撒冷。1244年，他们又彻底地失去了该地。

谁可以参加十字军东征？每个人都可以去。十字军不只有骑士和封建领主，朝圣者和穷人也可以参加，他们希望借此找到更好的生活方式。甚至国王和王后也参加过，比如阿基坦的埃莉诺和法国国王路易七世。

随着时间的推移，最初的十字军东征精神逐渐减弱，直至他们放弃了对"圣地"进行统治的企图，到1291年，几乎所有被征服的土地又重新回到了穆斯林手中。但十字军东征的意义不仅仅是战争，那些回国的人还带来了香料、纺织品、地毯和金属，以及对许多事物更深刻的了解。

军事修会

在十字军东征的过程中，军事修会产生了，军事修会包括一些基督教骑士组织，分别有不同的使命。圣殿骑士团会在重要道路上巡逻保护远道而来的朝圣者；医院骑士团负责在耶路撒冷照顾生病的朝圣者；还有很多其他的军事修会，例如至今仍然存在的马耳他骑士团，尽管随着时间的推移，其职能已经发生改变。

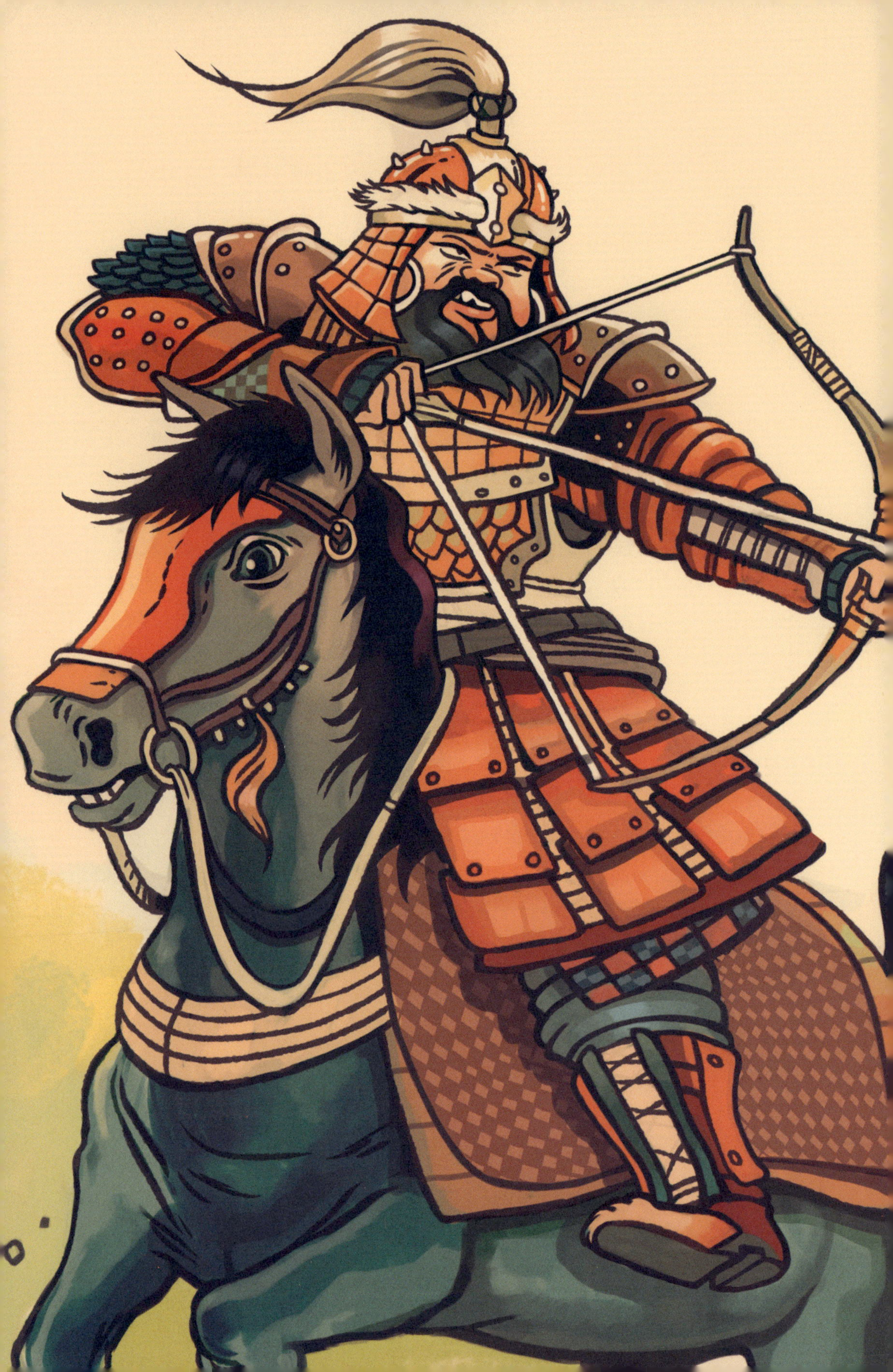

蒙古帝国

13世纪初，成吉思汗将蒙古游牧部落统一起来，形成了庞大的蒙古帝国。蒙古帝国的领土曾横跨亚欧两大洲。

蒙古人是生活在亚洲平原上的游牧民族，他们居无定所。各蒙古部落进行牲畜产品交易，同时他们也因掠夺行为而闻名，令人闻风丧胆。蒙古战士骑在马背上，当他们发起进攻时，马蹄下尘土飞扬，敌人几乎看不到在自己头上飞过的箭，直到他们被某一支箭射中。蒙古骑士在马背上射箭，几乎从未失手。

后来，成吉思汗统一了各游牧部落，组建了一支军队，最终建立了一个帝国。成吉思汗的本名是铁木真，1206年他把所有的蒙古的领导人聚集在一起召开大会，他被推选为大汗，称"成吉思汗"，意思是"海洋"或"强大"，并建立蒙古帝国。蒙古帝国的疆土却扩张得很大。成吉思汗病死后，他的继任者们进一步扩张了帝国，讲着不同语言和信仰不同宗教的人共同生活在那里。蒙古人征服的土地从朝鲜半岛到欧洲的多瑙河，他们一直攻打到了今天越南的北部，在那里被击退。成吉思汗的孙子忽必烈建立了元朝。

蒙古骑兵骁勇善战，令敌人无比惧怕；他们纪律严明，具有很强的耐力。也许是他们生存的恶劣环境塑造了他们的性格。他们最珍贵的财产是他们的马匹，他们在马背上征服了半个世界。

丝绸之路及其贸易
丝绸之路是连接东方和西方的贸易路线。元朝的驿道路网，保障了丝绸之路沿线各地的和平，丝绸之路再度活跃了起来。在这段历史时期，东西方交流频繁，文化繁荣。

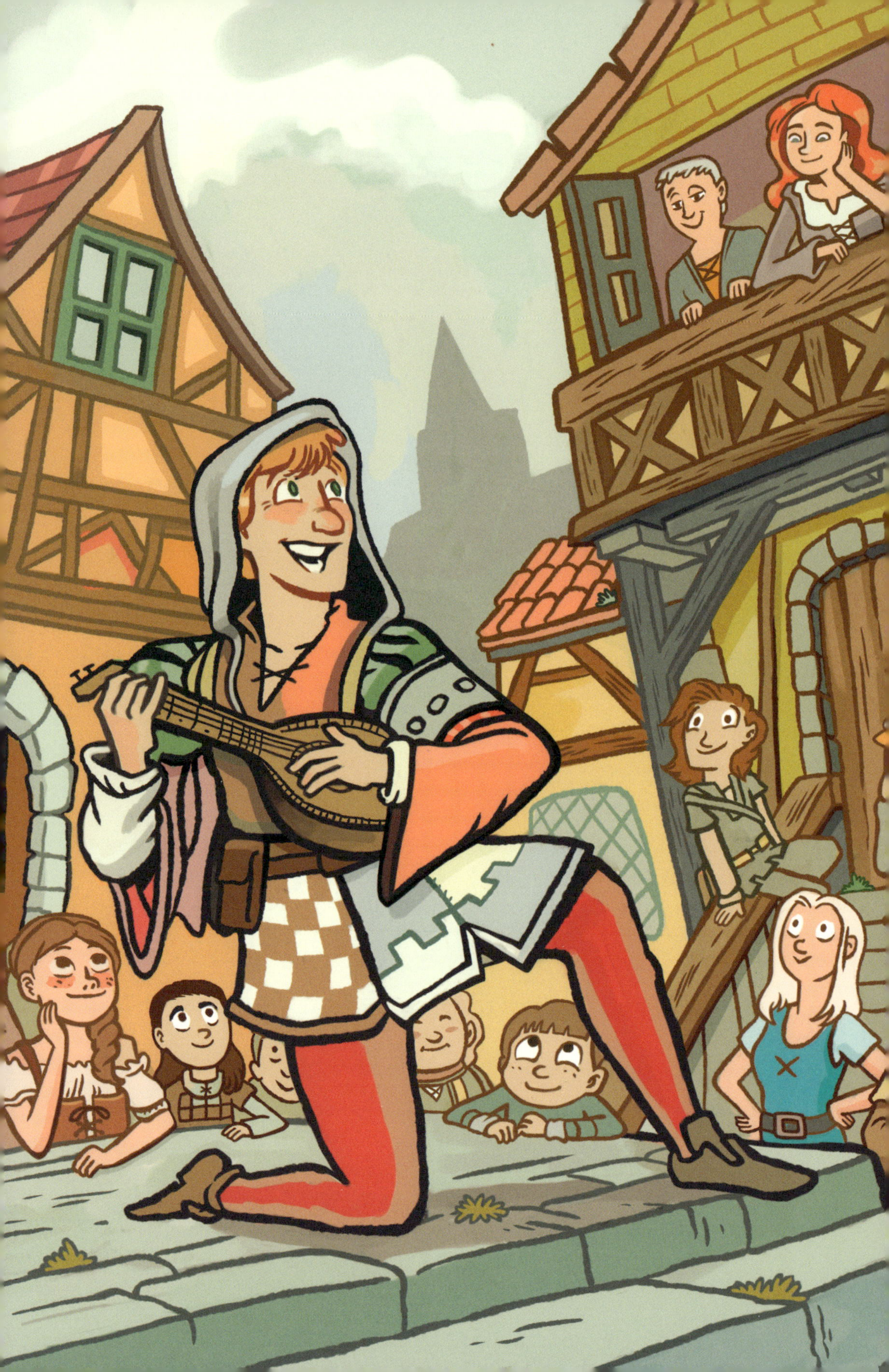

中世纪的行吟诗人和流浪艺人

在中世纪，没有电视、没有手机、没有电影院，也没有电子游戏。行吟诗人和流浪艺人承担了乡村和城邦的娱乐和消遣任务，没有人想错过他们的表演。

当封建领主的城邦里宣布有行吟诗人来访时，每个人都非常兴奋。他们知道行吟诗人会带来新鲜的消息和非常新的剧目，甚至可能来的是个名人。行吟诗人是中世纪的诗人，他们写诗、朗诵诗歌，并用他们自己创作的音乐伴奏。他们传播文学和音乐，帮助前来聆听的人拓宽眼界，让他们大饱耳福。这就是为什么当时人们非常期待行吟诗人的来访。

行吟诗人通常都是贵族出身。他们去过很多地方，了解这些地方发生的事情。他们创作的通常是情诗（被称为"宫廷爱情"），但也创作有关战争或献给大自然的诗歌。他们用长笛、竖琴或鲁特琴等乐器为自己伴奏。有时，他们趁着人们来观看表演的契机，朗诵具有批判性甚至带有嘲讽意味的诗歌。

同样地，当城邦中传出流浪艺人要来表演的消息时，人们匆匆赶去广场，以免没有位置。在中世纪的时候，没有太多的娱乐活动，所以当流浪艺人从一个村子到另一个村子表演时，可是一件相当重要的大事。流浪艺人是非常受欢迎的艺术家，他们唱歌、跳舞、演奏乐器、玩杂耍、表演戏剧，还讲故事或朗诵诗歌——他们将那么长的诗都熟记于心，这让大家非常惊讶。当忘了一些内容时，他们会即兴编造一些，但没有人会发现。

中世纪的"编年史家"

行吟诗人和流浪艺人在中世纪是非常重要的人物，因为他们传播了文化，带来了新闻，同时还娱乐了大众。正是因为他们，很多多年以来口口相传的故事才得以保留下来。

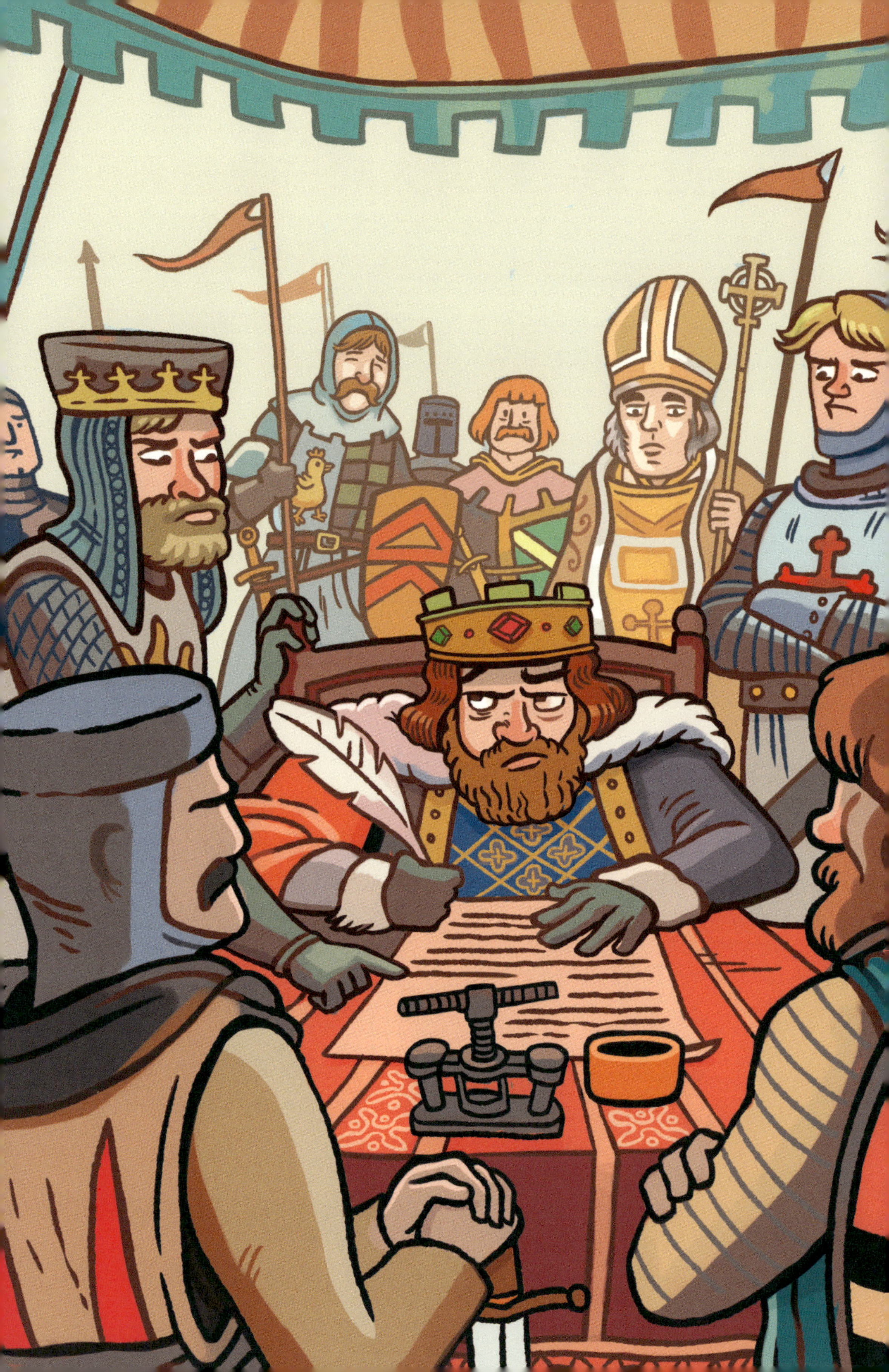

《大宪章》，一份法律声明

在中世纪，土地和王位经常易主。通过联姻或者战争，国家的领土可能会扩大或者缩小。但所有的王国都有一个共同点：国王凌驾于所有人之上，尽管他并不拥有绝对权力。但在英国签署了《大宪章》后，情况开始发生了变化。

在中世纪，长子继承父亲的头衔和所有土地，而其他儿子会成为骑士或神职人员。约翰是英格兰国王亨利二世和阿基坦的埃莉诺的第八个孩子（第五个儿子），所以他没什么希望承袭王位，也不太有可能继承广阔的领土，所以他被戏称为"无地王"。尽管如此，约翰最终成为国王——英格兰的约翰一世，而且他拥有了很多土地。

但是他在战争中又失去了很多领土和财富。为了筹措资金，无地王约翰不断提高税收，疯狂敛财。他还对他的臣民实行压迫性法律，贵族和神职人员忍无可忍，联合起来进行对抗，他们试图找到一个和平的解决方案。

1215年，他们起草了《大宪章》。《大宪章》限制了君主的权力，他们强迫国王签署它，而约翰一世除了签署别无选择。这是一部对社会不同阶层的权利和义务以及君主有义务尊重这些权利和义务的声明，共63条，其中包括任何人都不能未经审判而被判刑。他们制作了很多份《大宪章》的副本在整个王国分发。成立了一个由25名男爵（有权力的贵族）组成的委员会，以确保法律得到执行，如发现国王违反规则，也会胁迫他改正。

重要意义

起草这份《大宪章》的人都无法想象他们在《大宪章》中写下的内容的重要意义。《大宪章》被认为是西方现代民主的开始，是人权的基础。今天的许多宪法（一个国家的根本法，是其他法律的基础）都受到了《大宪章》的启发。

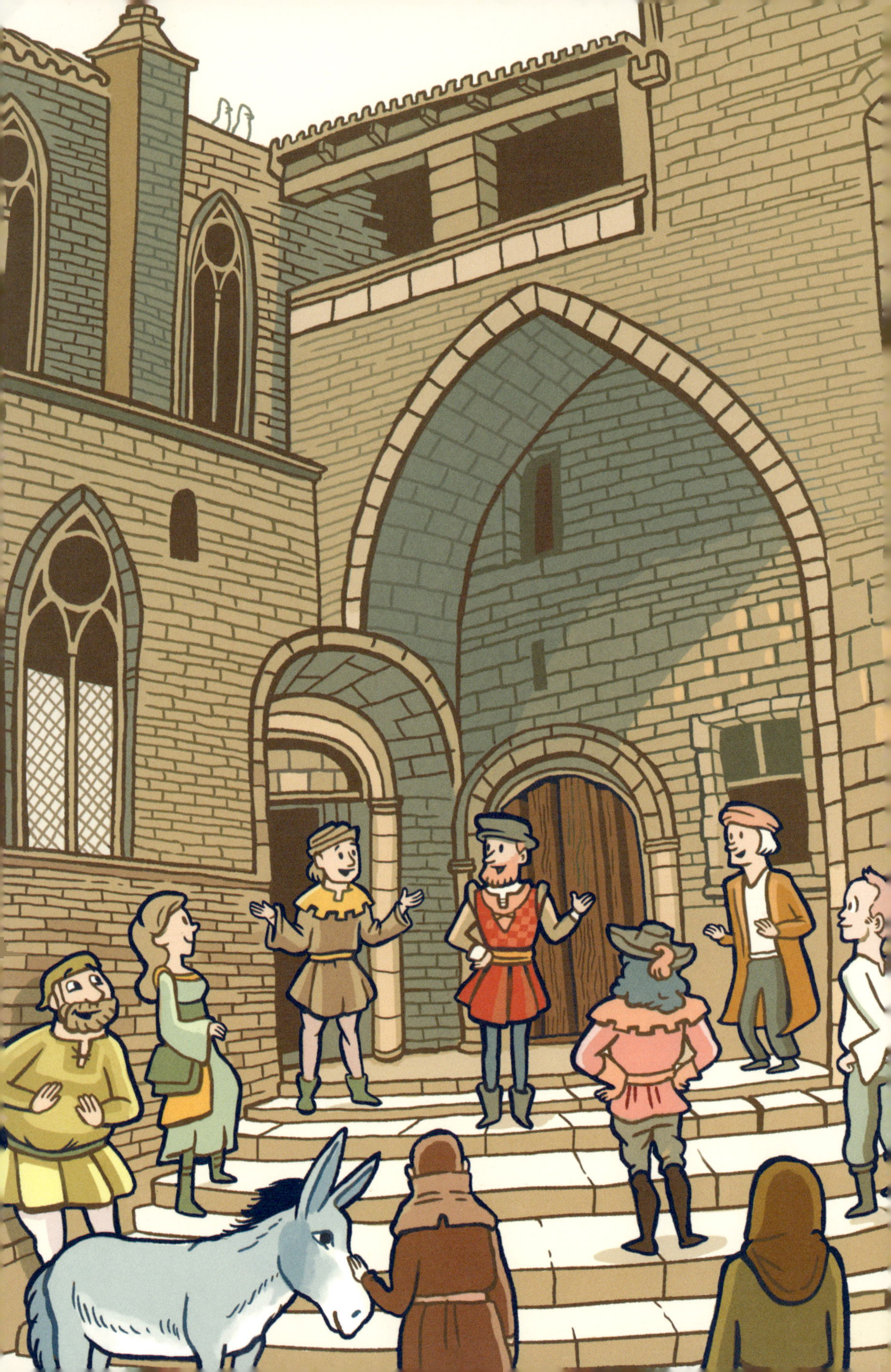

百人议会，一个市级政府

"百人议会"是中世纪一个管理巴塞罗那市的机构，一个由100人组成的委员会，代表人民进行讨论并做出决定。它成立于1249年，一直持续到1714年，被腓力五世废除，此后再也没有恢复。

在过去，每个城市都有一个国王或统治者。在加泰罗尼亚、阿拉贡和马略卡岛，他们的统治者称为"市长"。在中世纪初期，巴塞罗那还是一个小城市，但在13世纪，它开始迅速发展，人口不断增长，这意味着出现了新的街区、更多的贸易往来……同时也更加混乱，因此有必要对其进行管理。一些人想要协助巴塞罗那市的管理，于是1249年，国王海梅一世在巴塞罗那建立了第一个市政府机构。

从决定要建立一个机构来管理城市，到国王认可了这个决策，再到开始推进发挥作用，整个过程并不容易。最初国王指定4名公民选择4名议员或顾问，他们将和市长进行合作；此外，再选拔200人组成议会。经过一个漫长的过程和几次变故后，最终在1265年，人们决定这个管理机构将由一个100名代表组成，被称为"百人议会"。

"百人议会"作为一个管理机构，负责做出决定、选举代表；在发生冲突时，人们信任它能保护自己。然而，人们的要求很高，如果有什么不喜欢的地方会告知议会，而且议会成员会定期更新。

百人厅

开始时，议会没有固定场地，最初成员们在"王宫"的楼梯上开会。后来，他们一直在换场地，直到位于巴塞罗那市政厅的百人厅开始投入使用，他们才固定在那里开会。虽然如今百人议会已经不在了，但是这个地方至今仍然存在。

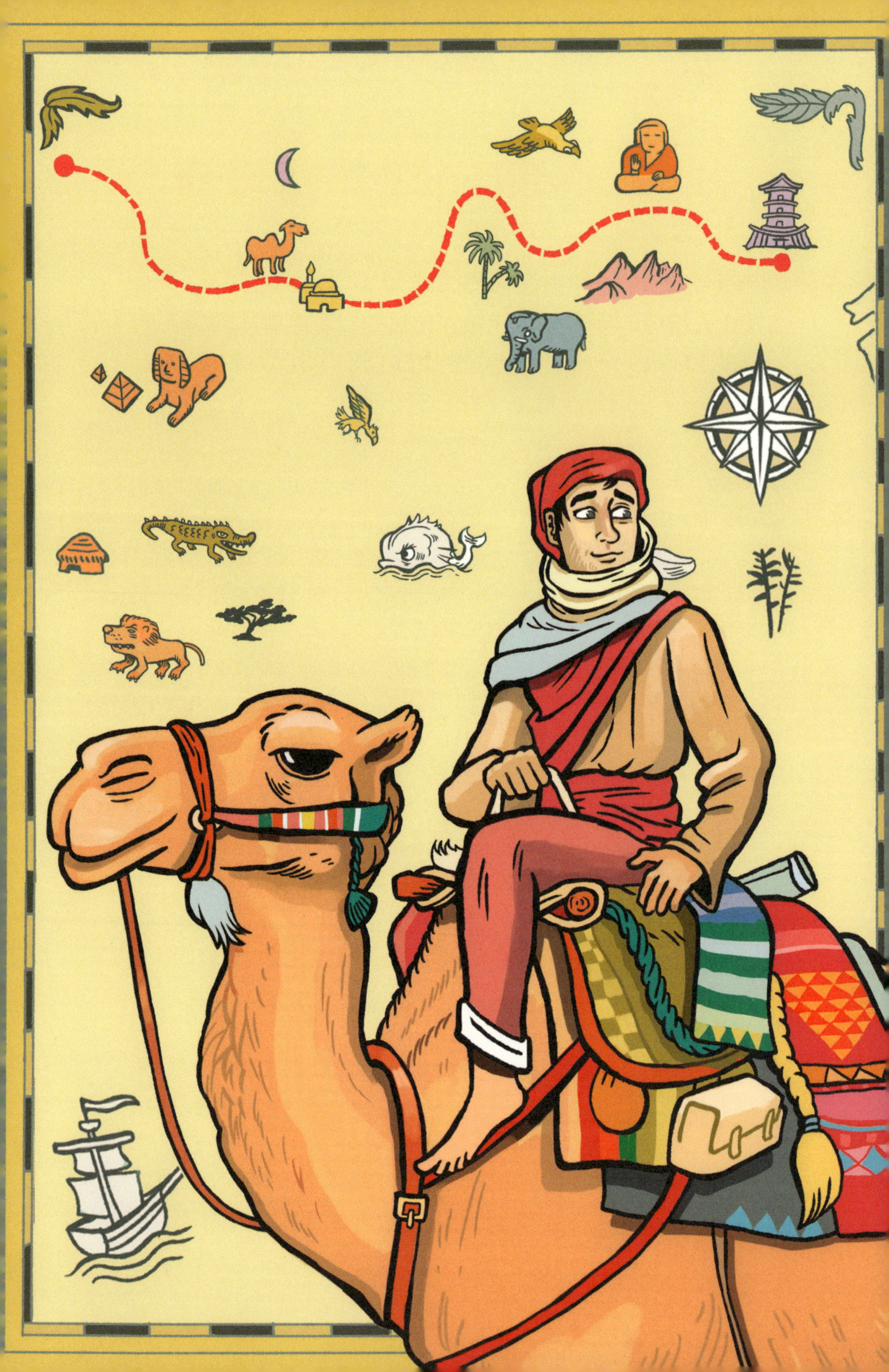

马可·波罗和丝绸之路

13 世纪时,马可·波罗一行沿着丝绸之路踏上了前往中国的漫长旅程。他们跨越一望无际的海洋,翻越高耸入云的山脉,穿过荒无人烟的沙漠,克服了晕船、严寒和酷热等重重磨难,一路向东,来到中国。

1271 年,出生于商人家庭的马可·波罗跟随家人踏上了漫长的旅程。他们的起点是威尼斯,一个重要的欧洲城市;目的地是位于东方的中国;交通方式有乘船、步行、骑马和骑骆驼。他们沿着丝绸之路,花费 4 年多的时间,才到达中国元朝上都。虽然欧洲与东方的贸易往来非常频繁,丝绸之路这条路线已经存在了几个世纪,但马可·波罗一行是第一次从丝绸之路的一端到达另一端的人。那些年,满载瓷器、丝绸和香料的骆驼商队源源不断地从东方行至西方。

丝绸之路因为马可·波罗而广为人知,他一生一共走过好几次丝绸之路,曾受到中国元朝皇帝忽必烈的热情款待,并在中国先后居住了约 17 年。17 年的时间足够他学习中国的生活方式和文化。后来马可·波罗口述他的旅行经历,由他人代笔写了《马可·波罗游记》一书,书中有很多真实的内容,但也有杜撰的部分。该书促进了跨文化交流,唤醒了人们对踏上旅程的渴望,多年来激励了许多人。

自从人类开始进入社会生活以来,贸易就已经成为重要的一部分。历史上,丝绸之路是最著名的一条贸易路线,但在欧洲、非洲和美洲之间还有其他的知名路线,例如香料之路、三角贸易航线等。

一项严格保密的工艺

千年来,中国人一直对丝绸的生产过程严加保密。丝绸是一种令人垂涎的商品,甚至有人为了得到它穿越欧亚大陆。养蚕制丝是一门好生意,但非常费时费力,要手工抽丝剥茧数千次,才能得到 1 千克丝线。

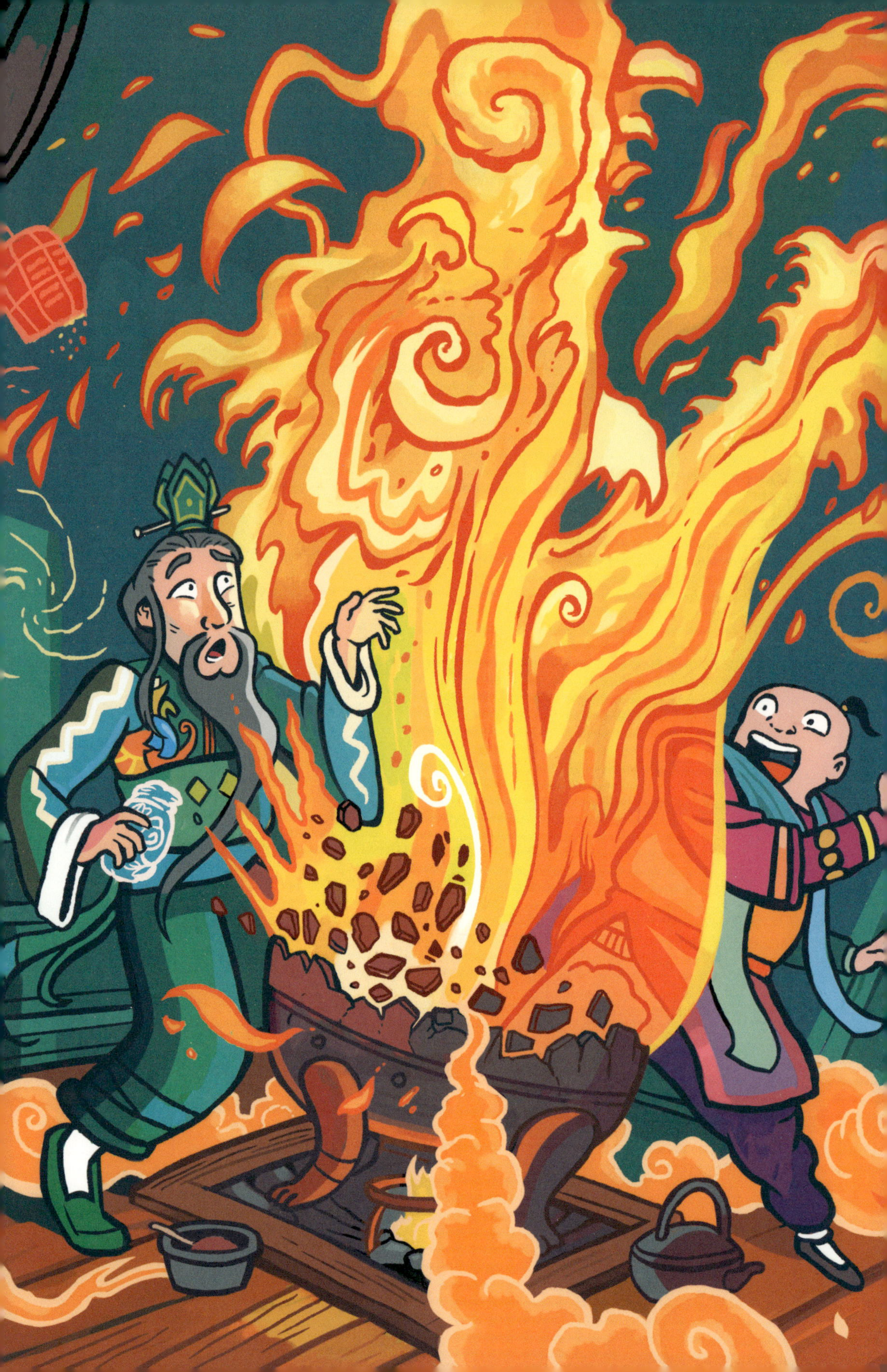

火药的发明

火药是目前已知最早的爆炸物。9世纪时，中国的一个炼丹家为寻找长生不老的灵药，将各种物质混合制作时，突然有什么东西爆炸了。他就这样偶然发现了火药的配方：硫黄、木炭和硝石。

起初，中国人用火药来制造烟花，但很快他们意识到火药在战场上也可以发挥巨大作用，于是创造了从投石机和简易的"大炮"上发射的炸弹，这种简易的"大炮"由竹筒制成，用来向敌人投掷石头和其他物体。

火药直到13世纪才传到西方，极大的可能是由阿拉伯人和拜占庭人带去的。近一个世纪后，它开始被用于军事领域，并很快取得了成功，因为它在攻打保护城市的城墙和壁垒时发挥了巨大的作用。在那之前，人们攻城主要使用投石机或攻城锤，火药的出现使人们开发出了投掷重石和炸弹的大炮，它们在攻打城墙或壁垒方面更为有效。

在火药和火器出现之前，人们使用的武器有剑和用弓或弩射出的箭，而中世纪的骑士们穿着厚重的盔甲，盔甲虽然有保护作用，但并非坚不可摧，而且还限制了他们的行动。到14世纪，西方军队中已经开始使用火药，人们很快就开发出一整套与火药相关的技术。火药这种爆炸物的重要性是不可否认的，它是具有革命性意义的发明，但它同时也具有巨大的破坏力。火药和第一批火器的出现改变了战争的形态。

火药的用途
西班牙文"pólvora"（火药）一词来自拉丁文 pulvis，意思是"粉末"，因为火药就是一种黑色的粉末。火药的用途不仅限于制造爆炸，没有火药，也不会有如此喜庆热闹和让人兴奋的烟花。

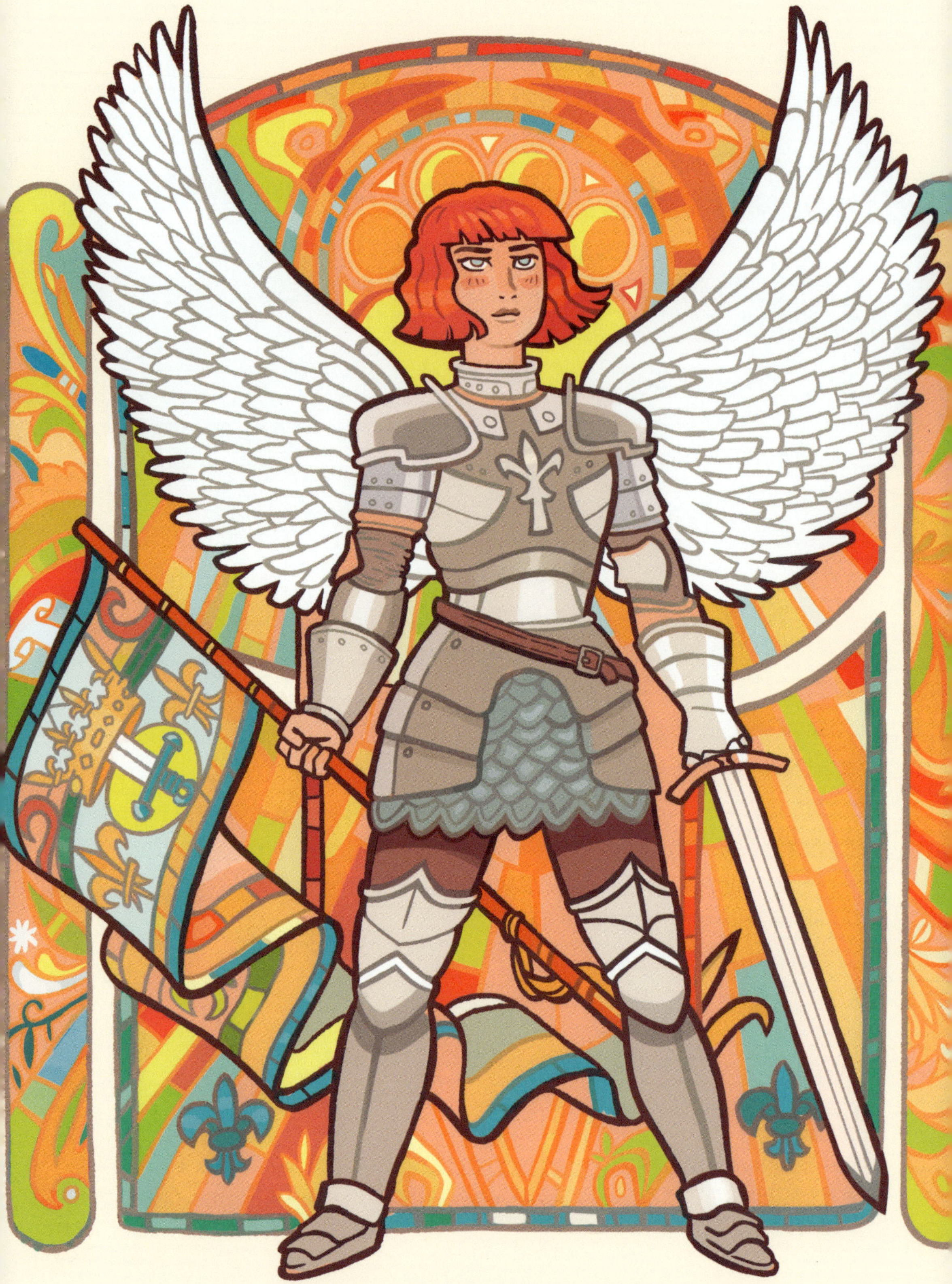

百年战争

在西罗马帝国灭亡后，英国和法国等开始崛起。这些国家彼此之间的关系并不融洽，经常发生冲突。其中有一场非常漫长的战争，持续了一个多世纪的时间。

英格兰王国和法兰西王国之间的百年战争的根源是领土问题，因为英格兰人在法兰西领土上拥有土地，因此他们对法兰西君主有从属关系，这成了两国之间摩擦的根源。而当法兰西国王去世时没有子嗣继承王位，王位空悬时，双方的矛盾进一步恶化了。

当时有资格继承王位的人有英格兰国王爱德华三世，他是已故法王的亲属；还有瓦卢瓦的腓力，他也是已故法王的亲属，关系更远，但他是法兰西人。为了争夺王位，战争爆发了。战争并没有持续一百年整，而是稍微更长（从 1337 年到 1453 年），双方也没有在此期间一直打仗。其间先后发生了多次战役，但也有和平稳定的时期。双方一直在进行着领土争夺的拉锯战，也就是说，英格兰人占领的领土，随后法兰西人又收复了回来，后来英格兰人又占领，法国人又收复，就这样反复长达百余年。而在这漫长的一百多年间，两国王位也发生了更迭。

当人们觉得冲突似乎将永远持续下去时，圣女贞德出现了。这位法国农家女声称自己收到了神的指示，命令她赶走英国人。当时有志于此的法兰西国王，即后来的查理七世，命她指挥军队与当时的英格兰国王亨利六世的军队作战。最后法兰西军队获胜，英格兰人则永远地离开了法国土地。

圣女贞德

她非常勇敢和果断，后被英格兰人俘虏并被指控使用巫术——她说自己收到了来自神的旨意去解决冲突，审判她的人则说，这是巫术惑众，她被判处死刑。她在 1920 年被列为"圣女"，是法国统一的象征。

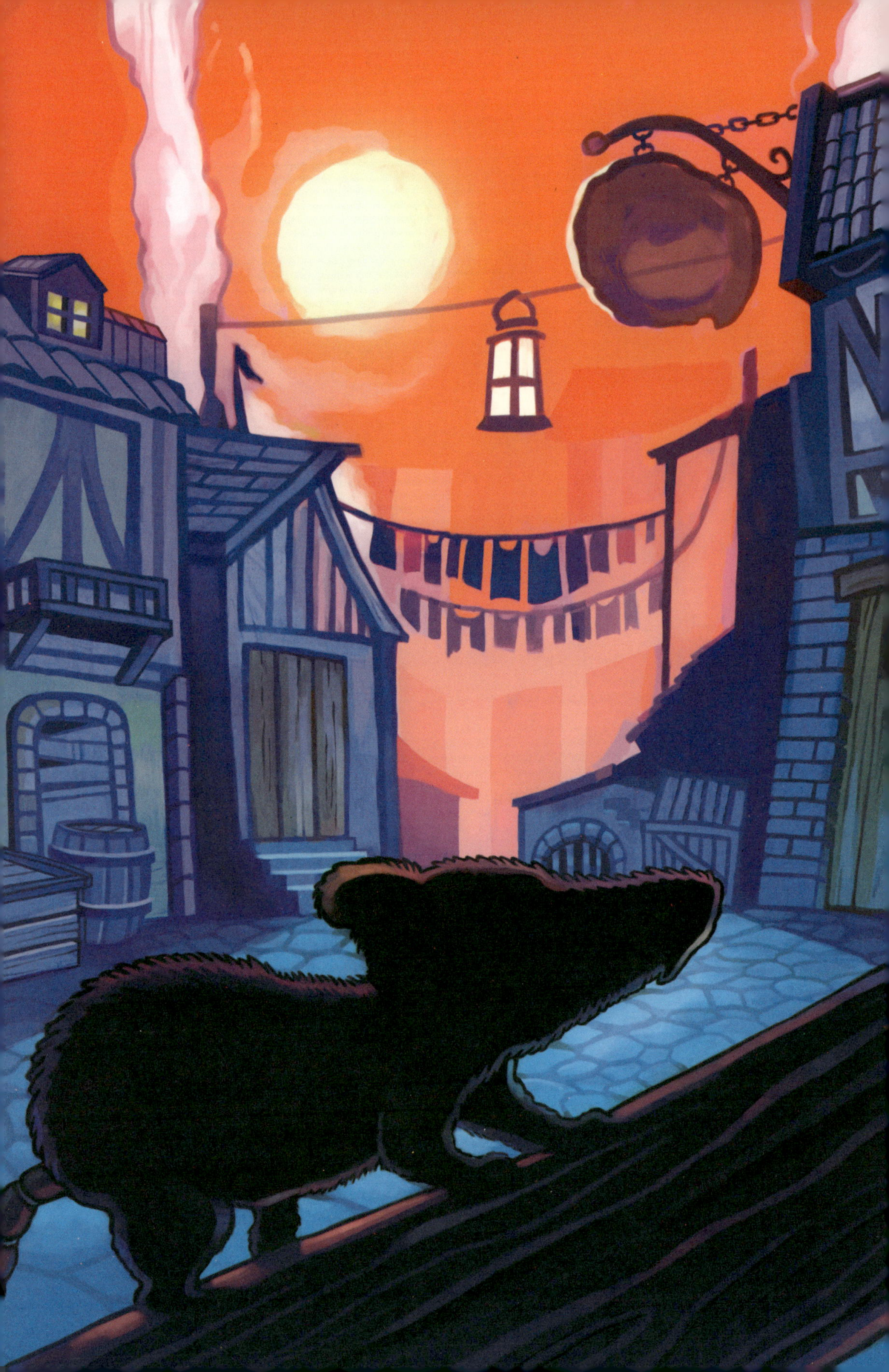

黑死病

你听说过黑死病吗？这是一种中世纪，具体说是 14 世纪，曾在欧洲、亚洲和北非传播的疾病。它是有史以来最致命的瘟疫之一。

就目前所知，将黑死病（鼠疫）传播到欧洲的罪魁祸首是一艘来自克里米亚半岛的船只上的老鼠。这些老鼠身上带有感染了鼠疫杆菌的跳蚤，而这种病菌可以引起黑死病。在抵达西西里岛的墨西拿港后，这些老鼠跳下船，和它们携带的跳蚤一起在城市中四散开来，很多人因此感染了黑死病。

患黑死病的人会发高烧，淋巴结出现肿块，肿块变得比核桃还大，并且全身皮肤高度青紫，这就是为什么它被称为淋巴腺鼠疫（因为淋巴结有大块脓肿）或黑死病。大多数病人都死了，于是人们开始思考为什么一种疾病会如此可怕。当时存在许多种假设，但没能达成一致。如今科学家认为，黑死病的罪魁祸首不是老鼠，而是跳蚤，跳蚤直接将疾病传播给人类，然后人类之间又相互传播，并且疾病的传播是由于卫生条件差。你知道吗？在中世纪，很多人一年只洗一次或两次澡……

无论这种流行病的起因是什么，可以肯定的是有几千万人因此死亡。在欧洲，它影响了每个人，无论贫富，甚至有国王死于黑死病。它传播得非常快，必须及时采取措施，例如烧掉病人的衣服。但这是很久很久以前的事了，那时杀死细菌的药物——抗生素还不存在，尽管今天可能还有一些病例存在，但已经不再致命。

黑死病时期的医生

在 17 世纪，治疗传染病人的医生会戴上鸟嘴形状的面具，面具里面装有药草，以防止感染。此外，他们穿着黑色的大褂，戴着手套、眼镜和帽子。然而这些医生仍难以平息疫情暴发期间在人们心中蔓延的恐慌。

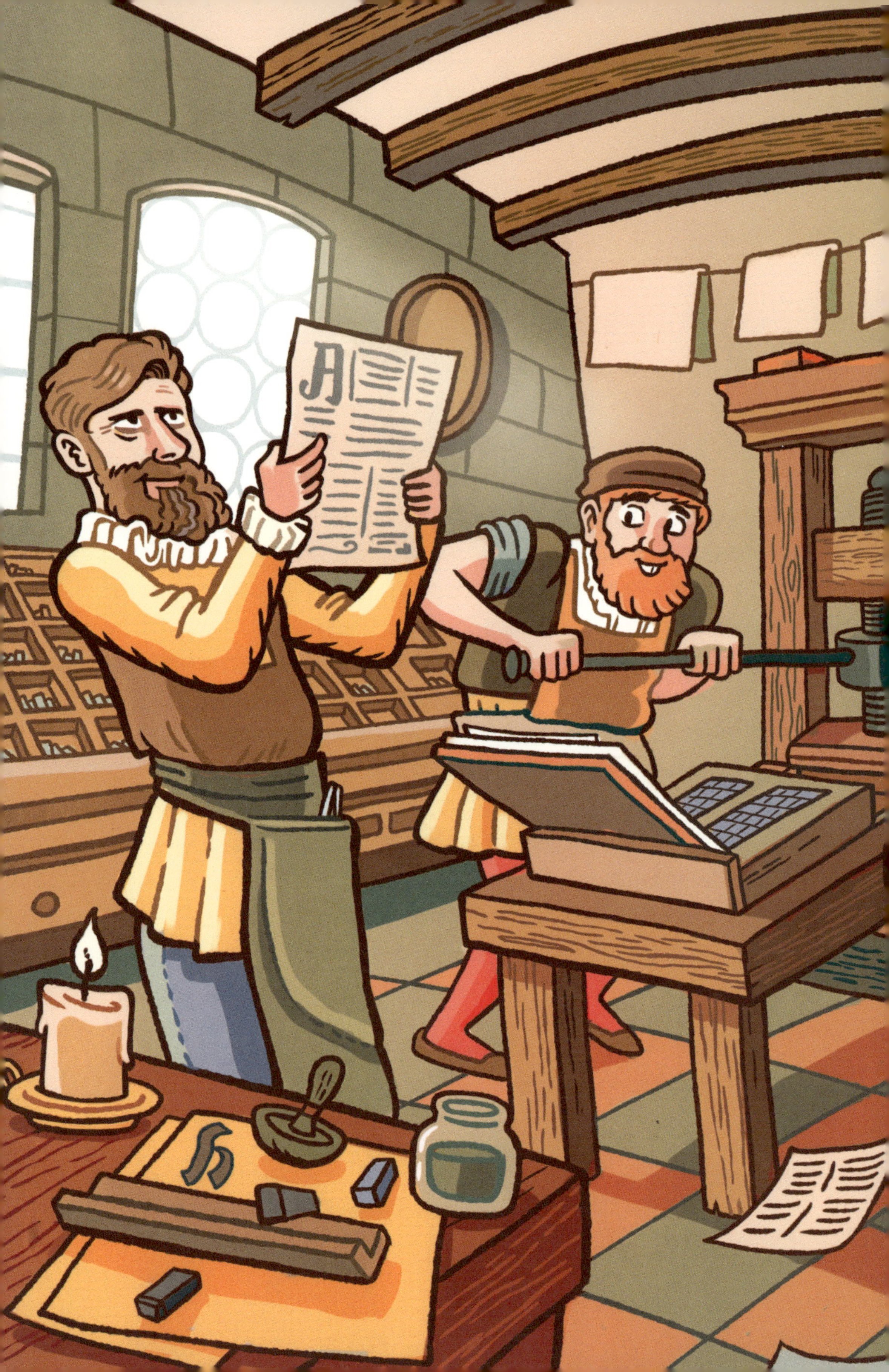

文化，触手可及

在中世纪，流行文化是通过口头传播的，这就是为什么行吟诗人和流浪艺人在那时非常重要。除此之外，修道院里的修道士在保存古籍方面也发挥了重要作用。

在中世纪的修道院里，修道士每天在寂静的撰经阁（他们工作的地方）里花费好几个小时来抄写文本。如果没有他们的抄写，许多古代书籍就会永远消失了。在当时，抄写一部《圣经》可能至少要花上他们一年的时间！但当印刷术发明出来以后，一切都不一样了。

印刷术起源于 7 世纪的中国，人们起初使用木块进行印刷，后来使用金属块。每个木块或金属块上都刻有字或符号，在上面加墨后，再把它们压在纸上，上面的内容就会被印上了。这些木块或金属块被称为"印版"。目前已知最早以这种方式印刷的有明确日期的书籍是 868 年的一部佛教文献。后来中国人又发明了"活字版"，以便这些字块可以反复使用。但由于中国的文字有成千上万个，因此在中国活字印刷未能取代雕版印刷的主流地位。

而在西方世界，由于西方语言的字母总数量较少，因此这种方法更容易被采用。1450 年左右，约翰内斯·谷登堡发明了铅活字印刷。谷登堡是一名德国金匠，所以他对金属非常了解。这种技术迅速在欧洲传播开来，到 16 世纪，在 183 个欧洲城市中都有了印刷厂。印刷术使得书籍可以大量印刷，大大降低了书籍的价格，大众购买书籍成为可能。

摇篮本

"摇篮本"这个概念指的是欧洲在谷登堡发明铅活字印刷后至 1500 年间印刷出版的书籍，当时已经有 1 000 多台印刷机了。摇篮本是非常有价值的书籍。据了解，大概有 35 000 册摇篮本留存至今。

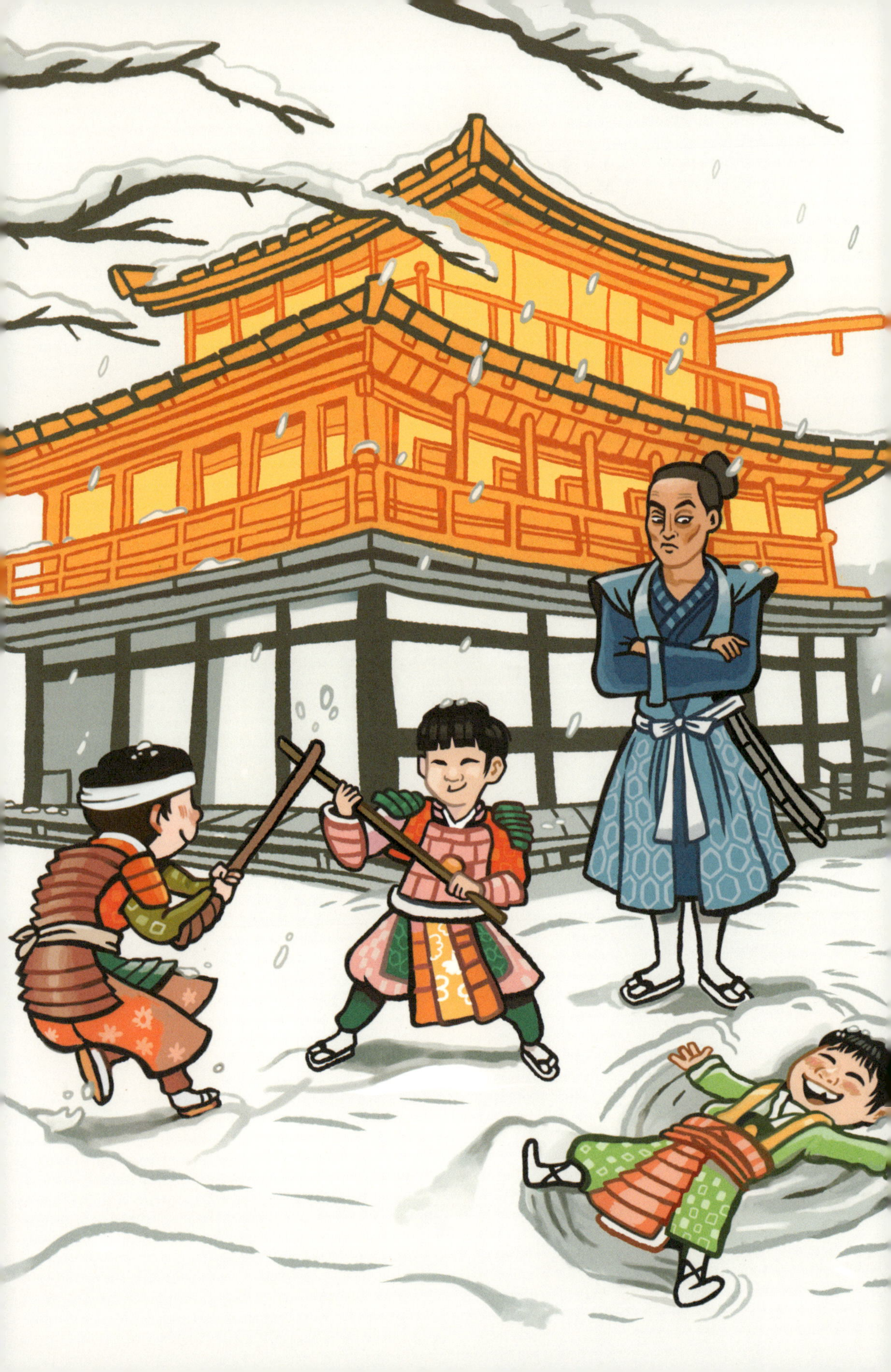

封建时期日本人的日常生活

在 12 世纪晚期武士夺取政权之前，天皇长期统治着日本。此后，天皇变成傀儡，真正的统治者是幕府将军，他也是实际的最高统治者。大名指的是日本的地方封建领主。

武士们似乎生来就手中握刀，他们可以灵巧敏捷地挥舞手中的刀。事实上，在武士的儿子们还很小的时候，刀就被作为礼物送给了他们，从他们能握刀开始，就用木刀进行练习。武士们精通弓箭、长矛和武士刀，并掌握格斗术。在孩童时期，他们中的一些人在教师的指导下学习阅读和写作，因为力量和体能并不足以解决一切问题。武士家中的女性们也要接受武艺训练，以防她们遇到不得不进行自我保护的情况。

武士们遵循任何人都不能违背的荣誉准则。他们必须忠于他们的大名，要对大名真诚、忠诚、礼貌，还要勇敢。违背这些原则中的任何一条，对武士来说都是极大的耻辱。但在日本并非人人都是武士，像中世纪的欧洲一样，日本封建社会被分成不同的阶层，除武士阶层外还存在其他阶层，例如商人和手工业者，而社会中绝大部分是农民，他们在田里劳作，主要种植水稻。

在封建时期的日本，上层社会的成员，特别是女性，必须学会如何在社会中言行得体，因为有一些礼仪规则，她们必须遵守。妇女要会茶道，她们会穿着长长的和服，在设计精美、修剪整齐的花园中漫步，当武士或重要人物从她们前面经过时，她们要恭敬地低头。

神道教和禅宗

日本的传统民族宗教是神道教，非常注重对自然和祖先的祭拜。他们相信自然界中存在鬼怪和神灵，他们认为动物、植物，甚至河流和山脉都有灵。禅宗（中国佛教宗派）被引入日本，武士们会进行冥想，从而为战斗做准备。

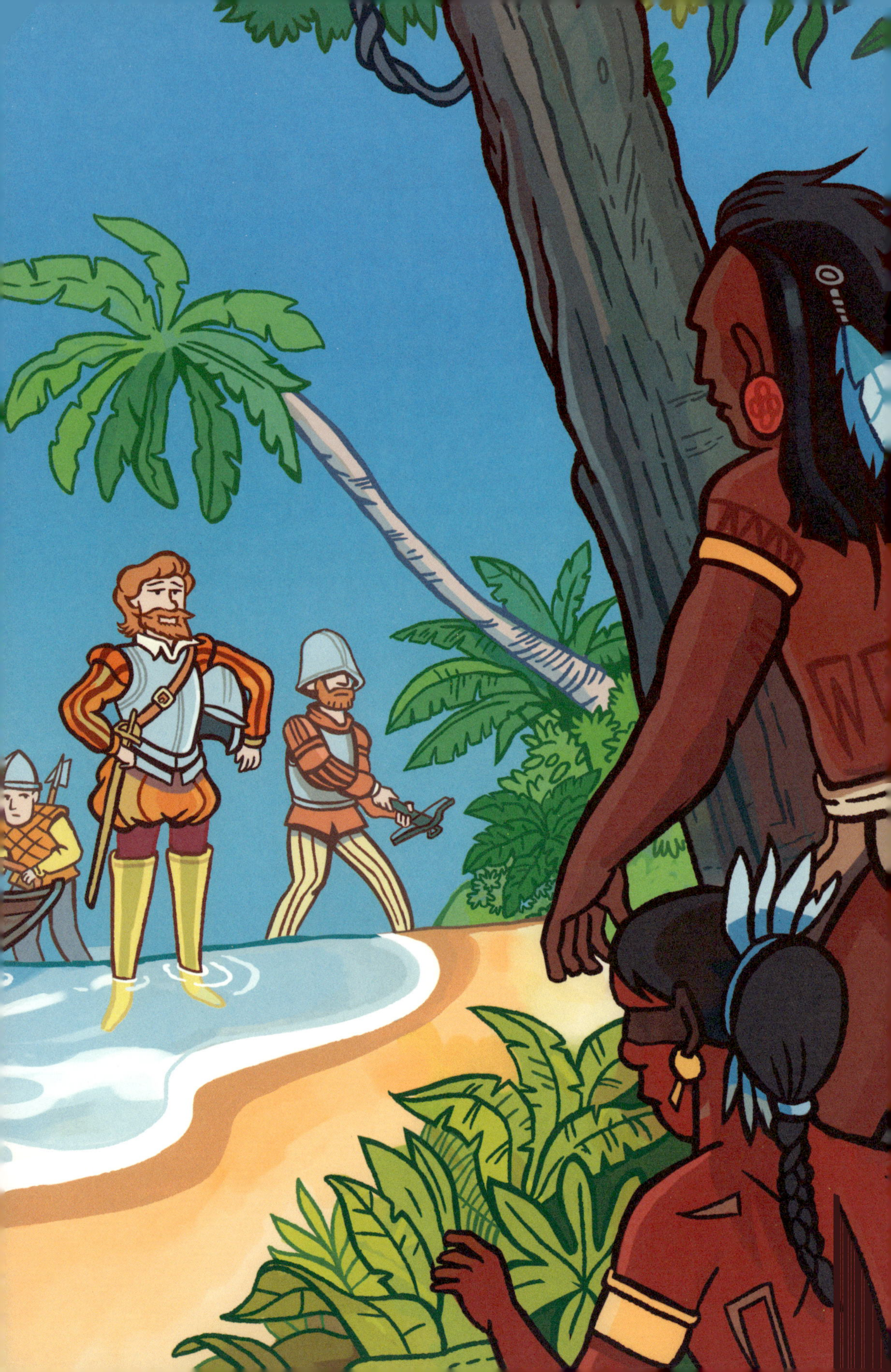

伟大的探险家们

在中世纪末期，许多欧洲人踏上了探索未知世界的道路。他们去探险和迎接新的挑战，他们发现了新的地方，扩宽和提高了自己的认知。

在15 世纪和 16 世纪，探险活动在欧洲盛行。探险家指的是那些投身发现新的土地和海洋的人：商人、冒险家、传教士和征服者。他们到达了那些此前欧洲人不知道的地方，毫无畏惧地进入未知地域。当从一趟趟旅程回来时，他们会讲述许多非同寻常的故事，所有听了他们讲述的人都惊讶不已。他们的故事中大部分都是事实，但也有很多杜撰出来的内容。在那个没有照片、各片大陆上的人们几乎互相隔绝的时代，这些故事具有无与伦比的吸引力。

探险家的这些旅程不仅对了解世界起到了非常重要的作用，同时也促进了贸易和文化交流。船只满载着纺织品、香料和治疗疾病的陌生植物而来；同样带来的，还有故事和知识。

最早探险的目标是东方——当时欧洲人所认知的世界中深深吸引着他们的那片土地，这种吸引力源自东方的特产还有它的异国情调。早在几个世纪前，意大利人马可·波罗已经通过丝绸之路到达中国，因此或多或少，亚洲已经为欧洲人所了解，但对于欧洲以西的地方，欧洲人却一无所知，直到哥伦布决心探索抵达印度和中国的新路线，他偶然发现了一片广阔的土地，那里水草丰美，生机勃勃。那就是美洲。美洲的发现标志着两个世界的相遇，历史的轨迹从此被改变。

陌生的非洲

曾经，非洲大陆对欧洲人来说是陌生且神秘的。葡萄牙航海家恩里克王子曾探险前往非洲海岸。在他之后，还有其他人到达过印度，例如瓦斯科·达·伽马，他沿着非洲大陆航行，最终到达了印度。

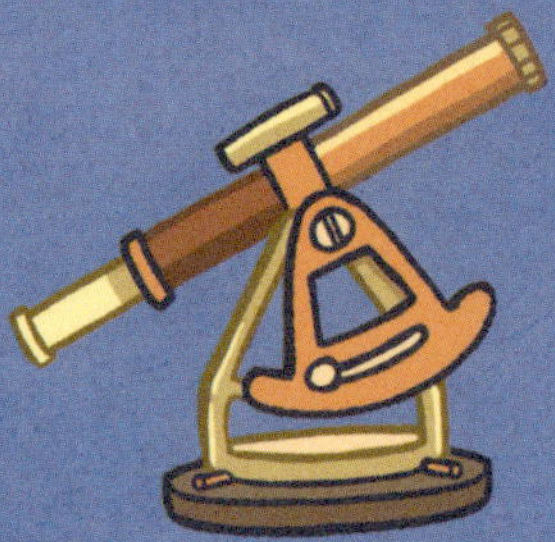

近代

当欧洲人发现在大西洋之外还有一个大陆时,他们的世界观完全改变了,一个新的时代开始了,那就是近代。在那片遥远的土地上,还有很多文明有待人们去了解和学习。在欧洲,这一时期出现了文艺复兴,这意味着科学、艺术和人们看待世界的方式都有了巨大的发展。

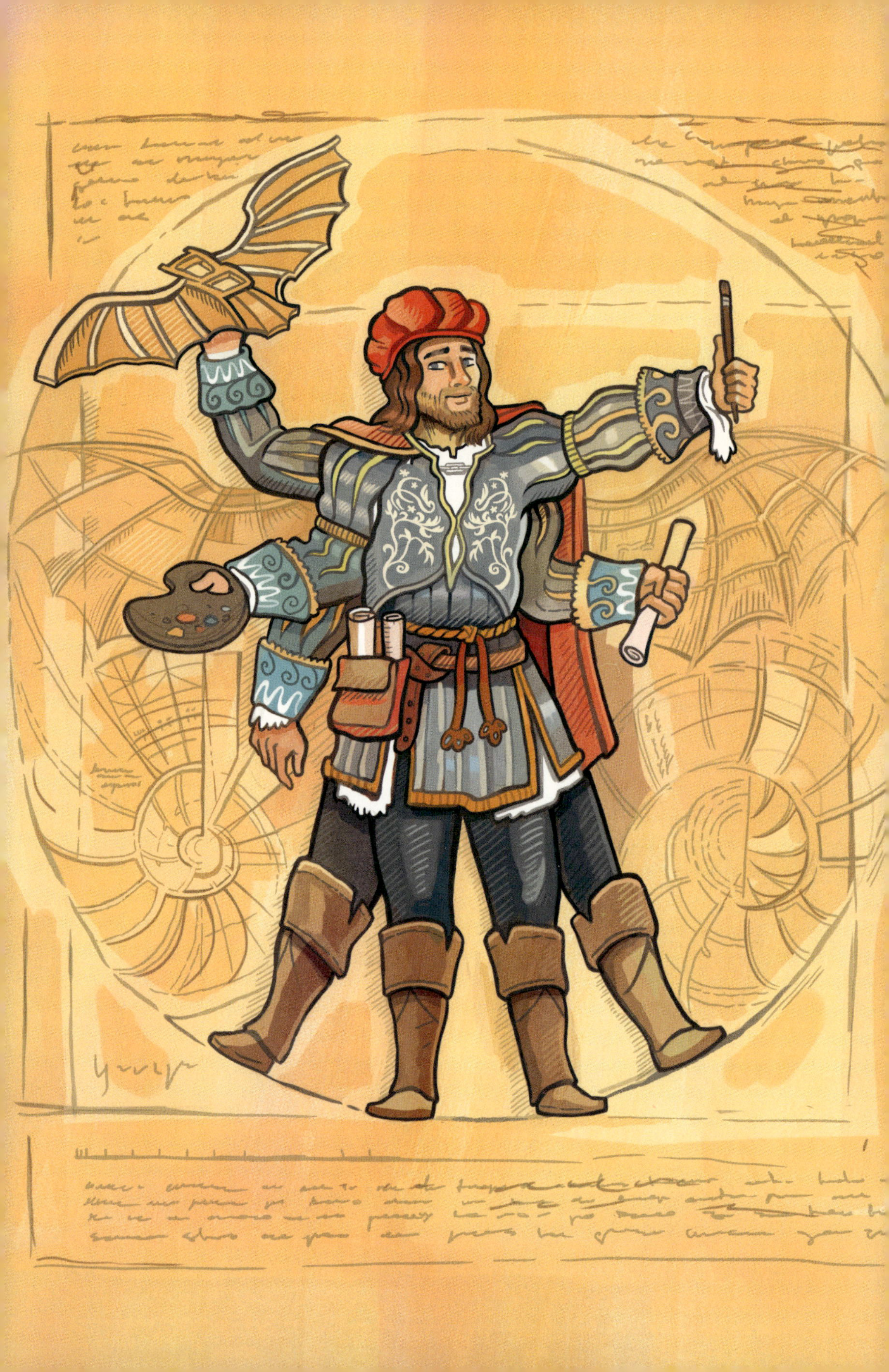

列奥纳多·达·芬奇的发明

> 列奥纳多·达·芬奇不仅是文艺复兴时期的伟大画家，而且在许多其他领域也做出了杰出贡献。他有着奇妙的想象力，而且非常有智慧。他有很多发明，其中有些发明被认为是我们现代发明的基础。

在欧洲，铅活字印刷发明后，阅读开始逐渐普及，关于宗教、艺术和科学的新思想也开始逐渐传播开来。人们开始对许多事情提出质疑，他们不仅提出问题，还不眠不休地进行实验。人们怀念古希腊和古罗马时期的荣光，发起了文艺复兴运动，而文艺复兴中反对宗教桎梏、颂扬人性的新思潮被称为人文主义。

列奥纳多·达·芬奇是文艺复兴时期最重要的代表人物之一。虽然他主要因为画了历史上著名的画作《蒙娜丽莎》而闻名，但他所做的事情远不止于此。他还是发明家、工程师、科学家、艺术家等。最重要的是，他是一个非常有好奇心的人。

达·芬奇的很多发明在设想不久后就得以实现了，他也预见了一些在多个世纪后成为现实的发明，例如潜水服——目前已知最早的潜水服草图就是他设计的，同样情况的还有坦克。他还考虑了人类飞行的可能性，这一想法甚至成为一种执念。他观察鸟和蝙蝠是如何飞行的，由此设计了一个没有真正运行过的机器。他还有很多以失败告终的创意，但他无疑是一个先驱者，他想象并设计了很多发明的雏形，它们都在后来成了现实。

一个非常特别的人

达·芬奇是一个非常特别的人。他是左撇子这件事并不特别，但他用一只手画画，用另一只手写字这事还是很特别的。另外，他还会写反字（镜像体），他的文章必须用镜子照着才能阅读这件事也很特别。据说，他经常用很长时间仰望天空和观察自然……他的时间花得很值，因为大自然给了他发明的灵感。

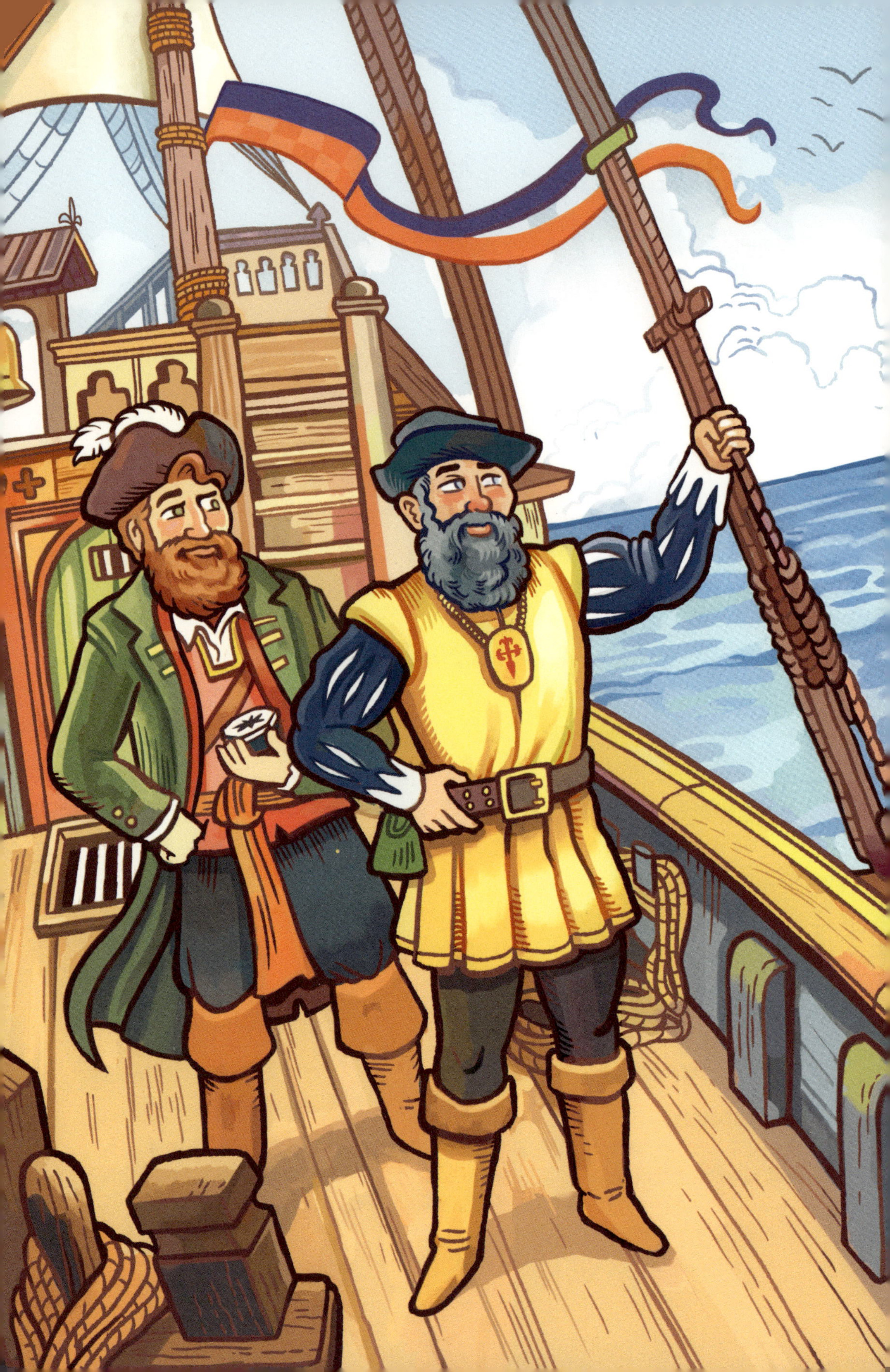

第一次环球航行

1519年，费尔南多·德·麦哲伦和胡安·塞巴斯蒂安·埃尔卡诺等人开始了一次持续了3年的漫长航行。他们经历了种种艰难险阻，最终做成了一件前无古人的大事——环球航行。

一位名叫费尔南多·德·麦哲伦的葡萄牙水手决定去往印度，不同于以往选择向东航行的路线，他采用了向西航行完成旅程。他的目的地是位于东南亚的摩鹿加群岛（今马鲁古群岛），想要以此开辟一条新的贸易路线。探险队由5艘船和265名船员组成，于1519年9月从西班牙启程。探险队向南穿越了大西洋，沿着美洲大陆的南部，穿过如今以他的名字命名的海峡——尽管他本人将其命名为"圣徒海峡"，最后，他们横跨太平洋来到菲律宾。

那并不是一次轻松的航行。很可惜，麦哲伦没能返航，他死在了菲律宾群岛上。随后，在胡安·塞巴斯蒂安·埃尔卡诺的带领下，探险队继续前进。这就是为什么这次航行被称为"麦哲伦-埃尔卡诺之旅"。最后，最初一起踏上冒险之旅的船只中只有一艘回到了西班牙，就是维多利亚号。它也由此成为第一艘环游世界的船只，那一年是1522年。这次远征持续了3年，很多人在路途中死亡或失踪，最后只有18人返回。

这次环球航行不仅证明了地圆说，而且是人类迈向全球化的第一步：人类已经从地球的一端到达另一端。这次航行开辟了全新的航线、明确了各片大陆之间的关系，为更多的文化交流和对地球的认知打下了基础。

一片太平的海域

在美洲大陆南端的航行让探险队付出了沉重的代价。他们遭遇了风暴，不得不与风浪汹涌的大西洋抗争。他们继续朝着被巴斯克·努涅斯·德·巴尔沃亚命名为"大南海"的海域前进。在经历了坎坷的航行之后，他们接下来所经过的海域却相当平静，因此麦哲伦把这片海域称为"太平洋"。

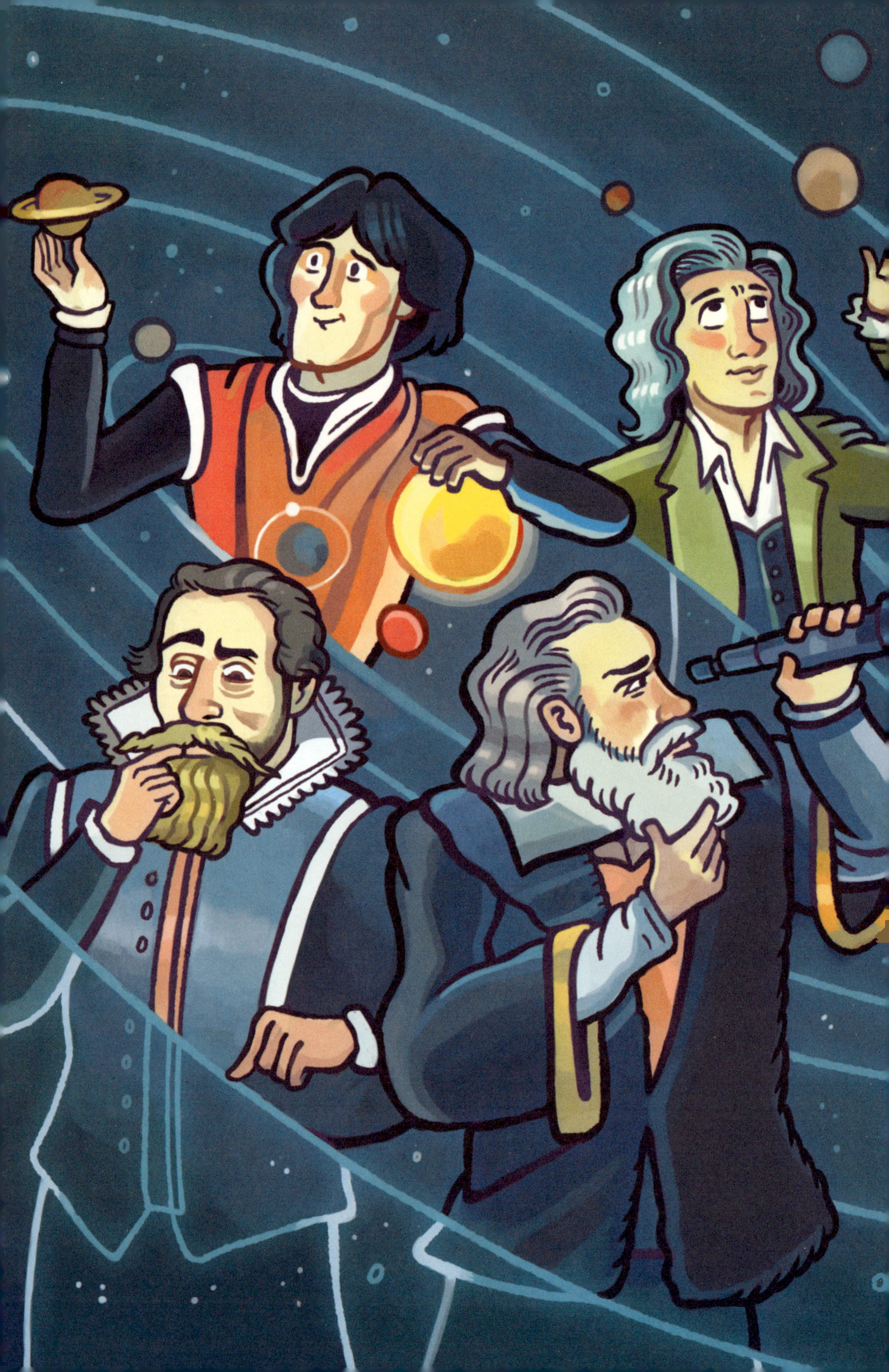

伟大的科学发现

随着欧洲的人文主义的出现，一种看待世界的新方式兴起了。人文主义不再聚焦上帝，而是关注人。人们开始对很多事情提出问题，这种好奇心催生了许多科学发现。

随着人文主义的兴起，科学和哲学的发展齐头并进。哲学家认为，宇宙的真理只能通过理性来发现。17世纪，法国哲学家、数学家勒内·笛卡儿认为，一切都可以而且都应该被讨论。他最著名的哲学思想是"我思故我在"。观察和推理有助于实现重要的发现，这些发现改变了人们的宇宙观。

16世纪，一位波兰科学家——尼古拉·哥白尼，证明了地球和其他行星是围绕太阳旋转的。他的这一理论在科学界掀起巨浪，因为在那之前，人们认为地球是宇宙的中心。多年以后，意大利天文学家、物理学家伽利略·伽利莱制造了第一架天文望远镜。有了这个仪器，他就能更好地观察宇宙，并证实了哥白尼理论的正确性。他还发现了其他东西，例如月球上的山脉、木星的卫星和太阳黑子等。他主张哥白尼的日心说，即地球绕着太阳转，而不是太阳围着地球转，这给他带来了很大麻烦，为此他不得不与教会对抗。

德国天文学家约翰内斯·开普勒提出，行星围绕太阳旋转的轨道是呈椭圆形的而非圆形。另一位科学家，英国人艾萨克·牛顿在1687年发表了万有引力定律，这一定律解释了宇宙中物体之间的相互吸引力。生活在16世纪的西班牙学者、神学家米格尔·塞尔韦特，他捍卫思想的自由，他对人体进行了重要的研究，并描述了血液的循环——这是一个非常大胆的举动，惹恼了当时的教会。

科学方法

英国哲学家弗兰西斯·培根提出了科学方法：所有观察到的结果必须通过实验加以验证。他主张科学家有必要见面并分享他们的工作和发现。

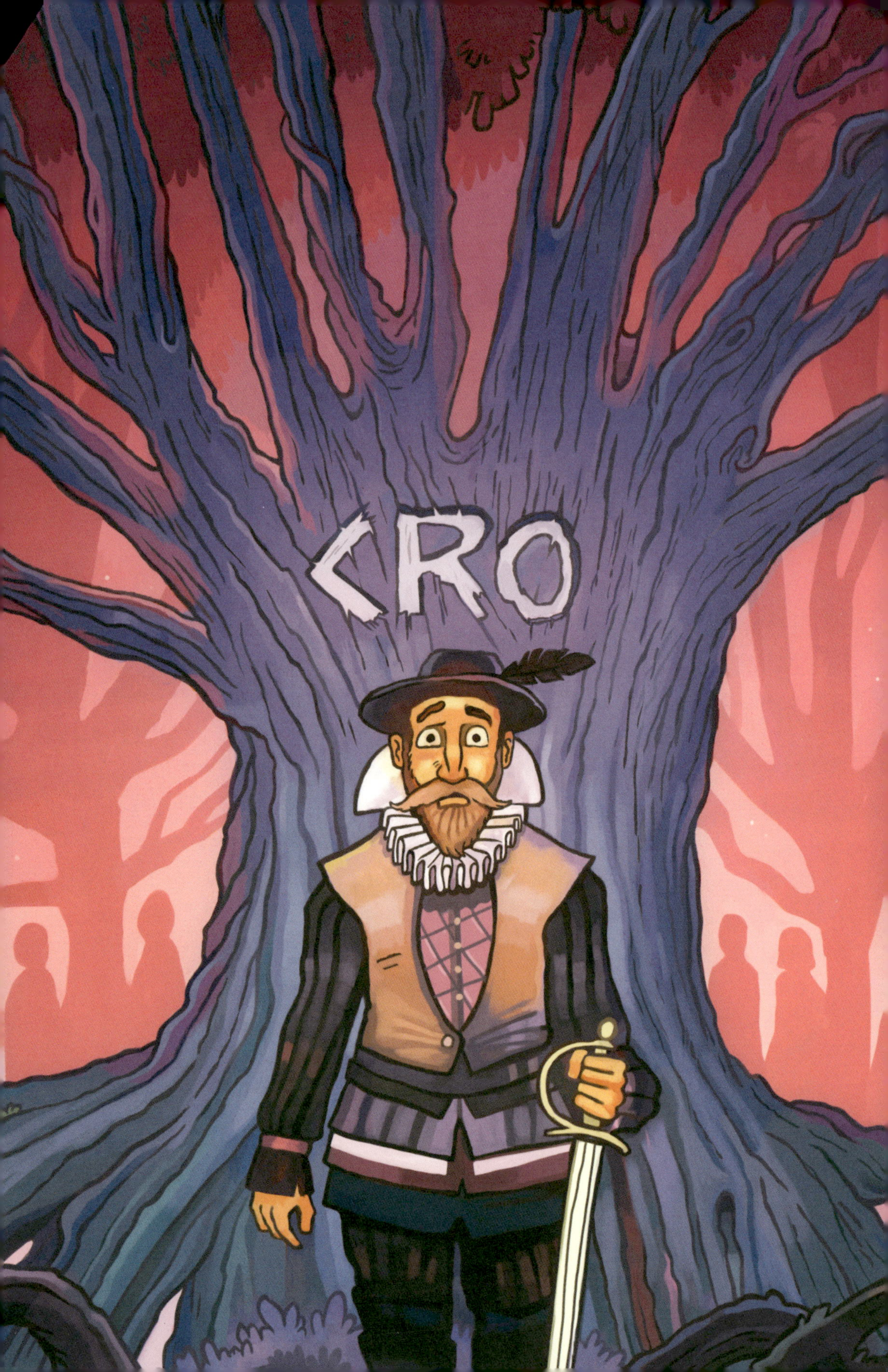
CRO

消失的罗阿诺克殖民地

16 世纪末，一群移民在美洲东海岸的罗阿诺克建立了新大陆的第一个英国殖民地。但是这个殖民地被载入史册并不是因为它第一个殖民地的身份，而是因为一个至今还没有解开的谜团。

当欧洲人发现美洲大陆的存在时，一场有关于谁能最先在新大陆定居的比赛开始了。西班牙、葡萄牙、英国和法国等国，都尽快组织了探险活动。一个名叫沃尔特·雷利的探险家得到了英国女王伊丽莎白一世的资助，在北美洲罗阿诺克建立了第一个英国的殖民地。

1587 年，乔恩·怀特经沃尔特·雷利派遣带领 117 名移民，再次来到了罗阿诺克岛。他们怀着在遥远而未知的土地上建造一个共同生活区域的美好想法，但事情并没有像他们想象的那样顺利，他们遇到了一个又一个困难。一方面，物资很匮乏；另一方面，包括克罗东人在内的当地居民并不怎么欢迎他们。在这种情况下，乔恩·怀特决定回英国寻找物资，以便这些刚落脚的移民们能生存下去。

因为被一件又一件的事情耽搁了，3 年后怀特才带着物资再次回到岛上。而让他惊讶的是那里一个人都没有了，这个村子已经被遗弃。他找到的只有一个刻在木柱上的单词 CROATOAN[①]，再往前走一点，在一棵树上还刻着三个字母 CRO，除此以外什么都没有。这个殖民地及殖民地的人们从此杳无音信。怀特找了他们很久，但都没有找到。

未解之谜

这一事件引起了许多关于可能发生在他们身上的故事的推测，但都没有得到证实。极有可能的情况是移民带着他们的物资，去了一个更宜居的地方，或者可能是他们加入了克罗东人的部落。这些都是有可能的，但是还没有人能够解释清楚为什么他们没有留下任何痕迹。

---

① 住在附近的印第安人部落叫"Croatoan"（本文译为"克罗东人"）。——译者注

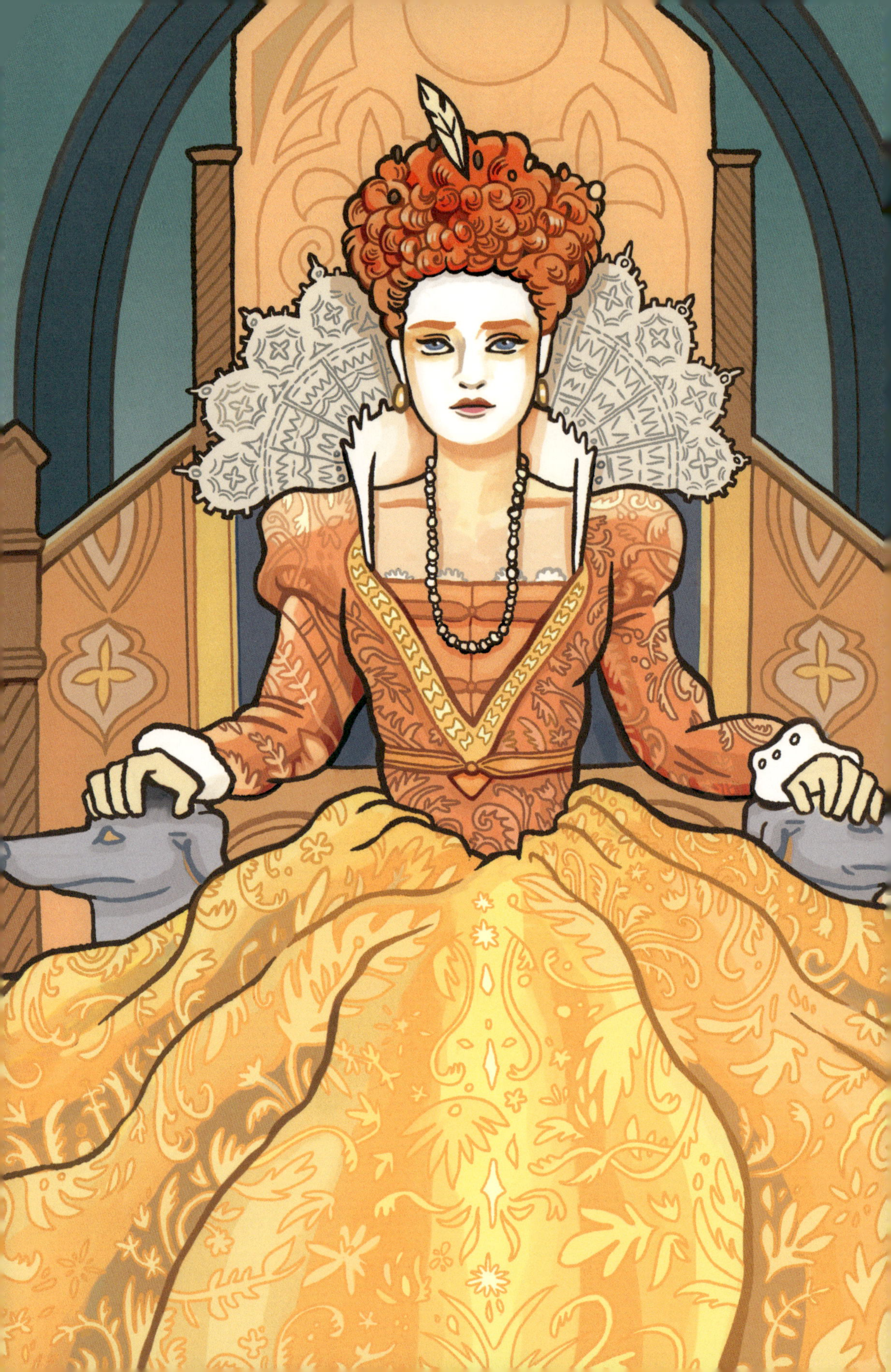

伊丽莎白一世时期的英国

伊丽莎白一世是亨利八世和安妮·博林的女儿，她在英国历史上留下了浓墨重彩的一笔。她登上王位并不容易，但掌权后统治了英国40多年。她是一位很有个性的女性，当她经过时每个人要恭敬地向她鞠躬。在她统治期间，英国出现了经济和文化上的繁荣。

英国的黄金时代或者说伊丽莎白时代刚好是伊丽莎白一世（1558—1603年在位）和她的继任者詹姆斯一世（1603—1625年在位）的统治时期。这是一个探索新领土的时代，探索新领土意味着扩张，也意味着与其他强国之间的斗争。在伊丽莎白一世统治时期，英国大力发展海军，得益于此，英国成为海上霸主。伊丽莎白一世努力与法国保持良好关系，但英国和西班牙则是劲敌，两个国家在海上展开了激烈的战争。伊丽莎白一世与和她争夺王位的苏格兰女王玛丽·斯图亚特的关系也不融洽，两人之间长期存在冲突。那是一个动荡的时代，即便如此，英国已开始为其在海上的主导地位打下基础。

此外，当时英国还面临着天主教徒和新教徒之间的宗教冲突。他们都是基督徒，但前者追随罗马教会，后者支持马丁·路德领导的宗教改革。亨利八世此前确定了新的国教，也就是圣公会。在他的女儿伊丽莎白一世的统治时期，圣公会的地位获得巩固。

在这个被称为英国的文艺复兴的时期，艺术获得了巨大的发展。音乐和文学也取得了巨大进步，而戏剧的进步更大。有的剧作家改变了戏剧风格，而且这种转型非常成功，以至于没有人愿意错过任何一场演出。此类剧作家中就有威廉·莎士比亚。

女王二三事

伊丽莎白一世一生未婚，因为她说要对英国的人民负责，她更希望独自统治国家。她很强势，也很专制。她习惯把脸化妆得很白，穿着华丽，脖子上会戴很大的装饰品，她很喜欢佩戴象征忠诚的珍珠。甚至有人说，为了保持身材，她每天早上都会跳6次当时非常流行的舞蹈。

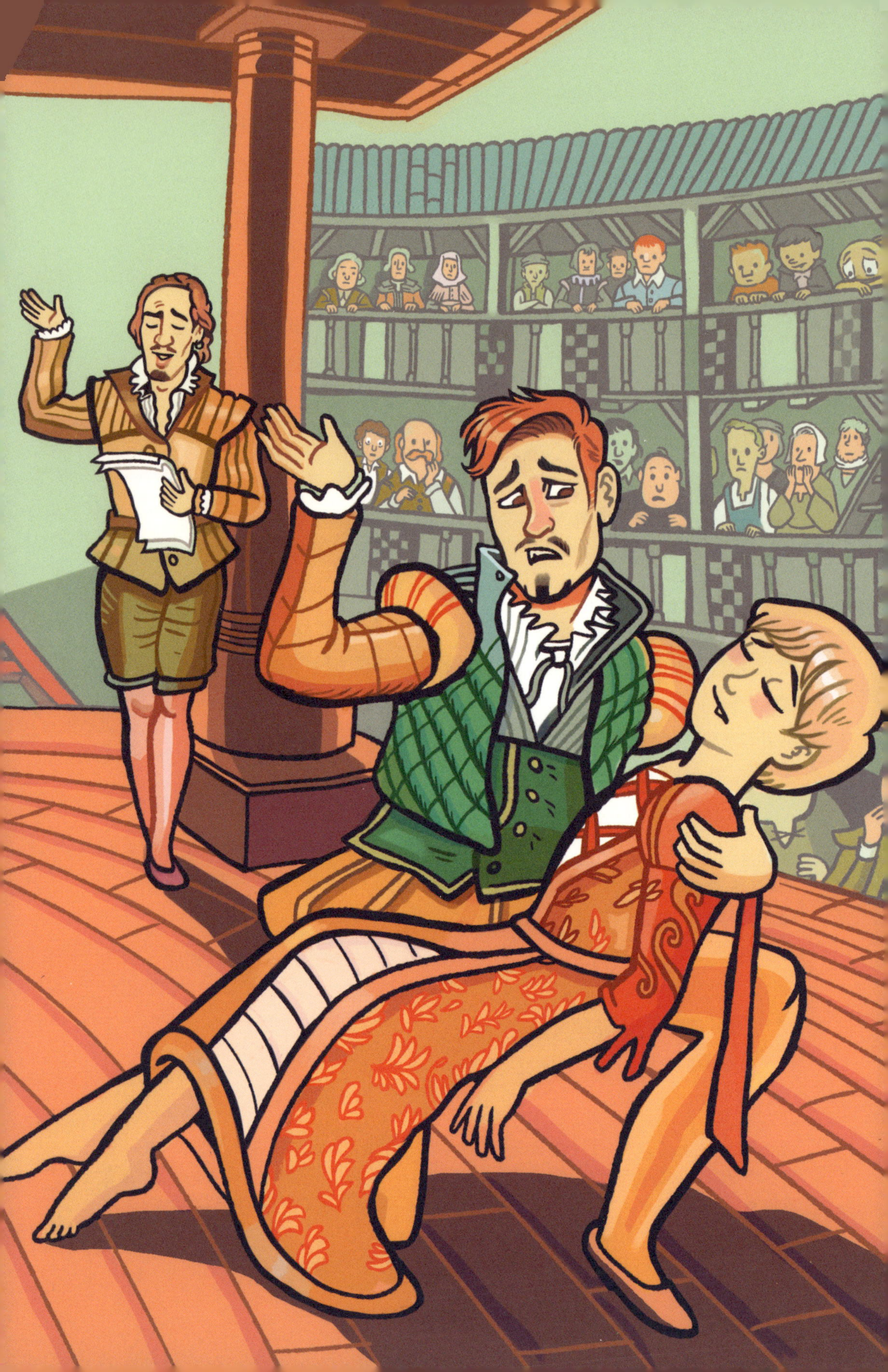

戏剧的黄金时代

16世纪，英国戏剧取得了巨大发展。这一时期的威廉·莎士比亚是有史以来最重要的剧作家之一，同时他也是一位演员，他还有自己的剧院——环球剧院。

在16世纪的伦敦，人们经常去看戏剧。戏剧能够让他们暂时放松，不去思考当时社会中一些亟待解决的问题，如流行病或战争。剧院位于城市的郊区，多数都没有屋顶。当时，不允许女性参加表演，所以所有的女性角色都由男性来扮演。当时在伦敦戏剧界，有一个人脱颖而出，他非常投入地演绎他的每一个角色。他叫威廉·莎士比亚，他不仅是一个演员，还是当时很多正在上演的剧目的作者。

威廉·莎士比亚出生在伦敦附近的一个小镇。他学过拉丁语，因此了解古罗马优秀作家的作品。这就是为什么他的许多作品都涉及古罗马的主题，例如《尤里乌斯·恺撒》《安东尼与克娄巴特拉》。他写悲剧、喜剧和有关英国国王的历史剧，他的作品情节曲折，人物性格鲜明。此外，他还创作诗歌，还是剧院的老板，自己也参与剧院的演出。

莎士比亚非常成功，由此得到了王室的庇护。在王室的帮助下，他拥有了自己的剧场——环球剧院。环球剧院于1599年开业。剧院是圆形的，舞台和观众席都是室内的，可以容纳大约3 000人。最初的环球剧院已经不存在了，如今人们仿建了一个（1∶1还原），这样还可以看到当时莎士比亚演出的剧院的样子。

具有象征意义的人物角色

在400多年后的今天，莎士比亚的一些戏剧仍在上演。他创造的一些人物已经成为不同主题中最强烈的情感的象征，如爱情（《罗密欧与朱丽叶》）、嫉妒（《奥赛罗》）和怀疑（《哈姆雷特》）。

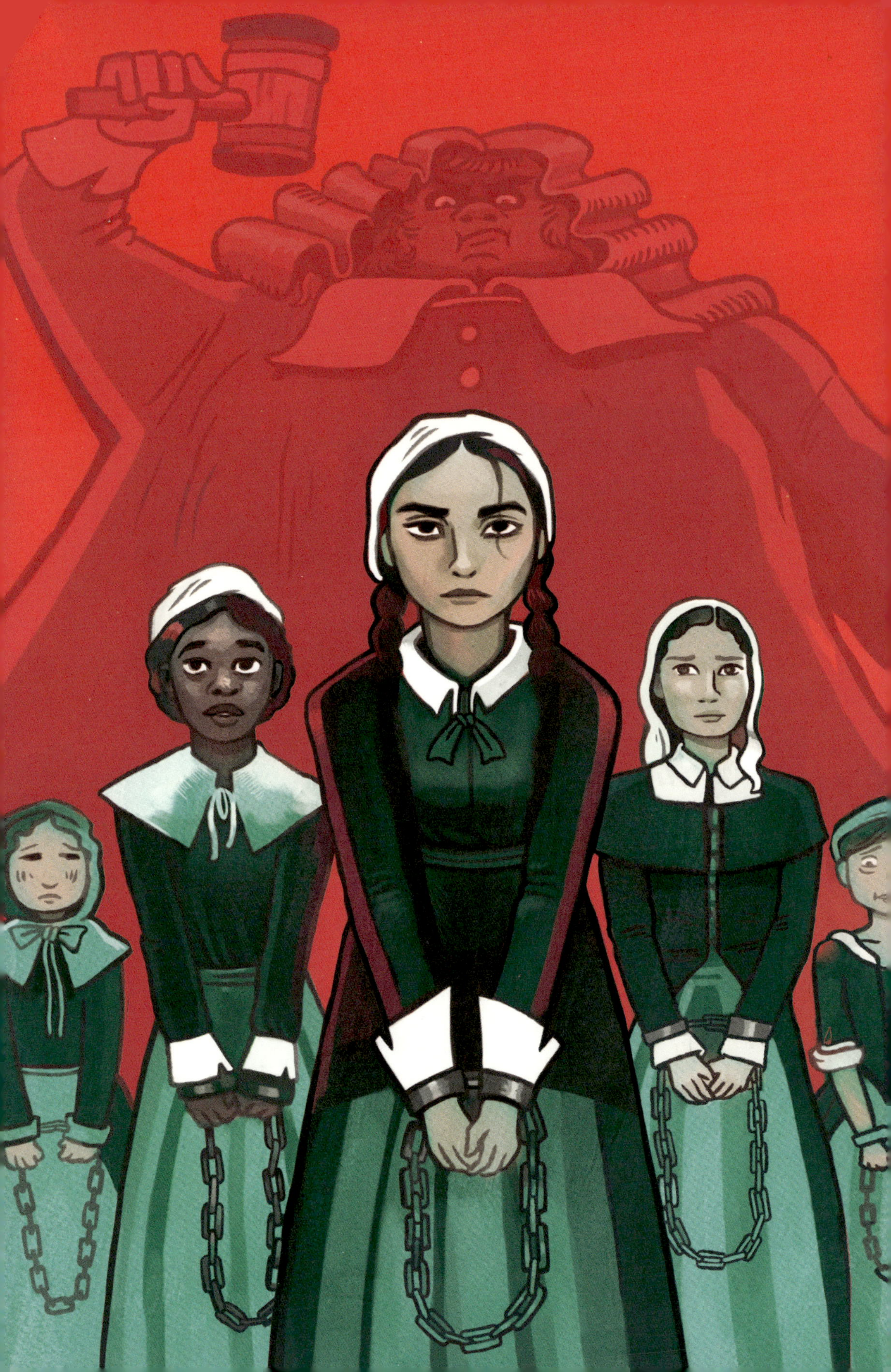

一场历史的审判

北美洲一个叫塞勒姆的小镇因 17 世纪末发生的审判案而闻名，当时该地仍然属于英国的殖民地。在审判中，一些人被指控使用巫术。当然，事实上并没有人制作魔法药水，也没有人骑着扫帚飞，但必须有人为无法解释的事件承担罪责。

过去，声称自己有神奇力量，有能力做别人做不到的事情的人，被认为是女巫或男巫。对宗教当局来说，魔鬼是巫术的幕后黑手，因此必须加以惩治。

在英国，当时的国教是圣公会，但还存在激进的清教，清教徒主张净化国教圣公会中来自天主教的影响。这些清教徒中的许多人在英国受到迫害，因此他们离开英国，去往美洲的殖民地定居，他们希望在那里过得更加自由。

1692 年，在波士顿附近的塞勒姆镇，有几个人被指控从事巫术活动。起因是当时有一些女孩的行为非常奇怪，由于对她们的行为没有合理的解释，所以一些人——其中大部分是妇女——被指控对她们施了巫术。如果在今天，对此可能会有一个合理的解释，比如疾病。但在当时，由于人们无法解释这种情况，于是对那些被怀疑使用巫术的人进行了审判。在调查期间，整个村子都出现了癔症。法官相信了证人为了保全自己而编造的故事，将其中一些被告人判处死刑。多年后，当时的那些法官宣布自己做错了，他们当时被恐惧、兴奋和指责冲昏了头脑。

猎巫

塞勒姆审判案已经成为一个诬告和审判不公正的典型例子。它是对所有极端主义的警告，无论这种极端主义属于什么意识形态。早在 20 世纪，"猎巫"一词就已经开始流行，用来表示一个人因政治或社会原因毫无根据地受到迫害的情况。

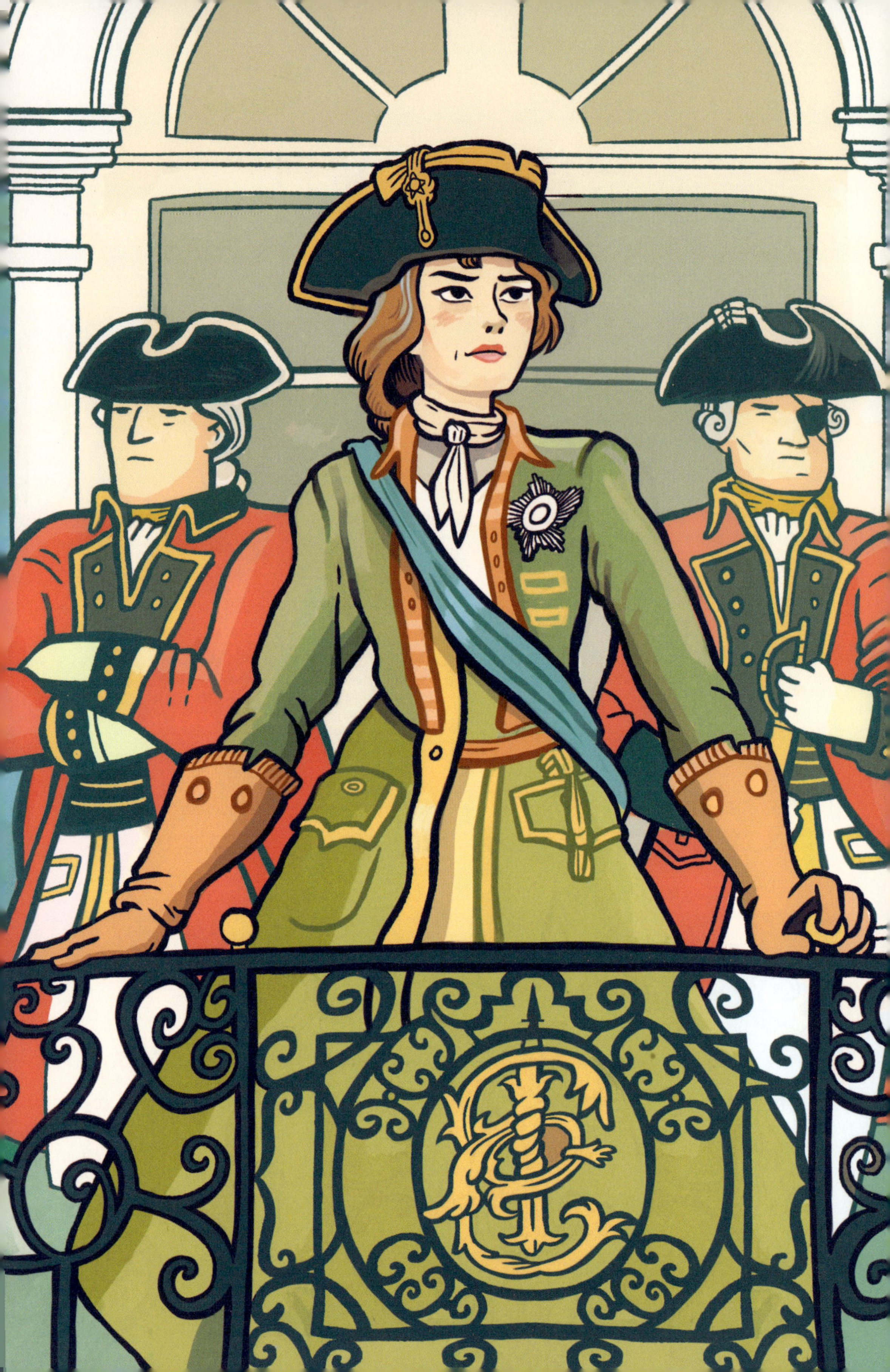

叶卡捷琳娜大帝时期的俄罗斯帝国

在很长一段时间里，俄罗斯是由沙皇统治的。18 世纪时，叶卡捷琳娜大帝统治了俄罗斯帝国 30 多年。在她的带领下，俄罗斯帝国经历了一段经济和文化的辉煌和繁荣时期。

此前，俄国不是一个富裕的国家。财富总是由少数人拥有，权力也只是由沙皇一个人掌握。彼得一世是最重要的沙皇之一，他被称为"彼得大帝"，他促进了国家的繁荣。彼得大帝在 1703 年建立了圣彼得堡市，之后将其作为首都。在他的带领下，俄国扩大了领土，成为一个帝国——俄罗斯帝国。

多年后，一位名叫叶卡捷琳娜的女沙皇成为"大帝"。从她的丈夫沙皇彼得三世手中接过了帝国的统治权，统治了俄罗斯帝国 30 多年。她推崇启蒙运动，希望对国家进行改革和现代化建设。她推动了俄罗斯帝国的教育制度改革，让女孩们也能够上学。由于她非常热爱文化事业，她在自己居住的冬宫旁边建了一个剧院——艾尔米塔什剧院。此外，她在皇宫中摆满了来自世界各地的艺术品，她对音乐也非常热衷，因此经常邀请著名的表演者来为她演出。

叶卡捷琳娜保留了贵族的特权：他们不交税！所以贵族们变得越来越富有，他们坐拥大量的土地和农奴。这使得普通民众愈发不满，这种情况一直持续到 1917 年，那一年，一场被称为俄国"十月革命"的反抗运动结束了沙皇政权。

沙皇的宫殿和所有人的博物馆

1732—1917 年，位于圣彼得堡占地面积很大的冬宫是沙皇的住所。今天，世界上最重要的博物馆之一——艾尔米塔什博物馆也坐落在这里。该博物馆展出的艺术作品包括沙皇多年以来所得的藏品，还包括贵族们保存在他们宫殿里的许多作品。

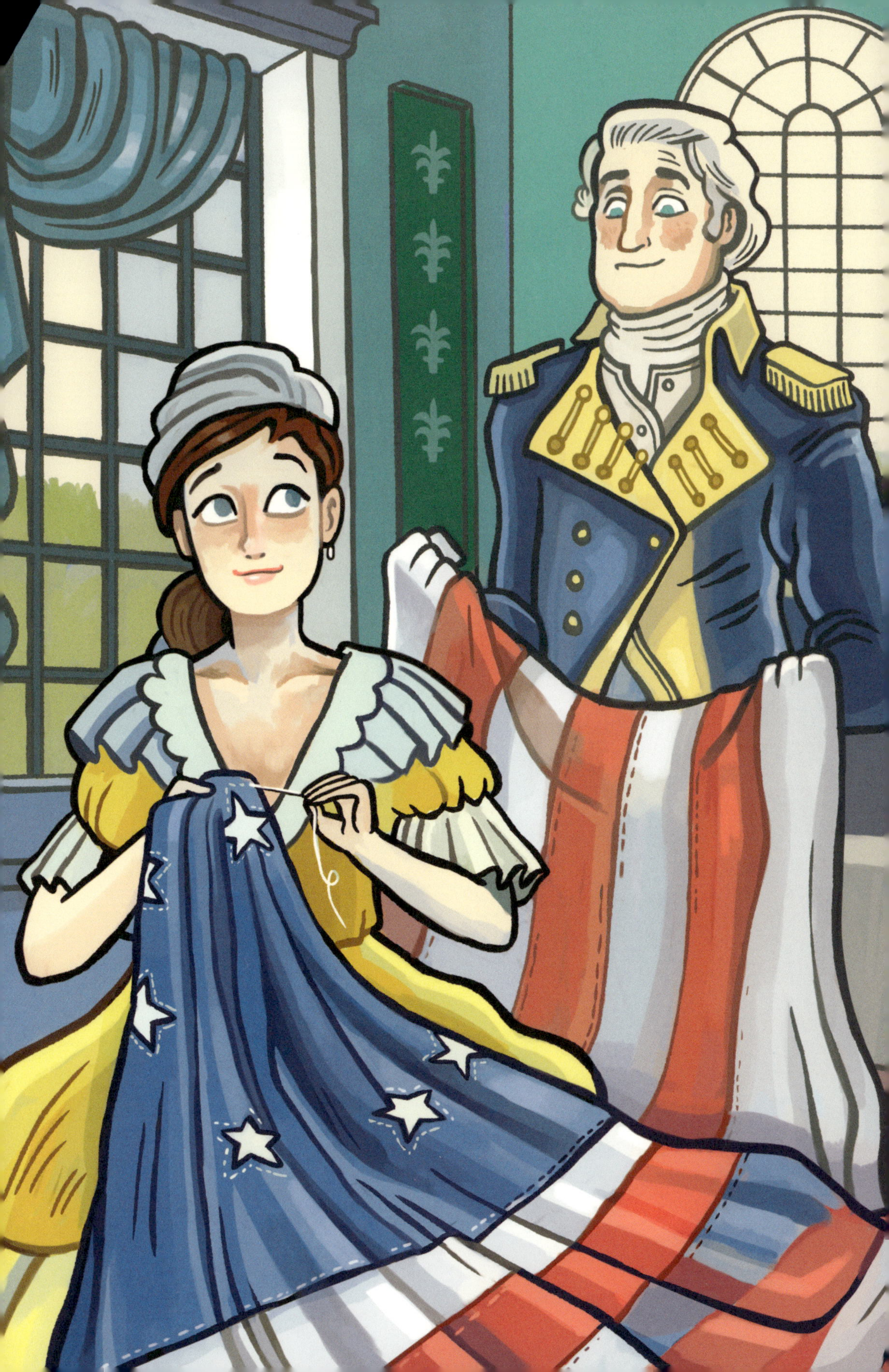

美国独立

18 世纪后期，北美 13 个殖民地人民决定脱离英国。1776 年 7 月 4 日，《独立宣言》签署，一个新的国家——美利坚合众国成立了。

1620 年 11 月，一艘名为"五月花号"的船从英国抵达美洲海岸。船上有 100 多名英国公民，他们打算在新大陆建立一个殖民地。很快更多的人来到了这里。一段时间后，他们建立了 13 个殖民地。1775 年，这些移民决定从英国独立并向英国宣战。

但为什么恰巧是这个时候呢？因为这样的事情通常会发生在当权者过度压榨的时候。当时的情况是这样的：英国在一场争夺殖民控制权的战争中欠下了巨额债务，为了在经济上恢复元气，提高了税收；另外，殖民地由于远离英国，已经有了自己的组织，而且独立程度相当高。因此，当宗主国政权想要过度控制殖民地时，殖民地人民就会奋起反抗。此外，启蒙运动的自由主义思想开始流传，这是一种新的思想观念，崇尚自由和个人权利、信仰进步，并且呼吁减少君主的绝对权力。

就这样，他们决定从英国独立出来，自行管理。为此，他们和英国展开了战争。1776 年 7 月 4 日，《独立宣言》签署。从那时起，他们自认是一个新的国家，并将这个新的国家命名为美利坚合众国（美国）。这场独立战争持续了 8 年时间，其他欧洲国家也参与其中。1783 年，英国承认美国独立，并签署了和平条约。

一部宪法，一位总统

新的国家必须联合起来，因为它是由很多州（原殖民地）组成的。美国人起草了一部宪法，并进行了表决通过。他们还举行了选举，最终选举乔治·华盛顿为美国的第一任总统。

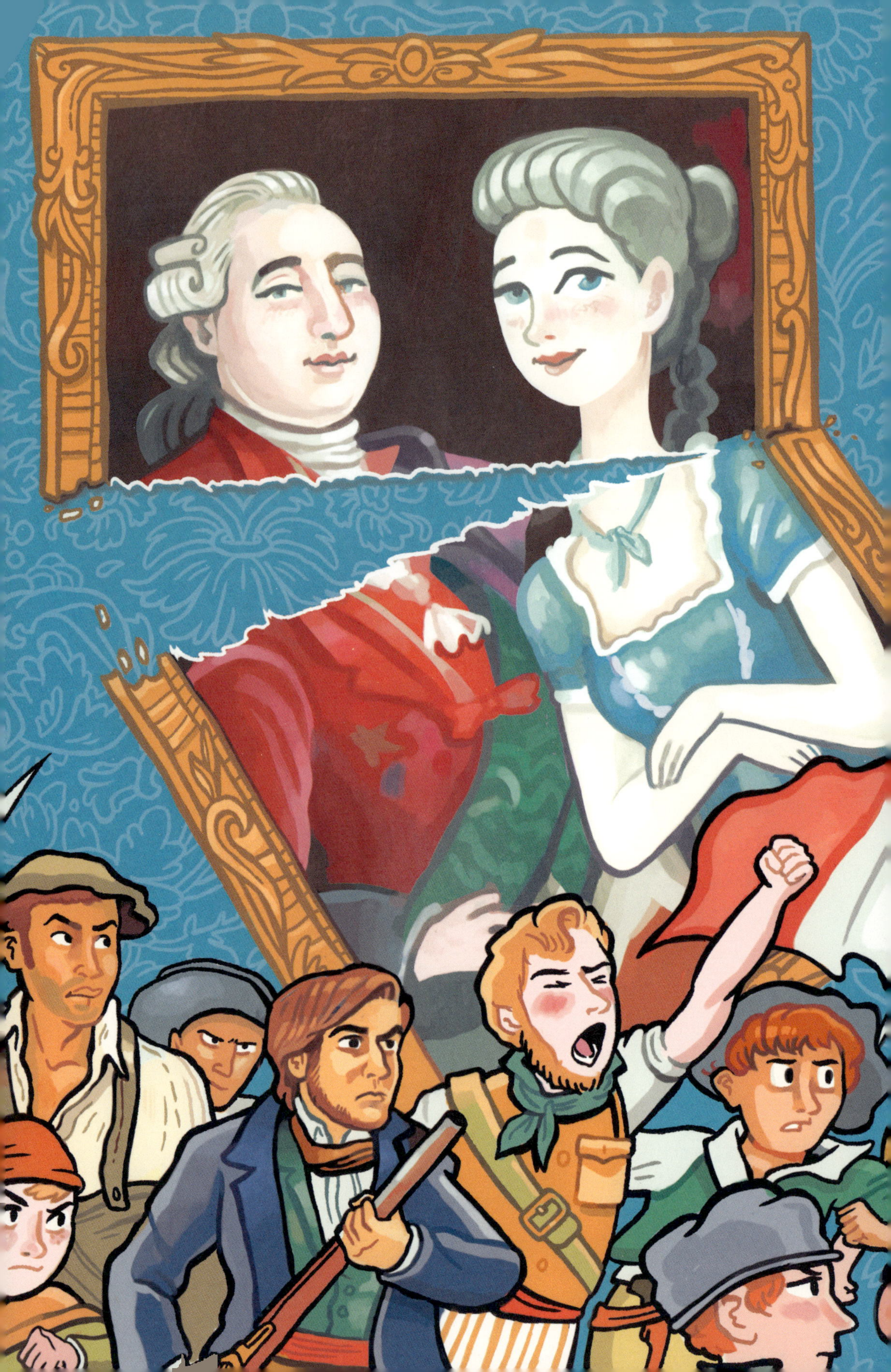

法国大革命

1789 年 7 月 14 日，一群愤怒的民众攻占了巴士底狱，巴士底狱是巴黎的监狱，象征着王权。法国大革命就这样开始了，它的口号是"自由、平等、博爱"。这场革命试图改变社会阶层的划分。

18 世纪末，法国人很愤怒，因为他们正在忍受饥饿。税收和物价飞涨，但工资却非常低，收成也非常不好，人们食不果腹，生存已经成为很大的问题。然而，最令他们愤怒的是，在这种情况下，贵族们还一如既往地过着奢靡的生活。

当时法国的国王是路易十六，王后是玛丽·安托瓦内特。他们住在凡尔赛宫——一个非常豪华的地方。当时的贵族时尚且浮夸：妇女们穿着裙摆非常宽大的裙子，甚至大到无法穿过门洞；她们的头上戴着几乎长一米的假发。这些贵族们经常参加聚会、举行宴会。贵族生活花费不菲，而此时普通民众却食不果腹。

当法国人民忍无可忍后，受到启蒙运动思想影响的他们联合起来，决定反抗贵族。1789 年 7 月 14 日，随着巴士底狱被攻破，法国大革命爆发，这场革命结束了国王和贵族的特权。但无论如何，在 1792 年宣布共和国成立之前，国王仍然是国家的统治者。在大革命后的几年里，发生了许多暴乱，国王、王后和许多贵族被判处死刑。共和派、雅各宾派和所谓科德利埃俱乐部是最具革命性的派别，他们不仅反对贵族，甚至还反对那些他们认为"软弱"的部分共和派。随着法兰西第一共和国宣告成立，权力被移交给人民，君主制被废除。

所有人的权利

1789 年，国民议会颁布了《人权与公民权宣言》，宣布所有公民在法律面前都是平等的。这一宣言被认为是西方现代民主的开端，它明确指出了贵族并不优越，他们与所有其他公民都是一样的。

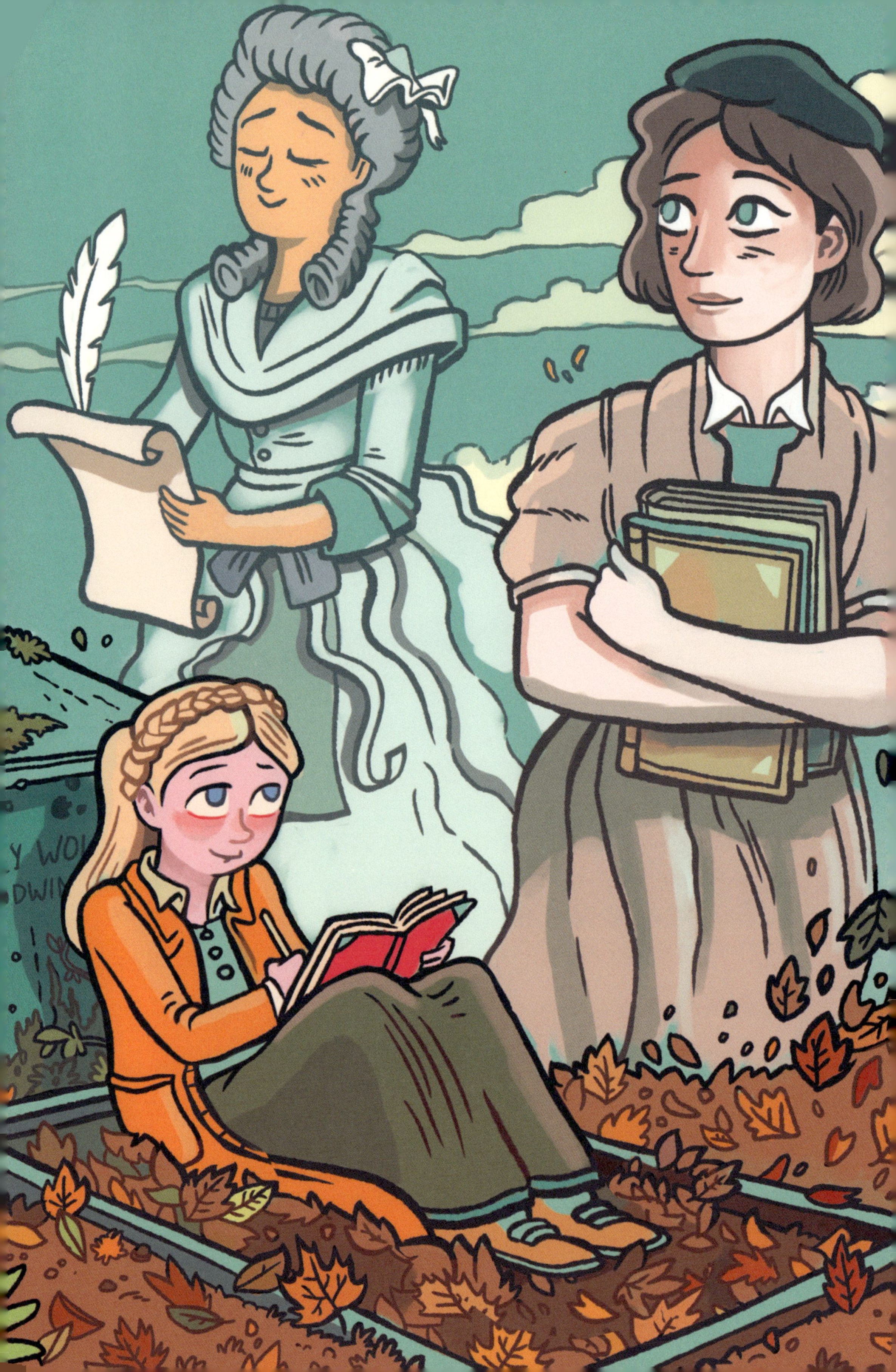

女性权利的争取

在很长一段时间里，女性几乎没有任何权利。她们不能上学，没有选举权，只能从事所谓女性的工作。许多女性为争取这些权利而奋斗，例如玛丽·沃斯通克拉夫特，她在18世纪已经在呼吁男女平等。

玛丽·沃斯通克拉夫特是一位作家、哲学家，尽管她花了很大力气才做到这一点。她是一名陪护和家庭教师，此外还做过一些其他当时能从事的职业。但她志不在此。她拿起笔和纸，开始写作。她参加了一些知识分子团体活动，翻译并撰写文章和书籍，尽管其中一些作品她没有署名。

沃斯通克拉夫特认为，如果女孩和男孩接受平等的教育，将对整个社会有利。在她的儿童插图读物《真实生活的原创故事》中，她提出了这些原则。虽然她对自己的想法非常有信心，但还是以匿名方式出版了这本书，以防万一。在她的下一本书，即1792年出版的《女权辩护》上她则署了名。在《女权辩护》中，沃斯通克拉夫特认为，男女应该享有平等的权利和机会。尽管当局对她并不友好，但这本书获得了成功，她也因此名声大噪。

在她之前，作家和哲学家奥兰普·德古热已经在法国大革命的权利平等的问题上引起了人们的关注。她指出，1789年颁布的《人权与公民权宣言》中并不包含女性的权利。因此她写了《女权与女公民权宣言》。她为自己的大胆言论付出了惨痛代价，最终因其革命思想而被判处死刑，但这在女性权利的争取中迈出了重要的一步。

玛丽·雪莱
在教育女儿玛丽·雪莱时，玛丽·沃斯通克拉夫特忠于自己的原则。玛丽·雪莱也是一名勇敢的女性，她挺身而出反对所处时代的偏见。玛丽·雪莱是《科学怪人》的作者，这本书给世界上的怪物赋予了生命。

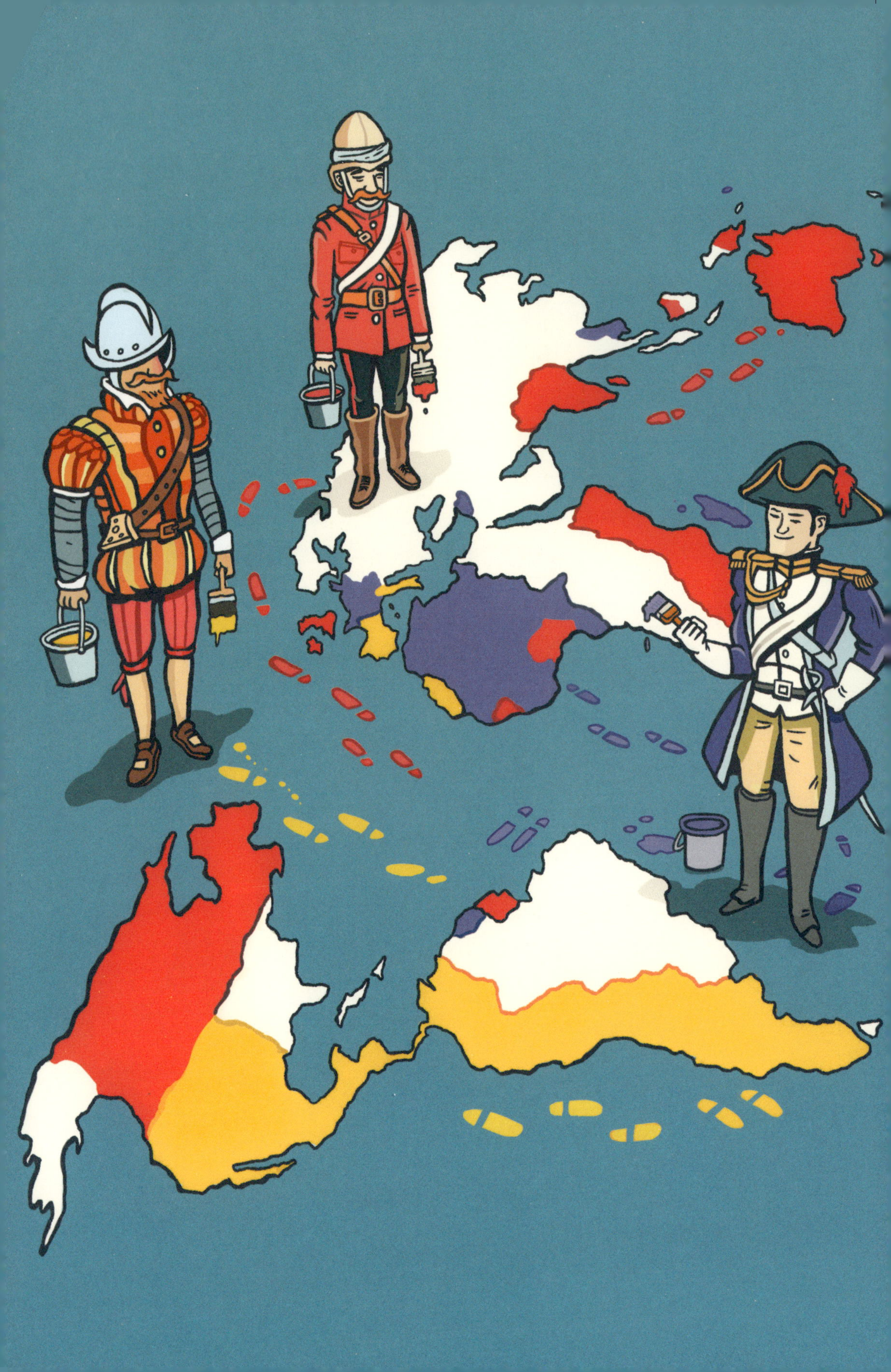

近代的帝国

在 16 世纪到 19 世纪之间，随着人们沿着此前未知的路线进行探索和航行，他们到达了更遥远的土地，对其进行殖民统治，扩张领土，从而发展成了帝国。

你知道什么是帝国主义国家吗？它是一个政治组织，在这个组织里，一个国家强行对其他国家的政府、王国、领土进行控制，而后者处于这个霸权国家的管辖之下。纵观历史，许多国家都有这种扩张的野心。一些不那么强大的国家不得不眼睁睁看着自己被其他更强大的国家占领，许多国家一旦被征服，会选择不反抗，因为担心反抗所带来的后果。

大英帝国是近代以来最大的殖民国家。它曾统治北美洲大部分地区、澳大利亚、印度和非洲部分地区。事实上，从南非到埃及，你曾经可以在几乎不离开英国领土的情况下穿越非洲。还有许多国家和地区曾在某个时期被英国殖民统治，如马来西亚、伊拉克、巴勒斯坦等。

西班牙殖民统治了中美洲和南美洲的大部分地区，以及墨西哥和加勒比地区。但西班牙帝国并没有就此止步，太平洋地区土地的发现意味着西班牙在东部的领土也有所增加。西属东印度群岛包括菲律宾群岛、马里亚纳群岛和加罗林群岛，它们都曾是西班牙帝国的一部分。

法国的殖民地分布在美洲，特别是美洲北部，即现在的加拿大，以及美国密西西比河两岸，他们将其命名为路易斯安那。但法兰西帝国的全盛时期来得稍晚一些，全盛时期它控制了北非、西非和中非的几乎全部地区，以及南亚——所谓法属印度支那，主要包括今越南、柬埔寨和老挝。

帝国主义的终结

在 20 世纪，所有这些帝国都瓦解了。其中一些被占领地区和平解放了，而另一些被占领地区通过战争或革命结束了帝国主义列强在其领土上的统治。

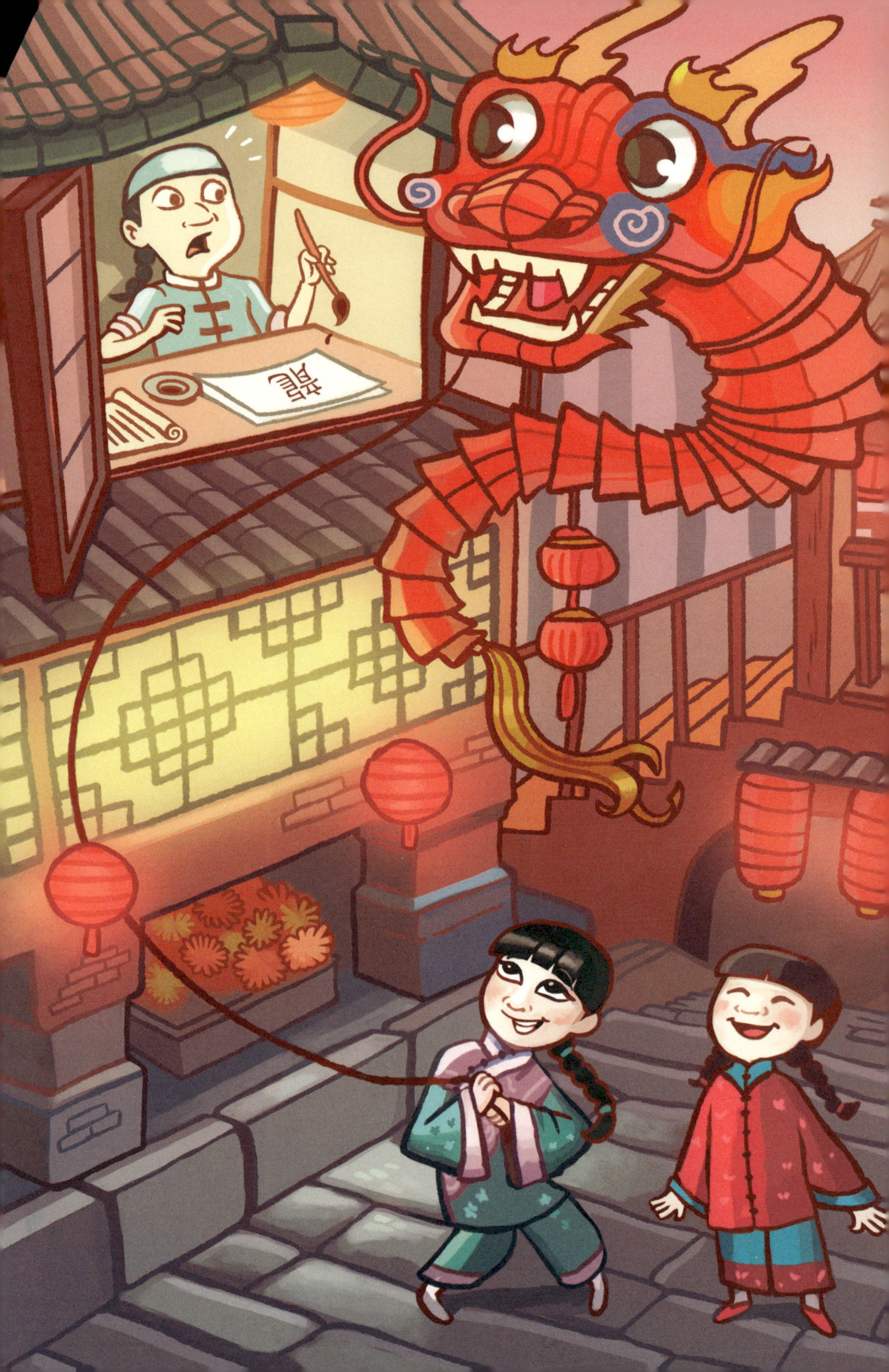

清朝的日常生活

清朝初期的统治者认为恢复经济和发展农业是"国之大计",于是农业、手工业和商业都取得了发展,人口数量也有了很大增长。人们在田间劳作,或从事手工业和经商,他们的孩子们也可以学习知识,快乐地玩耍。

在封建制度下的中国,男孩和女孩们学习书法时必须端正坐姿,在写字时不能有所犹豫。他们用毛笔蘸上黑色的墨水,然后在墨水不淌下来的情况下写好每一个字,同时要努力做到不分心。学习书法是他们最重要的学习任务之一,为此他们必须进行大量的练习。当他们年满6岁时,其中一些孩子就去上学了。在学校,除了书法之外,他们还学习绘画、音乐、算术和哲学。但不是所有的孩子都能上学,女孩不可以上学,也有很多男孩在村庄里帮助他们的父亲劳作,而村里一般没有学校。

清朝的小孩子也有快乐的童年。他们看皮影戏、捉迷藏、玩陀螺,以及各种球类游戏。当时已经有了与足球非常类似的东西——蹴鞠。棋盘游戏在当时非常流行,如围棋,这是一种战略游戏,能够锻炼人的思维。中国人发明了麻将,在玩麻将中,你必须将牌组成规定的牌组,才可以取胜。

他们最喜欢的娱乐之一是放彩色风筝,风筝是用竹子和丝绸制作的。节日期间,他们穿上最漂亮的衣服,还会把长长的黑发梳好。他们会紧紧握住祖父母的手出去放风筝,每每这时,天空就会变得五彩缤纷。

家庭的重要性

中文名字是姓在前名在后,这是因为在古代中国,家庭是非常重要的。就像孔子教诲的那样:要尊重家庭、敬重祖先。过去在每家每户都会摆放祖先牌位,人们会对祖先进行祭拜。

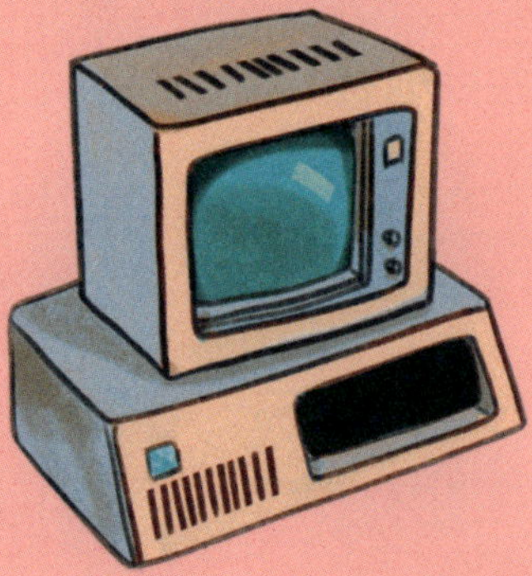

近代晚期

法国大革命标志着近代晚期的到来。工业革命带来了翻天覆地的变化,从此开始了紧张激烈的 20 世纪,巨大的冲突、新的思想和《世界人权宣言》都出现在这个世纪。今天,科学和技术在快速进步,人们满怀期待,期待着一个总能让人惊喜的未来。

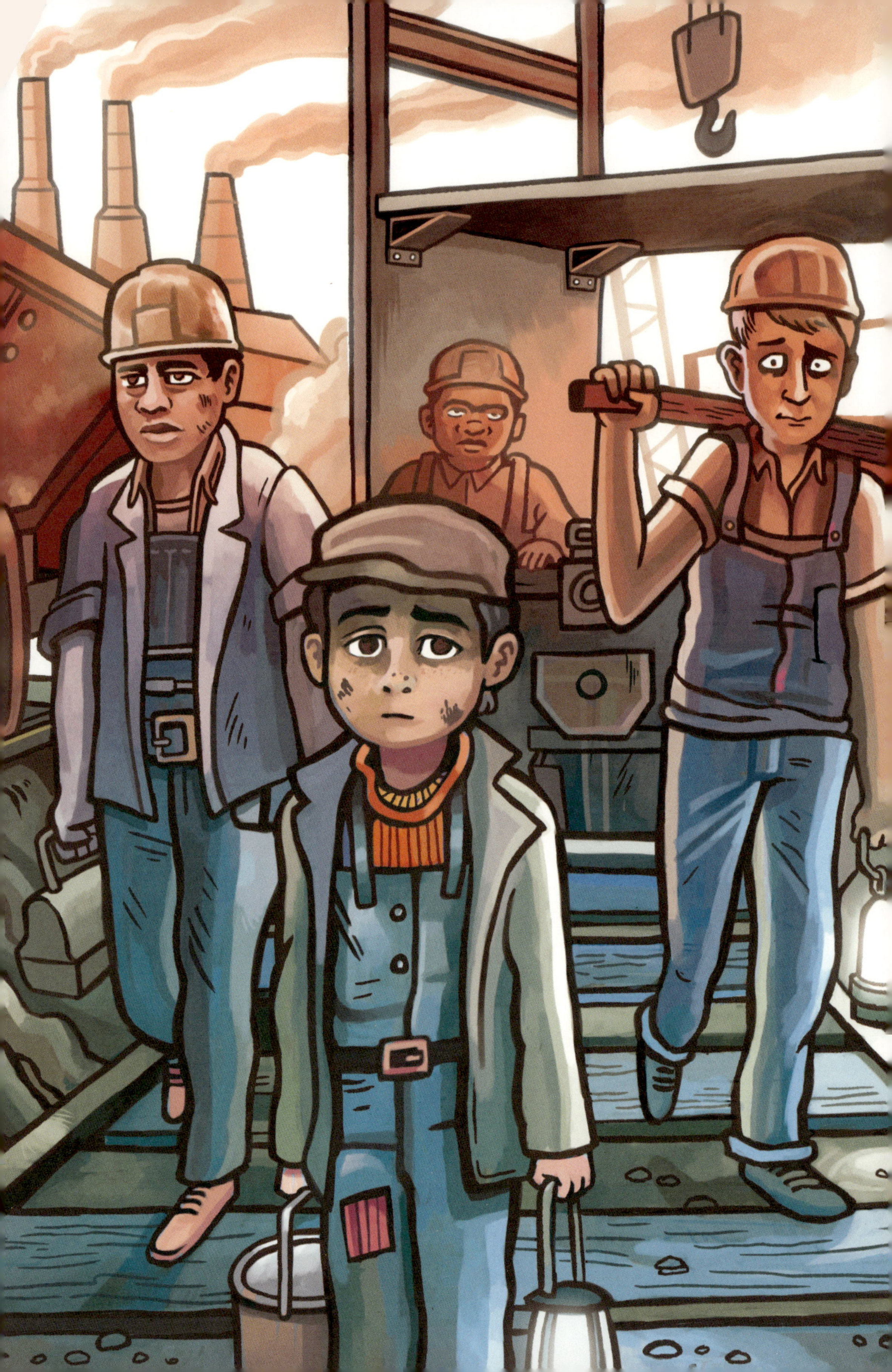

工业革命开启了机器时代

18 世纪工业的兴起是历史上最重要的变革之一。人们从原来的主要在土地上耕种、在农村生活变为主要在工厂里工作、在城市生活，社会也发生了变革。

工业革命始于英国，当时一系列的发明引发了巨大的变革。其中最重要的发明之一是蒸汽机，这种设备以煤为燃料转化能量，而这些能量为机器提供动力，这使得产品生产比以前更快，成本更低。煤是从矿井中开采出来的。这就是为什么有煤矿的国家最先发展了工业。蒸汽机促进了其他发明的出现，例如机车。因此，一种新的运输方式产生了，也就是铁路，它的出现标志着一场交通运输领域的革命开始了。有了火车，人们可以走得更远更快，而且可以运输更多的货物。

在工业革命期间，水力也被用来转化能量。最早的工厂都设立在河流沿岸。最初，工厂主要生产纺织品。机器以令所有人惊讶的速度进行纺线和编织。

很快，工业就在整个欧洲和美国发展起来。但在工厂的工作需要劳动力。人们在工厂工作的时间很长，但工资很低，为了维持生计，往往所有家庭成员，甚至是儿童都要工作。随着时间的推移，出现了旨在捍卫工人权利的工会运动。如今有法律规定工人的工作时长，因此从理论上讲，没有人的工作时间可以超过法定的限制，而且有最低工资标准。

富人区，穷人区
工业革命给欧洲社会带来了重大变化。城市发展非常迅速，城市中出现了工人居住的区域，那里的房子小，卫生条件也差，和工厂主及其家人们所居住的区域有天壤之别。

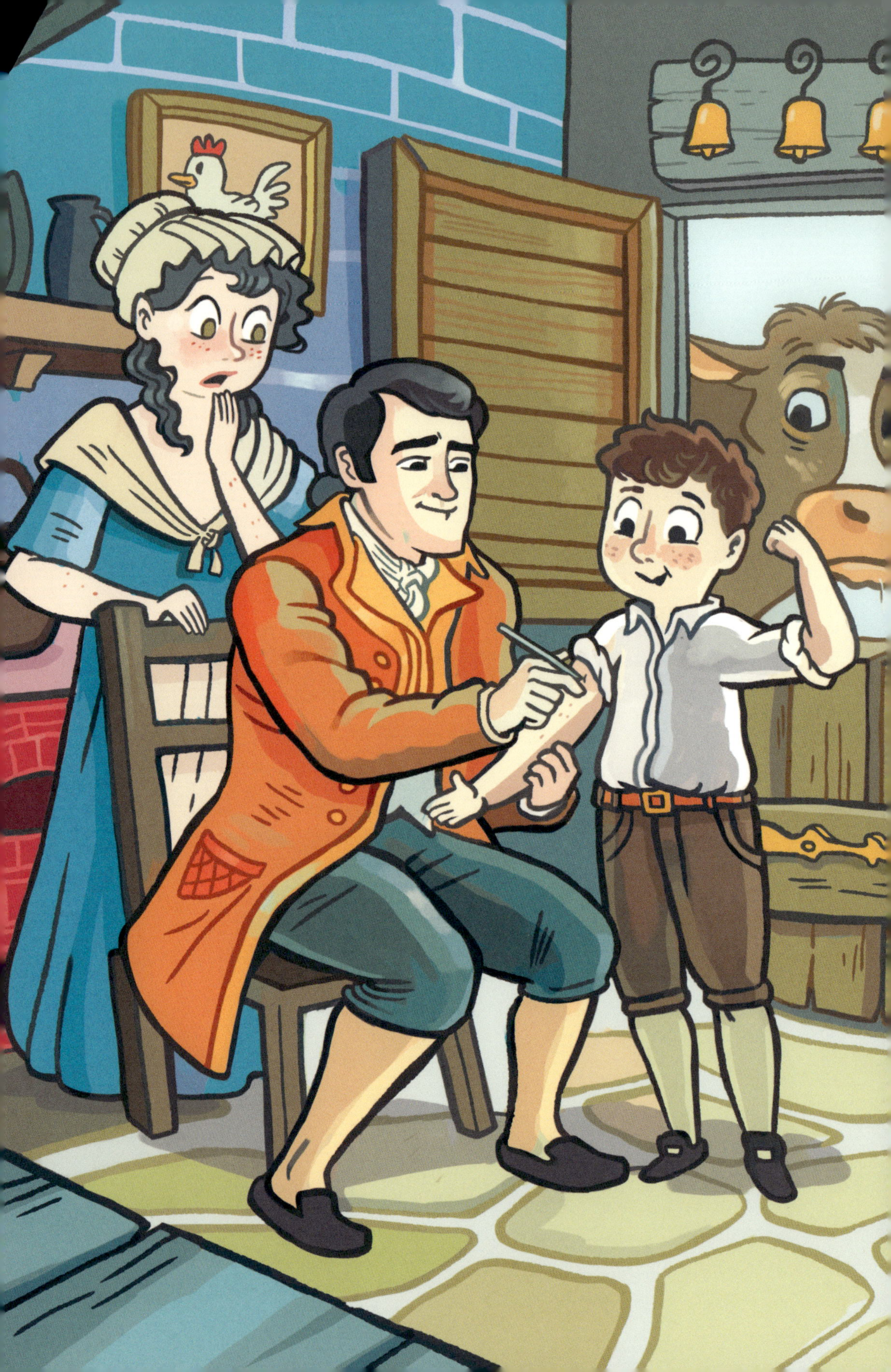

疫苗的发明

18世纪末，英国医生爱德华·詹纳做了一个冒险的决定，这个决定使疫苗得以发明。这意味着一些疾病从此可以预防。

简单地说，疫苗接种就是通过注射一定剂量的病菌或病毒（削弱毒性的或死去的病菌或病毒，以使该疾病无法传播），使身体获得对该疾病的免疫力。这样一来，当病菌或病毒"真正"侵入身体时，身体就会识别它，并对其进行抵抗。这就是为什么接种疫苗被认为能够预防一些疾病的感染。

1796年，一位名叫爱德华·詹纳的英国乡村医生注意到，给奶牛挤奶的妇女会感染牛痘。这种疾病类似于天花，但没有天花严重，天花可能会危及生命。詹纳观察到，被他诊断出患有牛痘的农场女工并没有人得天花。也就是说，她们对天花免疫。因此他推断出，一场轻度的疾病让这些女工免于患上严重的疾病。

詹纳对这个问题思考了很久，他想到了一个方法让人们不再感染天花。他将牛痘疱疹中的脓浆注射到只有8岁的病人詹姆斯·菲普斯身上，詹姆斯的亲人和朋友都很愤怒。因为他们不敢相信詹纳会做出一件在他们看来如此野蛮的事——使一个孩子染上可能致命的疾病！的确，小詹姆斯感染了，但他很快就恢复了，而且对天花产生了免疫力，就像那些农场女工一样。

得益于这一冒险的决定，天花在1979年被消灭。在詹纳之后，人们的研究并没有止步，人们一直致力于彻底消灭一些疾病，以及减弱许多疾病的影响。

来自"奶牛"（vacca）的"疫苗"（vacuna）
西班牙语"vacuna"（疫苗）一词指的是防止人感染某种疾病的物质，这一概念最早是由科学家路易·巴斯德提出的，以纪念爱德华·詹纳，纪念第一支疫苗和给疫苗的发明以灵感的母牛（拉丁语vacca）。

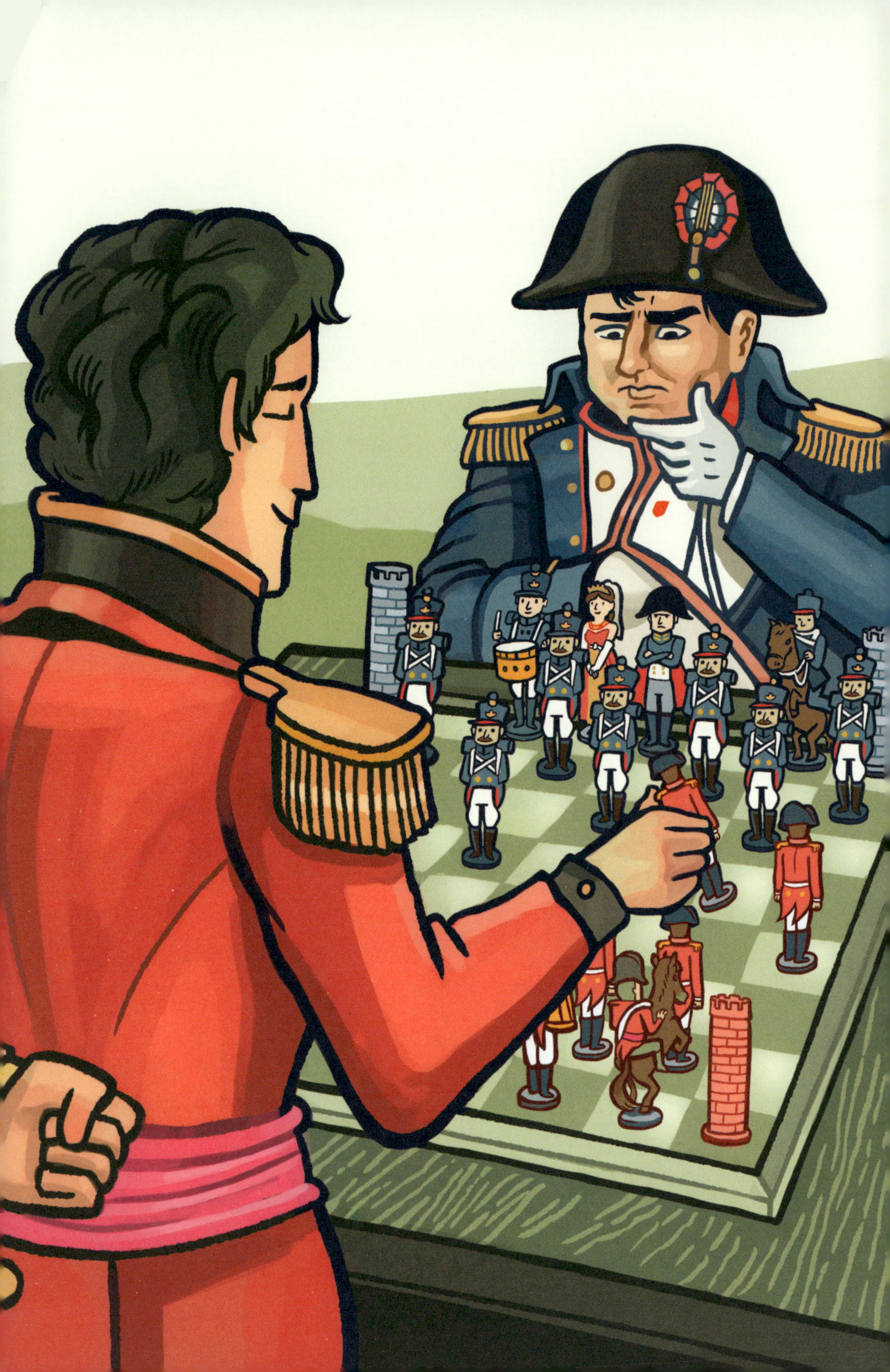

拿破仑战争

拿破仑·波拿巴是 19 世纪初的一位成功的政治家和军事家，他非常渴望主宰欧洲，他通过修宪加冕为法国皇帝。他指挥了许多战争，并取得了胜利，直到他在滑铁卢战役中彻底战败。

拿破仑·波拿巴是一个非常聪明又有野心的人。他曾是一名非常优秀的士兵，很快就在部队中升职，并且成为法国军队的指挥官。后来，在 1799 年，他发动政变，并成为第一执政获得了绝对权力。几年后，即 1804 年，他自立为皇帝。

在 1803 年至 1815 年间，欧洲爆发了多次反法战争，因为法国军队是由拿破仑指挥的，故又称拿破仑战争。拿破仑是出色的军事家，几乎在每一场战斗中他都能取得胜利。他指挥法国军队打败过普鲁士、奥地利和俄国的军队。但英军在特拉法尔加海战中打败了他。他还曾一度控制过西班牙。然而，在俄国，他遇到了没有预料到的敌人——寒冷。拿破仑的部队无法抵御俄国的冬天，他们战败了。这次战败和随后的几场败仗削弱了法国的实力，最终拿破仑被迫退位，被流放到厄尔巴岛，而国王路易十八则在法国登上王位。

但拿破仑是一个非常坚韧的人，投降并不在他的规划之内。从厄尔巴岛逃出并回到法国后，由于民众的支持，他重新获得了权力。在比利时的滑铁卢战役中，他与英国和其盟友对战。这一次，拿破仑的对手是威灵顿公爵，他和拿破仑一样是一位优秀的军事家，他知道如何使用战术来阻止拿破仑的脚步。拿破仑战败了，这是他最后一次战斗。此后他被放逐到圣赫勒拿岛——一个位于大西洋南部的偏远岛屿。

一位知名的军事家

关于拿破仑，有很多逸事：从他那不算出色的外表到他与他的第一任妻子的爱情，从他科西嘉人的出身，到他始终放在马甲里的手，而讨论最多的是他的军事才能。但他赢得那么多场战争并不只是因为他的军事才能，还缘于他非比寻常的战略眼光。

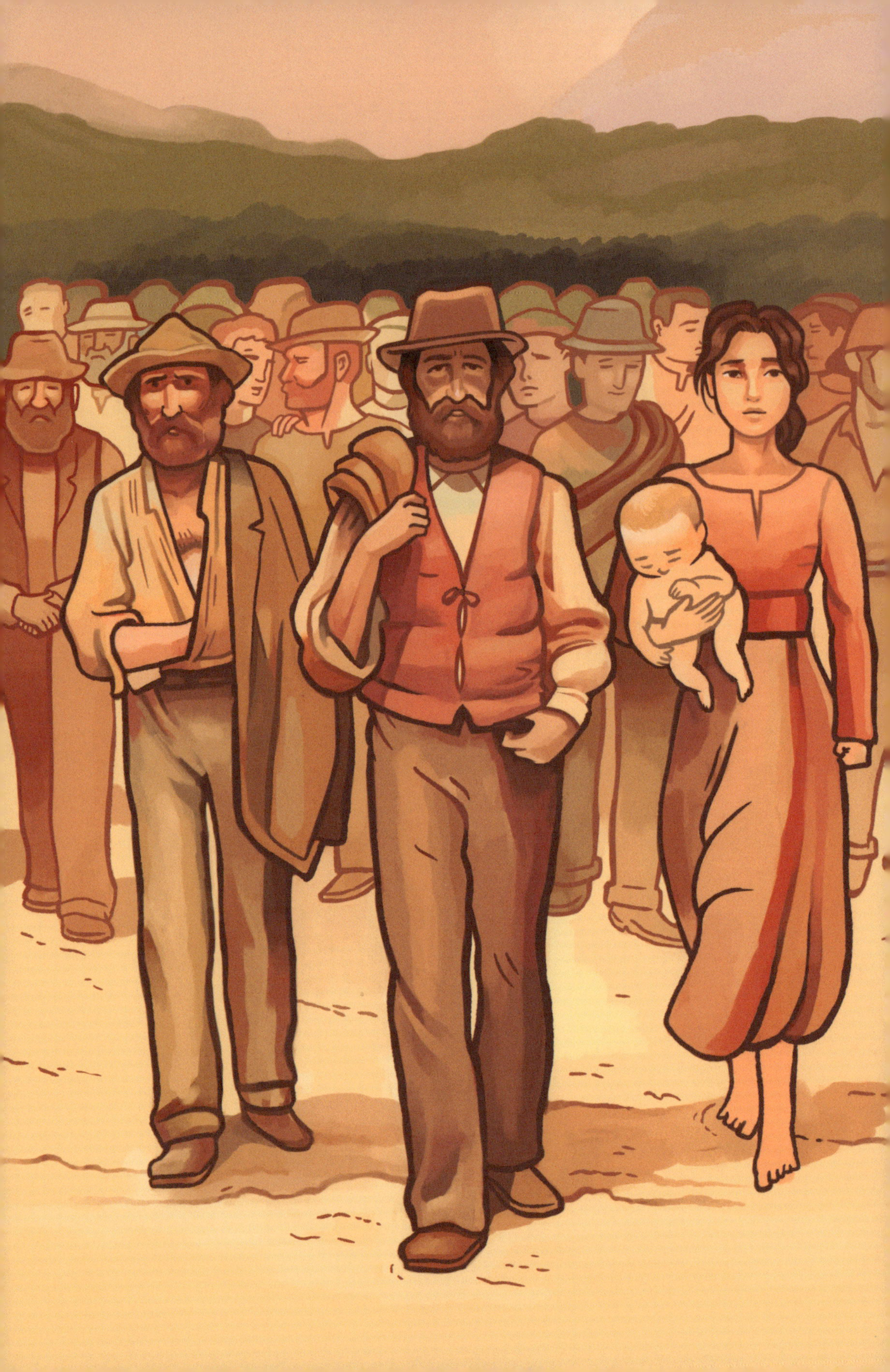

工人运动

工业革命致使工人运动的发生。18 世纪在西方出现了为工人争取权利的运动。

在 18 世纪前后，科学技术与自由主义同时发展。自由主义是以个人自由、私有财产和国家不干预经济活动为基础的思想流派。所有这些发展对工人阶级产生了影响，其中工业革命使得工人的工作条件更为恶劣。很多工厂主属于资产阶级，同时他们也掌握着政治权力。为了获得更多利润，他们让工人过度劳动。

当时无产阶级（工人）的生活很艰难。工人们因为具有改变现状的共同意愿而聚集在一起，工人运动应运而生。工人运动首先出现在英国，很快发展到所有工业化国家。工人要求改善工作条件（缩短工作时间、保障卫生条件），提高工资待遇，禁止使用童工，并提供意外事故补贴。与此同时，社会主义、马克思主义和无政府主义等新的思想潮流也发展起来了。

罢工和游行是工人要求提高工资待遇和要求改善工作条件等的手段。工会是致力于维护工人权利的组织，工人们会在工会中聚集起来。在工会与工人政治运动的联合协作中，国际工人运动产生了，旨在国际范围内协调工人的斗争。工人运动取得的成功令当今的劳动者仍在享受着很多当时争取到的权利。

5 月 1 日不工作

1866 年第一国际日内瓦会议提出八小时工作制口号。1886 年 5 月 1 日美国芝加哥几十万人举行大罢工，经流血斗争，终于获得八小时工作制的权利。后来，5 月 1 日就成为国际劳动节。

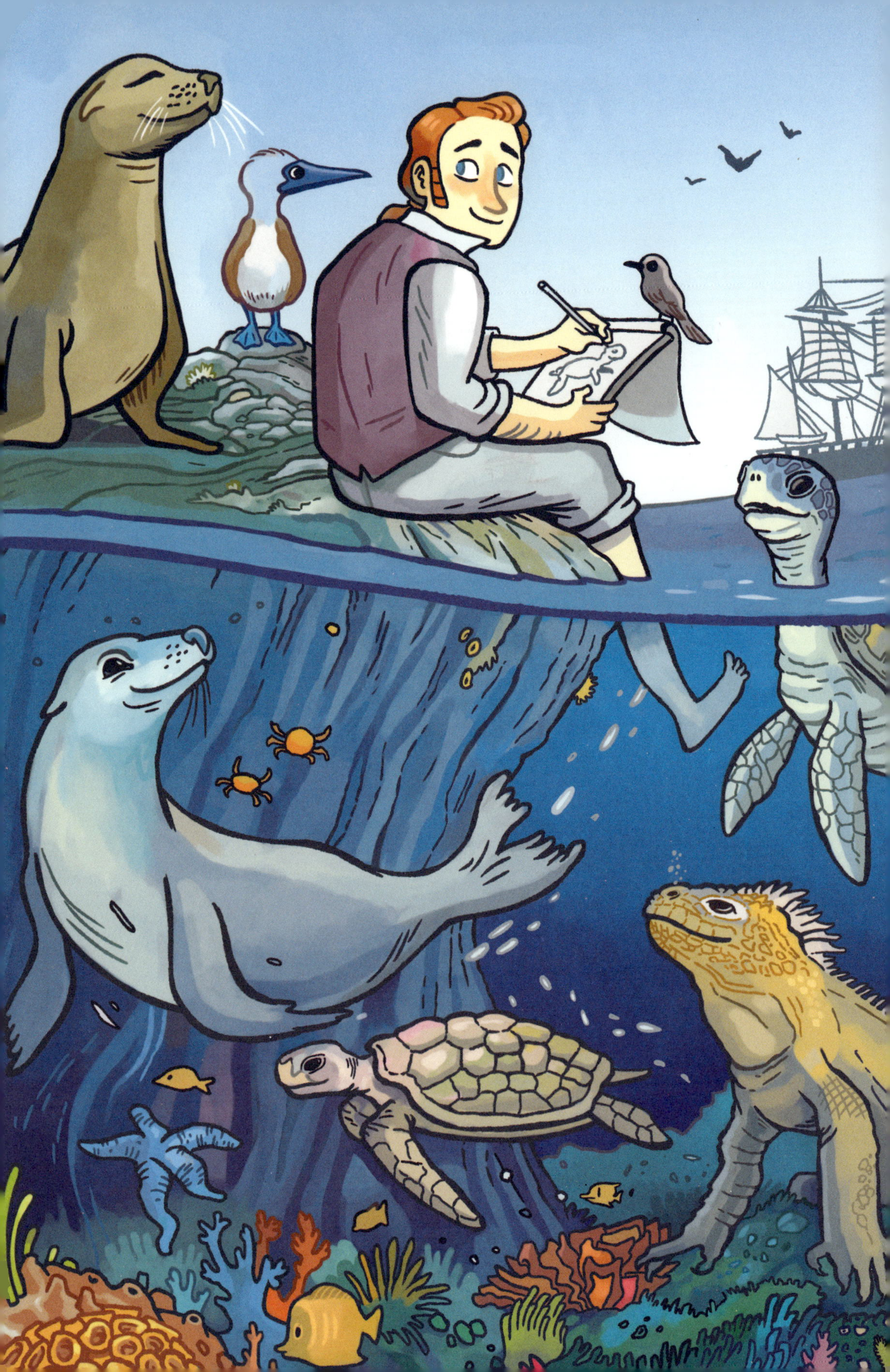

贝格尔号与达尔文的进化论

1831年12月27日，查尔斯·达尔文登上了贝格尔号双桅船，前往南美洲进行探索航行。五年间，达尔文环游了世界，随后提出生物进化的理论。这是有史以来最有争议的理论之一。

贝格尔号上的英国探险队的目的是绘制南美洲大陆的地图，但博物学家查尔斯·达尔文利用这个机会来研究和分析他所看到的自然现象。他进行观察、记录、比较、采集等研究工作。太平洋上的加拉帕戈斯群岛（今又称科隆群岛）令他着迷。该群岛有如此之多的动植物物种，达尔文想知道物种的多样性是如何实现的，为什么有些物种只存在这些被海洋包围的有限区域内。

航行结束后，达尔文继续进行研究和样本收集。在1859年，他出版了一本具有划时代意义的书——《物种起源》，向世界展示了他的进化理论。在这本书中，他表明地球比人们以前所认为的要古老得多。达尔文还断言，存在着一个所有生物都适用的规律：能够生存下来的物种是那些最适应周围环境的物种，而且生物会将特征遗传给后代。

达尔文的观点在当时并没有立刻被接受，尤其是那些关于人类进化的观点，但后来的科学进步验证了这些观点的正确性，人们所发现的大量的化石遗迹都为此提供了新的证据。研究还在继续，但达尔文进化论的提出是生物进化理论研究的一个重要里程碑。

一场不算舒适的旅行

达尔文登上贝格尔号时只有22岁。他在航海日志中写道，在海上航行时他晕船很严重，整天都躺在吊床上，脑子里一片混乱，只有在踏上陆地时，他才能清晰地思考。

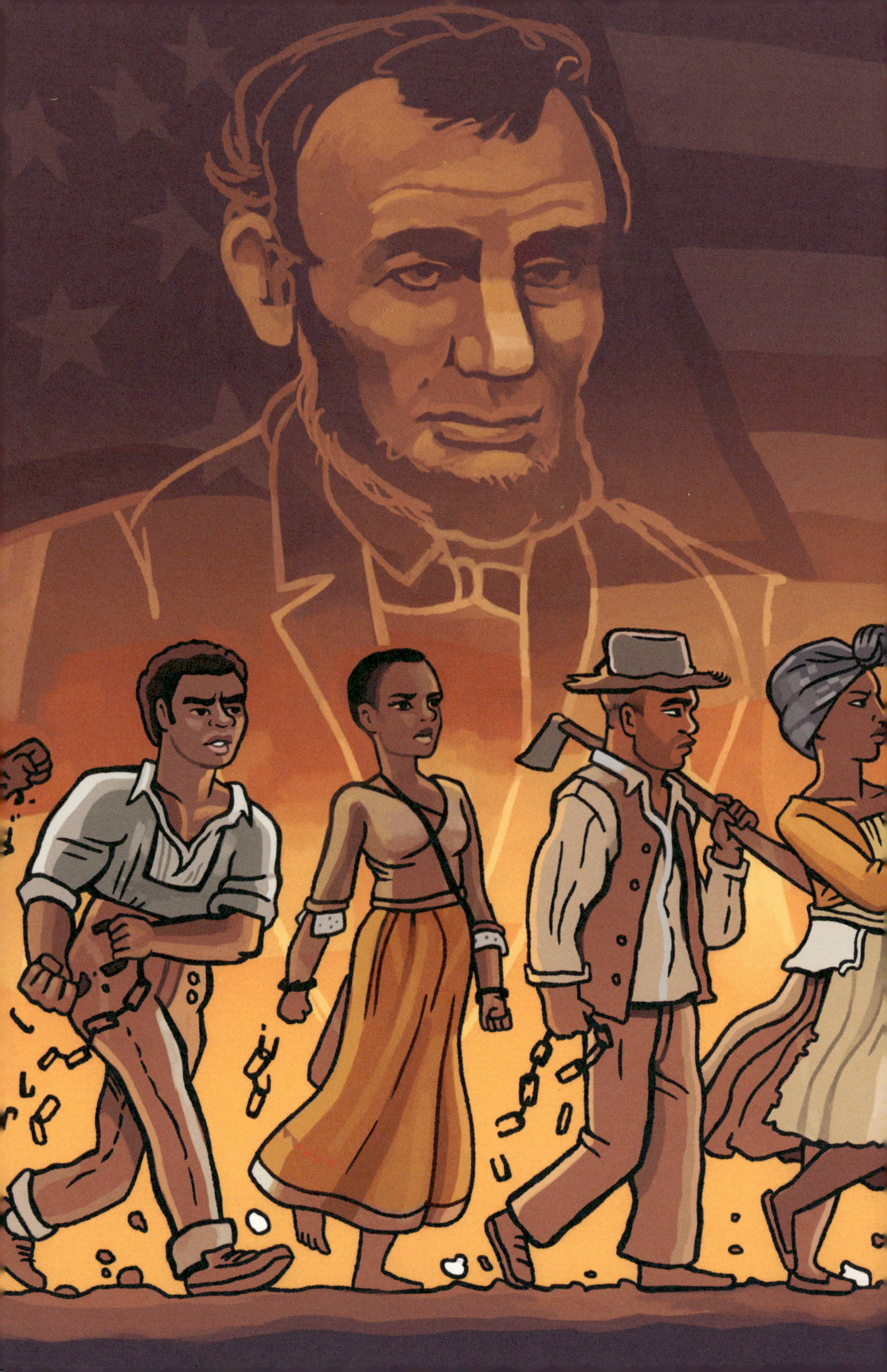

自由和平等的理想

曾经在很长一段时间里，大批非洲人被带到美国变成奴隶。在美国南北战争激烈进行时，亚伯拉罕·林肯总统发布了《解放黑人奴隶宣言》，废除了美国的奴隶制。

19世纪，美国出现了一场运动——废奴主义，目的是解放所有奴隶，也就是说，废奴主义者希望奴隶制从美国消失。奴隶在当时特指从非洲运来的黑人，他们被认为是下等人，没有权利。北方各州赞成废奴，但南方各州则持反对意见。

1860年，坚决反对奴隶制扩张的共和党候选人林肯当选美国总统，亲奴隶制的政治势力彻底退出联邦政治中心，南方各州先后脱离联邦，因为当时奴隶们在南方种植园工作，种植园奴隶主不想失去这些能够为他们带来巨大利润的劳动力。由于北方各州不接受国家分裂，战争爆发了，这场战争被称为"南北战争"。战争持续了4年，从1861年到1865年，以北方的胜利结束，它也标志着奴隶制在美国的终结。

1862年，亚伯拉罕·林肯宣读《初步解放宣言草稿》，宣布自1863年1月1日起，凡当时仍在叛乱的任何一个州或地区，其境内的所有奴隶都应当永远获得自由。《解放黑人奴隶宣言》于1863年1月1日正式颁布。奴隶制的最终废除是在《联邦宪法第13条修正案》颁布以后。虽然奴隶制已经结束了，但又过了约100年的时间，美国黑人才在法律上首次获得普遍选举权。

《我有一个梦想》
如今人们可以在林肯纪念堂看到他的《解放黑人奴隶宣言》，这一宣言被刻在纪念堂的墙上。这个纪念性建筑是人们为了权利平等而进行抗争的标志，同时它也是此后发表很多像马丁·路德·金的《我有一个梦想》这样的重要演讲的场所，马丁·路德·金的演讲同样是为了争取所有人的平等，无论其肤色如何。

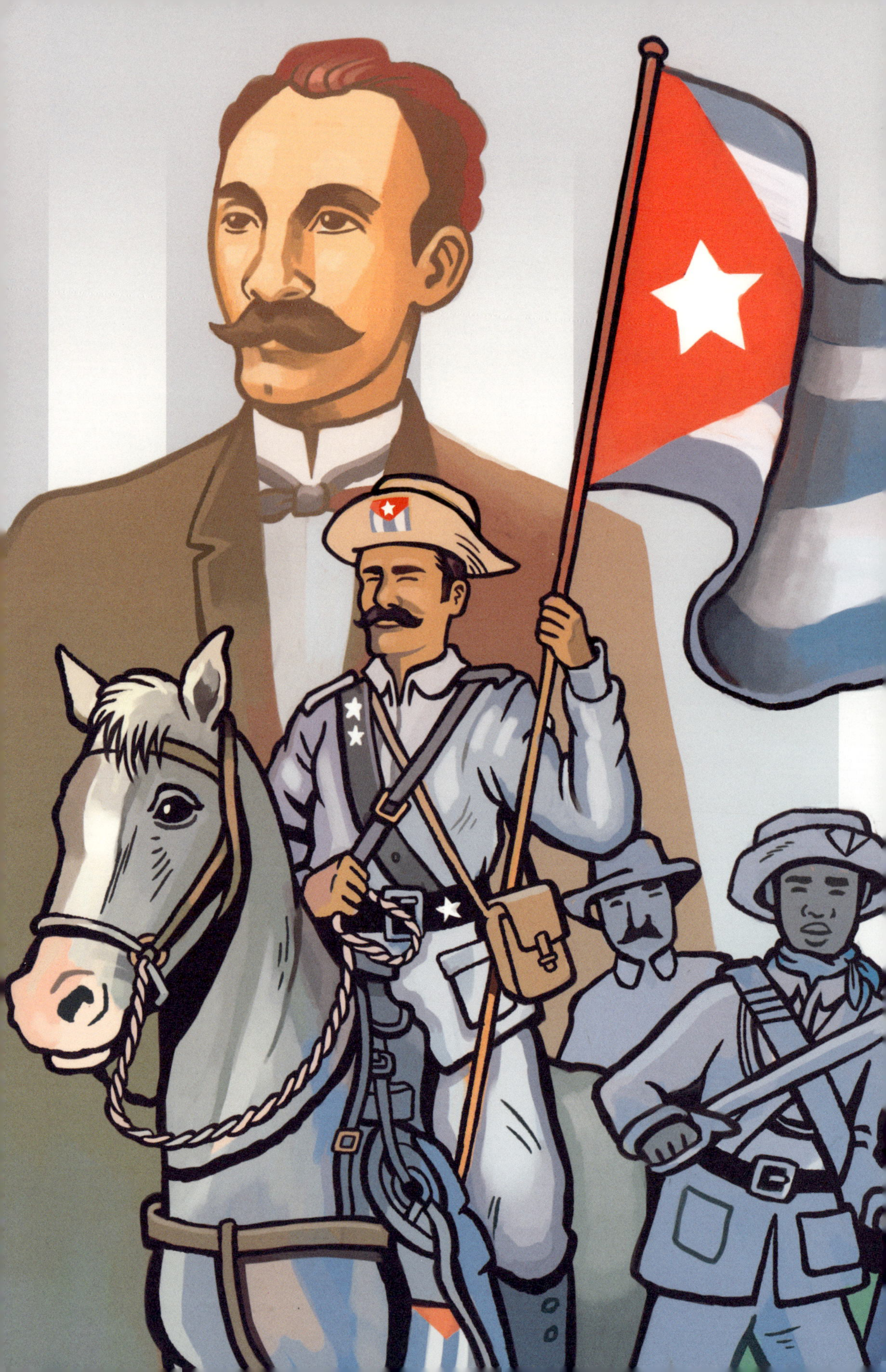

西班牙殖民时代的终结

1895 年，当古巴想要从西班牙独立时，两国爆发了战争。1898 年，美国开始介入这场冲突。战争以美国的胜利而结束，西班牙则失去了最后的殖民地。

古巴位于加勒比海，在 16 世纪成为西班牙的殖民地之前，一直由美洲印第安人居住。在他们独立之前，古巴人一直生活在西班牙的殖民统治之下。在古巴独立运动中，政治活动家和诗人何塞·马蒂脱颖而出，他成功地在古巴人心中播下了渴望自由的种子，并在古巴引发了一场文化运动。他被认为是古巴的民族英雄，他的思想和诗歌超越了古巴的国界，传播到整个拉丁美洲。

当古巴军队有可能成功击败西班牙殖民者时，美国不想失去控制古巴的机会，古巴对美国来说有巨大的经济、农业和战略价值，因此美国决定加入战争。一艘停泊在古巴首都哈瓦那港的美国军舰"缅因号"发生了爆炸，美国人将此归罪于西班牙人并借机向西班牙宣战。尽管时至今日我们仍不清楚是谁制造的爆炸，但最终的结果对西班牙很不利，西班牙输了战争，被迫签署了一份和平条约，承认古巴独立。古巴在古巴建立政府前由美国占领。

西班牙认为失去古巴意味着一场灾难，以至于它把失去古巴的那场战争称为"九八年的灾难"。西班牙曾是一个强大的帝国，拥有许多殖民地，但这些殖民地后来相继都独立了。

"灾难"的另一面
在西班牙，战争和殖民地的失去在文化上产生了影响。所谓"九八年一代"汇集了一批西班牙作家和诗人，他们对军事失败和失去殖民地所引发的道德、政治和社会危机做出了反思。"九八年一代"的作家包括安东尼奥·马查多、米格尔·德·乌纳穆诺、皮奥·巴罗哈－内西和巴列－因克兰等。

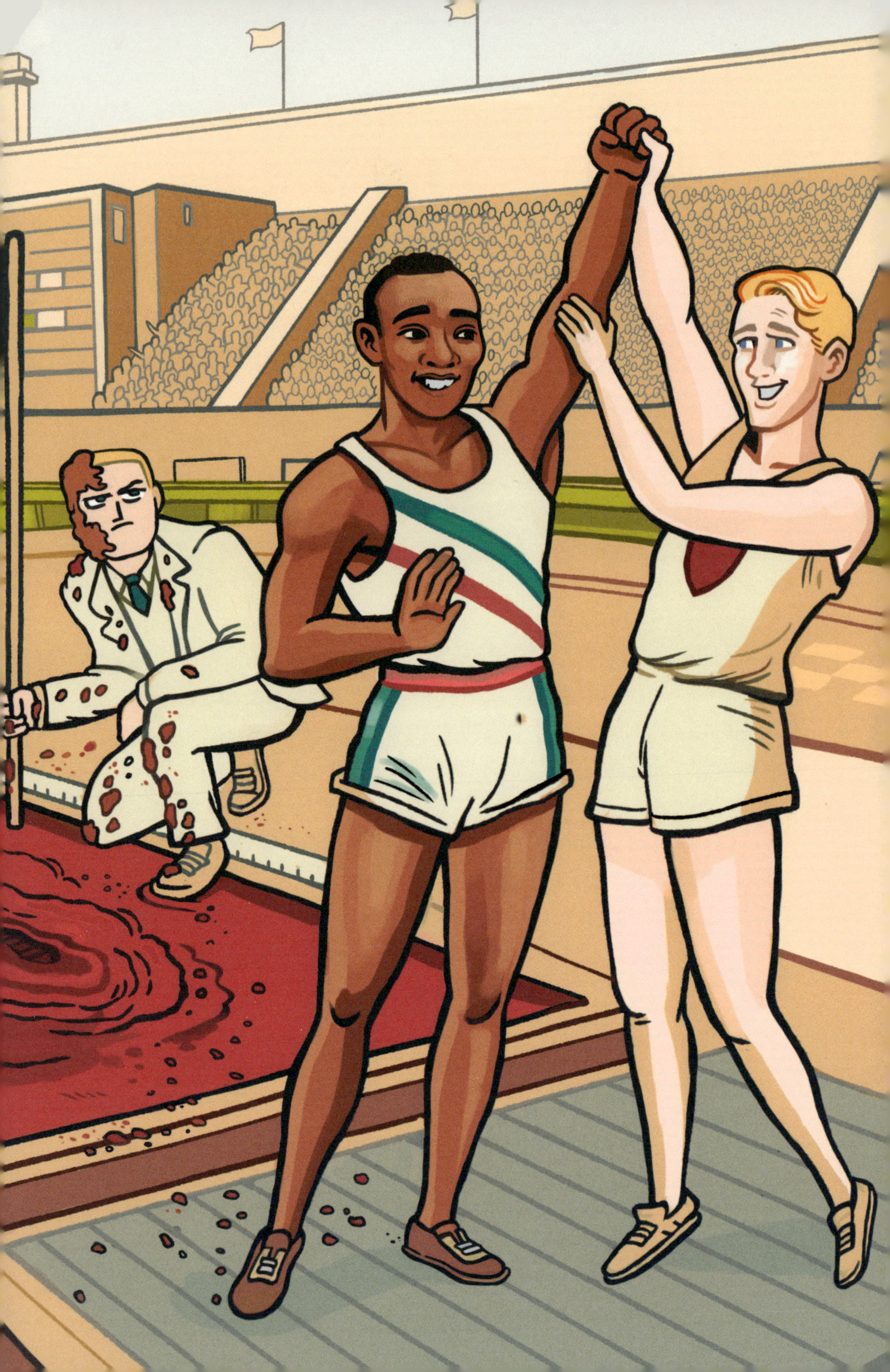

1936 年的柏林奥林匹克运动会

希特勒政府筹备了 1936 年的柏林奥运会，打算将这届奥运会作为纳粹主义的宣传平台，希望向世界展示"雅利安人种"是最优秀的。但最后一切并没有按照他的计划发展。

当国际奥林匹克委员会决定 1936 年的奥运会在德国柏林举办时，当时没有人想到，不久之后阿道夫·希特勒领导的纳粹党会在德国掌握政权。纳粹分子想在奥运会期间展示他们政府体系的"优越之处"，以及"雅利安人种是最强壮、最敏捷、最优秀的人种……"这种错误理论，他们预计德国人会赢得最多的奖牌。

然而，这次奥运会中的明星是一位名叫詹姆斯·克里夫兰·欧文斯的美国黑人运动员，他又被称为杰西·欧文斯。他来自位于美国南部的亚拉巴马州——一个当时还存在种族隔离的州。杰西·欧文斯是一位超级运动员。1935 年，在 45 分钟内，他成功打破了五项纪录并追平了一项纪录，整个世界都为之惊叹。从那时起，他被很多人称为"黑色闪电"。

杰西·欧文斯在柏林奥运会赢得了 4 块金牌，这令希特勒感到惊讶。他获得的金牌项目包括：100 米跑、200 米跑、4×100 米接力跑和跳远。其中最难的项目是跳远，因为一名德国运动员朗是他的劲敌。朗是第一个祝贺杰西·欧文斯获胜的人，此后两人成为亲密的朋友。朗在第二次世界大战期间去世，战争结束后，杰西·欧文斯前往一片疮痍的柏林去看望朗的儿子，并把他带到了美国，供他上学读书。

处于深渊中的西班牙和世界

西班牙没有参加柏林奥运会。人民阵线（左翼政党的联盟）在巴塞罗那组织了人民奥林匹克运动会，本来有 6 000 名运动员要参加这次运动会，但由于内战爆发，最终没能举办。西班牙内战结束后不久，第二次世界大战爆发了。直到 1948 年，奥运会才在英国伦敦再度举办。

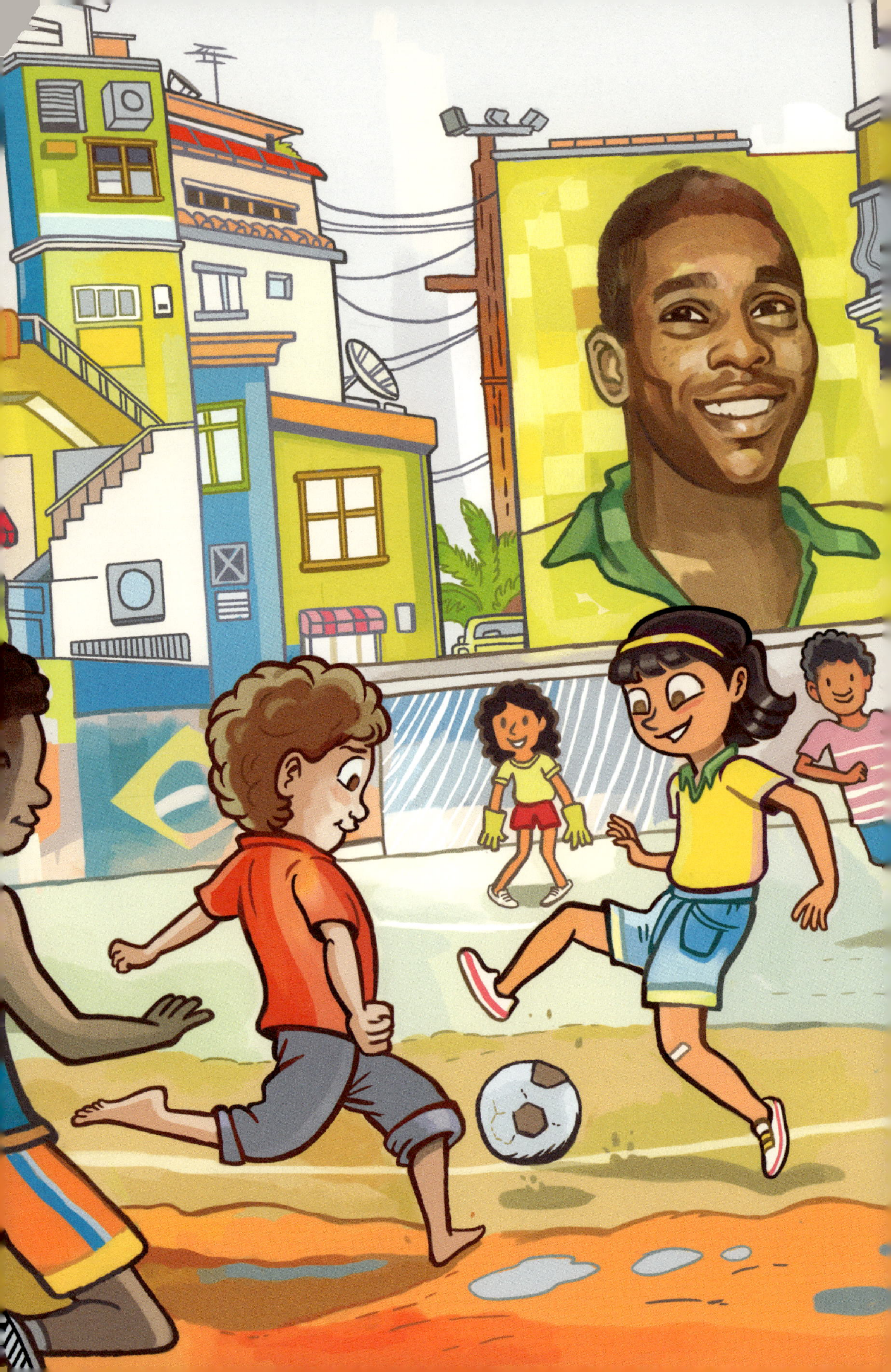

足球——运动之王

在足球比赛中，每当己方球队进球时，球迷都会站起来，高举双臂，用尽全力大喊："进球了！"足球唤起了人们的激情，它一直是世界上最受欢迎的运动之一。

足球在各地有着不同的前身。在古代文明中，例如在中国古代和古罗马，人们也会进行类似的运动。在文艺复兴时期的佛罗伦萨，所谓的踢球游戏就已开始流行。但现代足球起源于英国的学校。起初，在这个游戏中，甚至可以手脚并用，并且每个学校都有自己的规则。直到1848年，人们统一了规则。由于这个游戏玩起来比较简单，在任何空地上都可以进行，也不需要特殊的设备，很快越来越多的人喜欢上了这项运动，同时越来越多的俱乐部也建立了起来。

1863年，几家学校和俱乐部在伦敦会面并创建了第一个联盟——足球协会。人们决定，足球只能用脚来踢。足球在各地迅速传播。在西班牙，在米纳斯德里奥廷托工作的英国工程师从1873年起开始踢足球，5年后，即1878年，他们成立西班牙的第一家俱乐部——里奥廷托俱乐部。许多其他俱乐部也紧随其后建立起来，如毕尔巴鄂竞技俱乐部、巴塞罗那足球俱乐部和皇家马德里足球俱乐部。

很快，足球成为人们眼中的"运动之王"，并且一直保持这项荣誉。几乎所有国家、所有地区都有人踢足球，这项运动能够打破人们之间的隔阂。女性很快也开始热衷于这项运动，尽管女子足球运动后来才被认可。

一场盛大的聚会

1904年，国际足球联合会（FIFA）在巴黎成立。该联合会负责维护比赛规则，组织世界杯比赛——世界上最受关注的事件之一。第一届世界杯于1930年在乌拉圭举行，冠军是东道主国家乌拉圭。

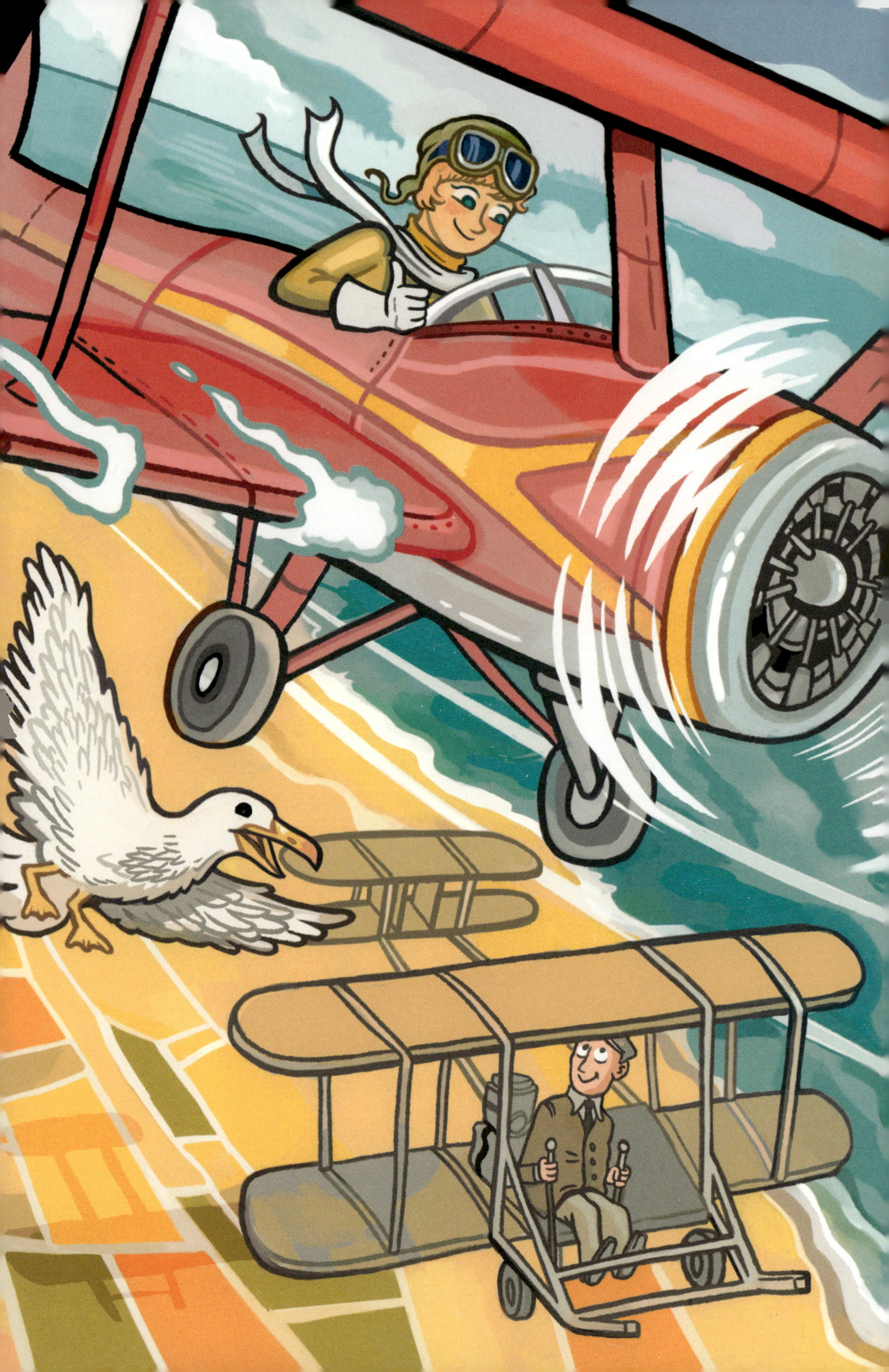

飞行冒险

20 世纪初，美国的威尔伯·莱特和奥维尔·莱特两兄弟设计了一种带发动机的飞机，并成功地让它飞了起来。这次首次飞行被视为航空史的开端。

飞行曾经只是一个梦想，直到几个勇敢无畏的人迈出了实现它的第一步。这些人中包括 1783 年法国的蒙特哥菲尔兄弟，他们放飞了一个承载两个人的热气球。还有德国人奥托·李林塔尔设计了一些滑翔机，并且亲自进行了测试。他从不同的高度出发滑翔，滑翔距离越来越远。最终他的决心和勇气让他付出了生命的代价。还有法国的克雷芒·阿德尔，他制造了飞行机器"风神"，并成功让它飞起来了一点——在离地约 20 厘米的高度飞行了 50 米！

美国的威尔伯·莱特和奥维尔·莱特兄弟是机械师，非常热爱钻研。他们进行了研究和实验，经过两年多的时间和一千多次的尝试之后，他们设计了一个带有发动机、螺旋桨和翼的装置——飞行者。1903 年 12 月 17 日，在美国北卡罗来纳州海岸的一个海滩上，一群人惴惴不安地望向天空。奥维尔·莱特登上了飞行者，成功地在 3.5 米的高度上飞行了约 36 米。这次飞行持续了 12 秒！虽然现在看起来这个时间很短，但这在当时可是了不起的壮举。

从那时起，勇敢而坚定的人们试图效仿这一成就，慢慢地，越来越多的飞机被制造出来，人们也逐渐完成了各种挑战。例如路易·布莱里奥是第一个驾驶飞机跨越了位于法国和英国之间的英吉利海峡的人；首位驾驶飞机横跨了大西洋的飞行员是查尔斯·林德伯格；还有阿梅莉亚·埃尔哈特，她是第一个实现了独自跨大西洋飞行的女飞行员。

飞速发展

到 1914 年，飞机已经可以在 3 000 米以上的高空飞行，并在第一次世界大战期间投掷炸弹。后来，飞机开始运输货物、邮件和乘客。飞机不再是木头制成的，而是用金属制作，最终它们演变成了如今的飞机——复杂高端的驾驶舱里充满了灯光、按钮、屏幕和控制装置，而且如今的飞机能搭载数百名乘客。

为女性投票

女性也想投票

大约 100 年前，女性还不能在选举中投票。这意味着她们在政府决策中不能发声。直到 19 世纪中期，在美国出现了妇女选举权运动，即要求女性参与选举投票的运动。

过去在举行选举时，女性待在家里不能去投票，因为人们认为她们没有什么可说的或者可贡献的。美国的一部分女性认为这是不对的，认为她们应当享有和男人一样的权利，于是她们开始争取这些权利。当其他国家的女性看到美国女性已经采取了行动，也不甘落后，她们也进行了权利的争取，妇女选举权运动开始在全球各地展开。

在短时间内，世界各地的女性发出了她们的声音。她们不仅要求获得选举权，而且还争取得到更好的教育，争取在工作领域获得认可，争取社会各领域和家庭内部权利的平等。政府不能再假装没有听到她们的声音，所以有些国家最终承认，选举权是所有人的权利，不仅仅属于男性。

1893 年，新西兰的女性率先在选举投票箱中投出了属于她们的一票，紧随其后的是 1902 年的澳大利亚女性和北欧国家的女性。英国在 1918 年做到了这一点，尽管只有 30 岁以上的女性被允许投票。美国则在 1920 年实现了女性的选举权。此后几年内，几乎所有的欧洲女性都可以投票。1931 年西班牙女性享有了选举权，但持续时间很短，因为在佛朗哥独裁统治期间，没有人能够行使这一权利。1929 年，厄瓜多尔成为拉丁美洲第一个女性拥有选举权的国家。自 2015 年以来，沙特阿拉伯的女性也享有了这项权利。

妇女参政论者

不要以为女性轻而易举地就获得了选举权，她们游行示威，传播她们的想法，并进行了多年的动员。一些妇女选举权参加者更为激进，她们被称为妇女参政论者，她们的口号是"要行动，不要语言！"换句话说，她们毫不退缩，行动更加果断，所到之处都会引起争论。

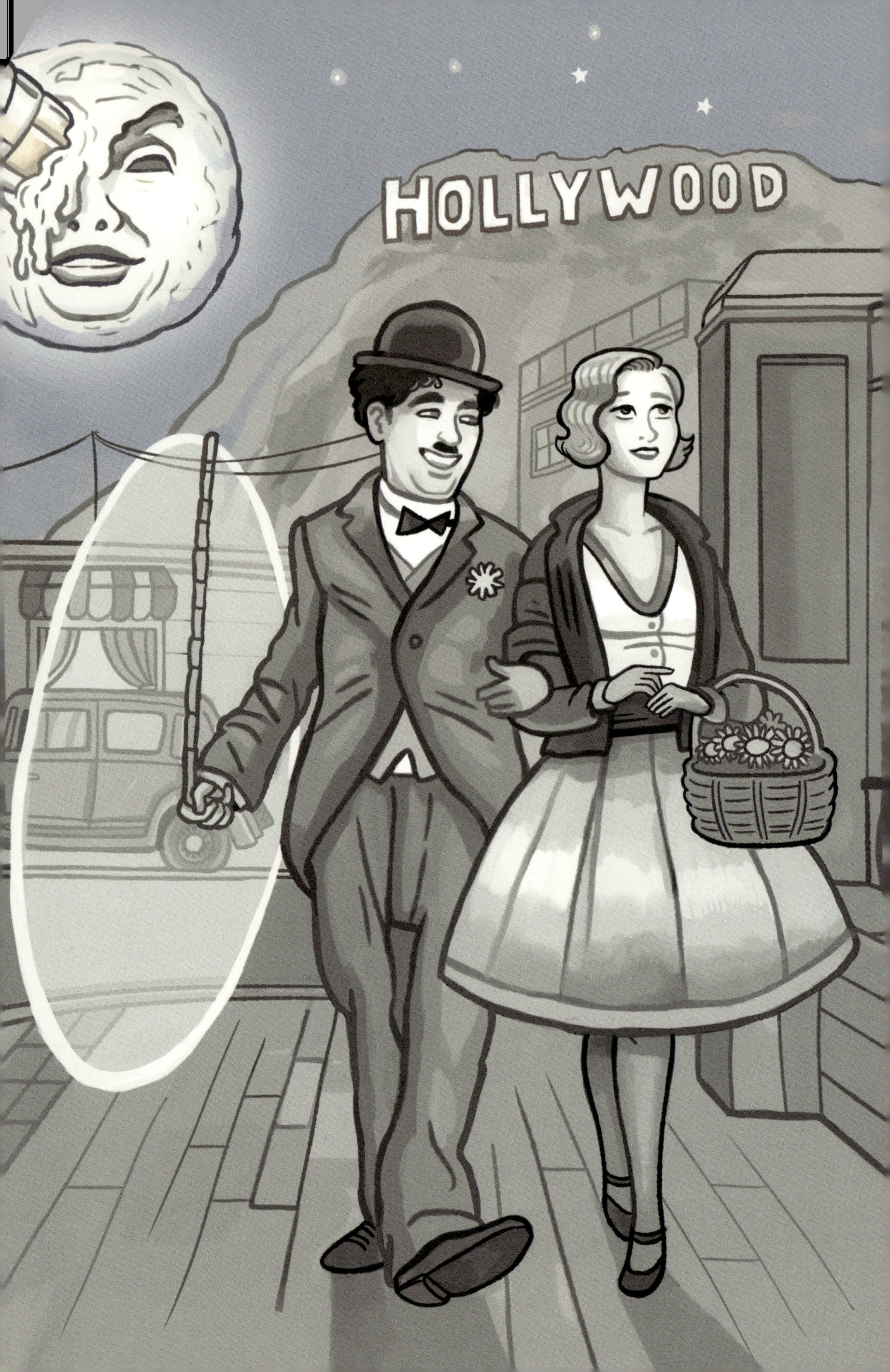
HOLLYWOOD

电影先驱

电影在 19 世纪末作为一种新的娱乐形式出现,很快成为"第七种艺术"。在早期的电影人中,有一个人脱颖而出,他就是查尔斯·卓别林。他塑造了一个角色——夏尔洛,这个角色看待世界的方式吸引了众多观众。

1895 年 12 月 28 日,巴黎的一个咖啡厅被挤得水泄不通。公众充满好奇地期待着。奥古斯特·卢米埃尔和路易·卢米埃尔兄弟为大家播放了一个短片,那原本是一系列的照片,当照片一张接一张放映时,就会产生动态效果。这是电影的首次公开放映。而观众,当然对此非常喜欢。

当时的观众中坐着乔治·梅里爱,他被卢米埃尔兄弟的发明所吸引,开始着手自己制作电影。他有一个工作室,他把它改成了一个摄影棚,在那里拍摄了电影史上最早的一批电影,例如 1902 年的《月球旅行记》。其他电影人也跟随他的脚步,他们在美国找到了一个适合拍摄的地方,并在那里发展。那个地方被称为好莱坞。最早的电影是无声的黑白片,情节简单,技术和特效都非常初级,拍摄镜头也很简单……但这并不重要,因为人们很喜欢。1927 年,第一部有声电影上映,1930 年左右,彩色电影开始出现。

在电影出现后的最初几十年里,查尔斯·卓别林的电影取得了巨大的成功。卓别林扮演的夏尔洛成为无声电影的象征。夏尔洛是一个温柔真诚的流浪汉,因为他品行高尚,极富幽默感,因此赢得了公众的心。夏尔洛戴着圆顶礼帽,挂着手杖,穿着大皮靴,蓄着他标志性的小胡子,成为一个永远的、世界性的经典角色,是一个时代的见证者。

灯火通明好莱坞

1923 年,著名的 HOLLYWOOD(好莱坞)字母牌被竖立在一座山的山顶上。成百上千个灯泡让字母牌在夜晚灯火通明,如果哪个灯泡坏了,负责的工人立刻就会换一个新的,因为他就住在那里——字母"L"后面的一个小房子里。

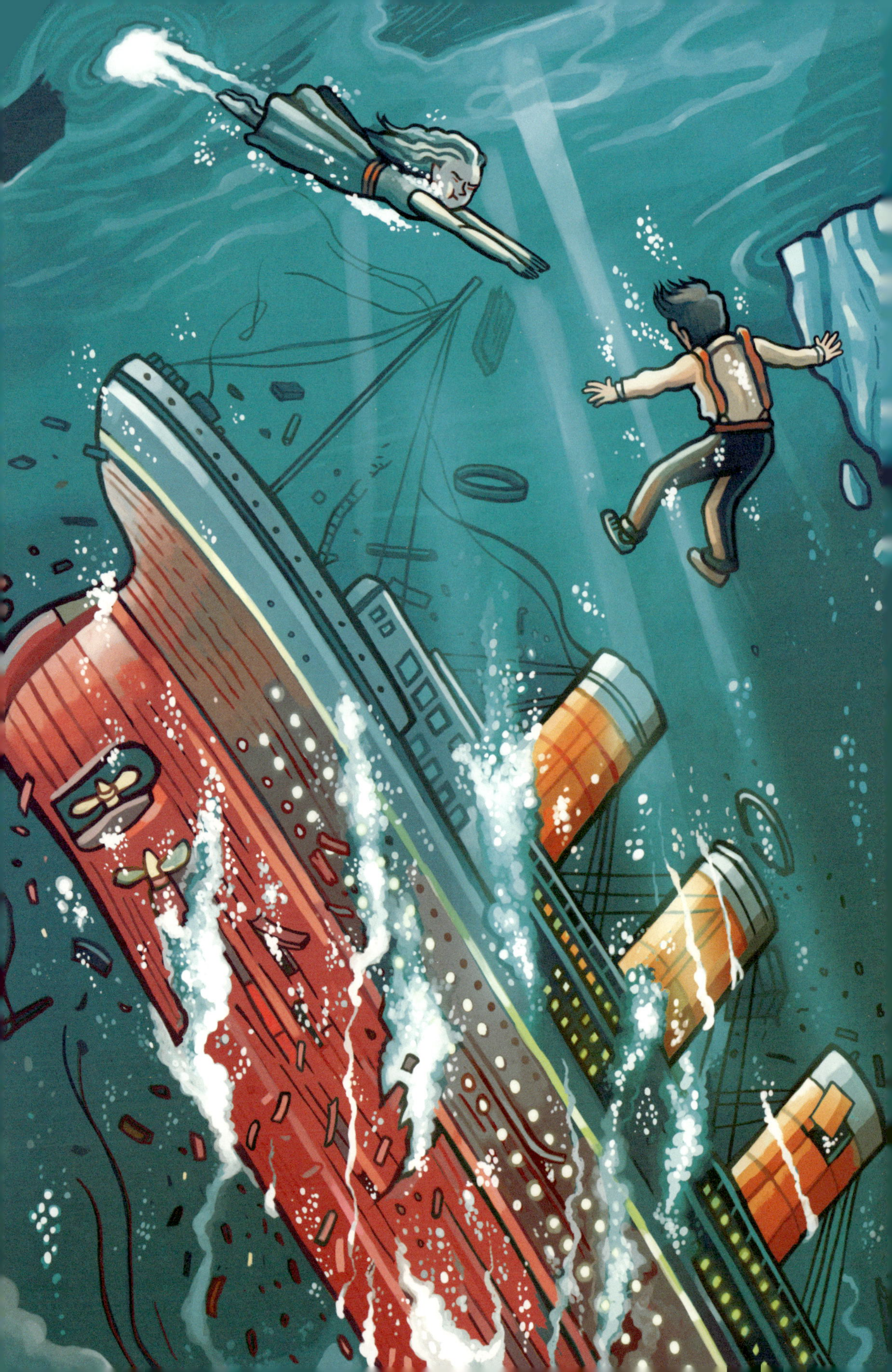

有史以来最著名的沉船事故

泰坦尼克号是世界上最著名的船只之一。这艘巨大、豪华的远洋轮船是历史上最著名的沉船事件的主角。历史上还发生过许多其他沉船事故，但泰坦尼克号的悲剧震惊了世界。

1912年4月10日，在英国南安普敦港，当泰坦尼克号驶向美国纽约时，许多兴奋的民众来送别这艘有史以来最大的船只。这是泰坦尼克号的处女航。

你坐过游轮吗？如今，游轮上有健身房和电影院是很正常的。但在100多年前，当看到那个漂浮的巨轮上的奢华和舒适设施时，任何人都会非常震撼。而且这艘游轮还有那么多的船舱，可以容纳2 000多名乘客！人们说这是当时最安全的远洋轮船，但他们错了，因为泰坦尼克号从未抵达目的地。4月14日晚，当泰坦尼克号在海洋上航行时，它撞上了一座冰山。撞击的力度如此之大，以至于船身出现裂口，随即一切陷入了混乱，因为水进入了船舱。恐慌袭来，人们开始从船的一边跑到另一边，不知道该怎么办。许多人努力帮助其他人登上救生艇；有的人则相反，他们试图先救自己。据说，在如此的混乱中，乐队仍一直在演奏。泰坦尼克号沉没在了大西洋冰冷的海水中，变成了一个传说。

1985年9月1日，一支海洋学研究团队在大西洋冰冷的海水下3 821米深的地方，发现了一艘船的残骸，这些残骸最后被证明属于泰坦尼克号，关于它的传说被再度提起。残骸损坏严重，但人们找到了数以千计的船体碎片、珠宝和家具，它们如今在博物馆和展览中被展出。

幸存者

不到3小时，泰坦尼克号就沉没了。救援队用了一段时间才到达，但仅有700多人获救。幸存者讲述了当时所发生的事，也许这就是泰坦尼克号一直鲜活地留存在世人的记忆中的原因。

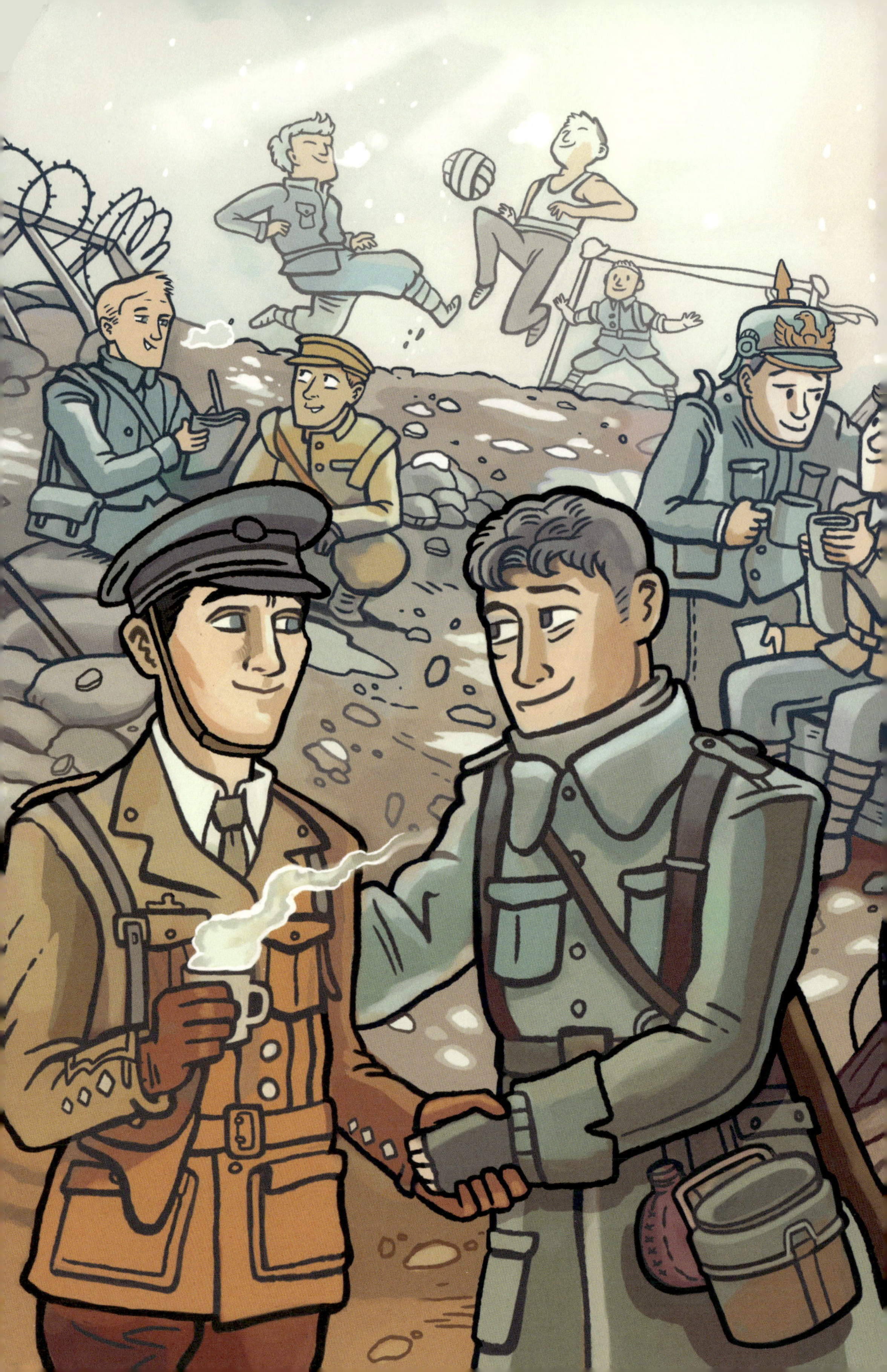

圣诞节休战，战壕中的和平

1914 年的圣诞夜，第一次世界大战期间，发生了一件令人惊讶的事：休战。休战是人们自发的，交战双方的士兵放下敌意，一起庆祝圣诞节。

第一次世界大战是 20 世纪人们经历的最痛苦的事件之一。最初敌对的国家在欧洲，但冲突并没有止步于此，而是扩大到了北非、中东和太平洋地区，美国也参与其中。这就是为什么它被称为"世界大战"。这场战争持续了 4 年多。起初主要是在战壕中作战，军队驻扎在地上挖出的战壕里，用枪和炮攻击敌人。一方的战壕和另一方的战壕之间是"无人区"。

1914 年的圣诞夜，在经历了几天雷鸣般的枪声和炮声之后，一处战场突然陷入沉寂。突然，一首圣诞颂歌打破了寂静，歌声在战壕里传开，是德国士兵在唱歌。对面的英国人刚开始感到惊讶，但毫不犹豫地加入进来。从一个战壕到另一个战壕，他们互相祝愿圣诞快乐。双方的战士都不再害怕，他们来到无人区，互相握手并互赠东西，食物、饮料或烟草都被用来作为礼物。

这里发生的事情很快在一个又一个的战壕中传开了，其他士兵决定效仿他们。很快，所有人都走进无人区。据说，不同作战方的士兵甚至还踢了一场足球友谊赛。

友好相处

这个词的意思是与人友好地保持关系，圣诞节休战就是友好相处的一个非常典型的示例，刚好和敌对双方成员之间进行战争的情况相反。

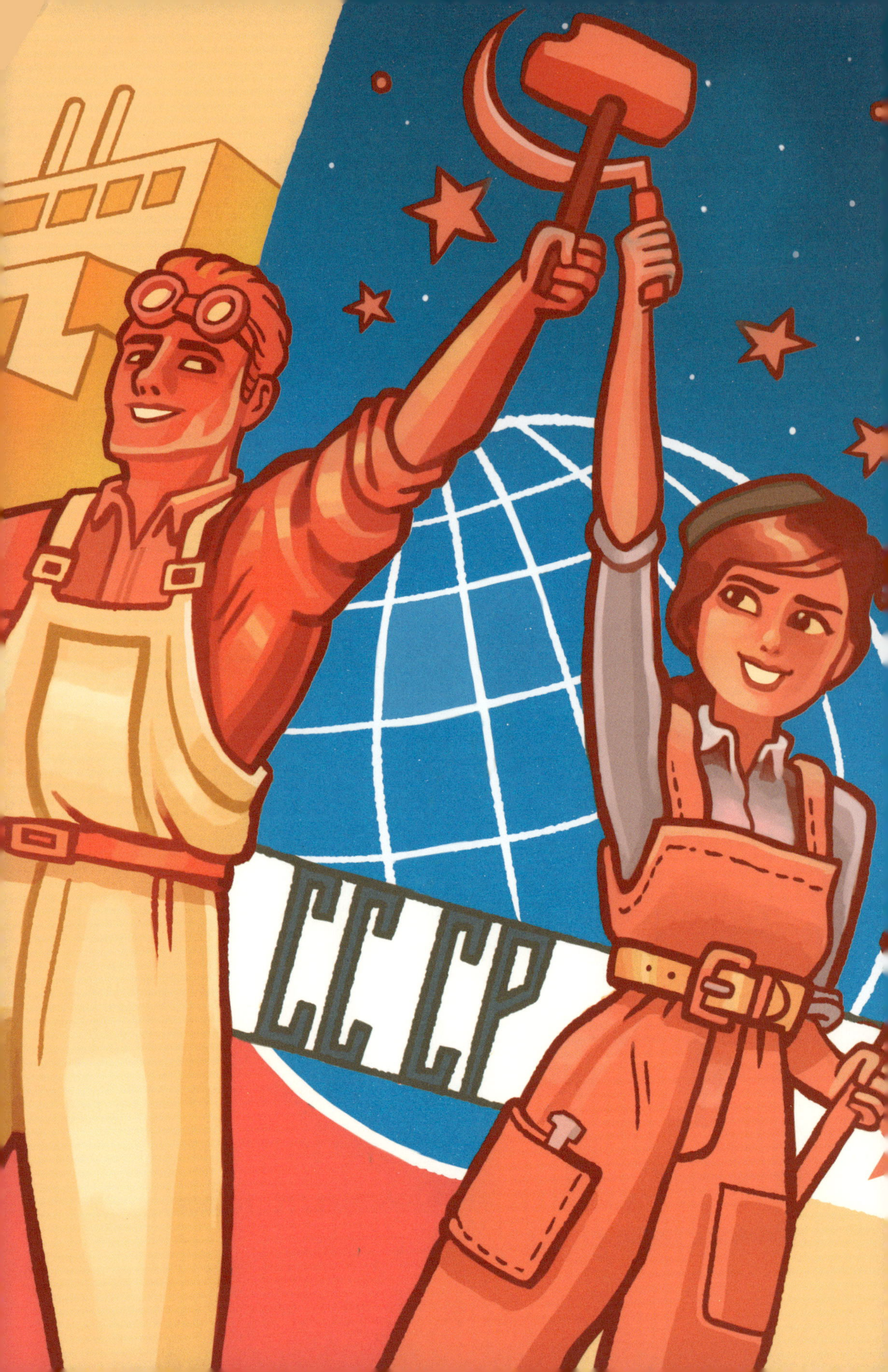
СССР

俄国革命，从沙俄到苏联

20 世纪前期的俄国非常动荡，在 1905 年至 1922 年期间，发生了两场革命和一场战争。沙皇倒台，出现了一种新的类型的国家——社会主义国家。

19 世纪，一些欧洲国家已经实现了工业化，俄国试图跟随其他欧洲国家的脚步，沿着工业化的道路进行变革。但是，这对俄国来说却很难，主要有以下几个原因：沙皇非常专制；由于国家很大，所以国内存在巨大的文化和社会差异……政府解放了农奴（为地主工作的人，他们隶属于地主），并进行了一些改革，但国家仍然发展缓慢。普通人，也就是那些非贵族的人们，已经厌倦了拮据的生活和各种短缺。他们希望过上更好的生活。1905 年，一场革命运动出现了，这场运动给俄国的政治体制带来了一些改善，但这种改善并没有持续多久，沙皇仍然掌握着绝对权力。

1914 年，俄国与其盟国一起参加了第一次世界大战。俄历 1917 年 2 月，在第一次世界大战激战正酣的时候，俄国内部爆发了革命，出现了抗议活动，许多人走上街头示威，沙皇被推翻。同年俄历 10 月，信奉共产主义的布尔什维克党在弗拉基米尔·列宁及其支持者的领导下发动了武装起义，建立了以列宁为首的苏维埃政权。几个月后，他们与德国签署了一份退出第一次世界大战的条约。

十月革命之后，苏维埃政权遭到国内外敌人的武装反对，1918 年到 1922 年，发生了苏维埃俄国各族人民粉碎国内反革命叛乱和外国武装干涉的战争（苏俄国内战争）。战争最后以苏维埃政权的胜利而结束。

一种新的社会制度

1922 年，俄罗斯、白俄罗斯等 4 个苏维埃社会主义共和国组成了苏联（苏维埃社会主义共和国联盟）。苏联是社会主义国家，是一个无产阶级专政的国家，于 1991 年解体。

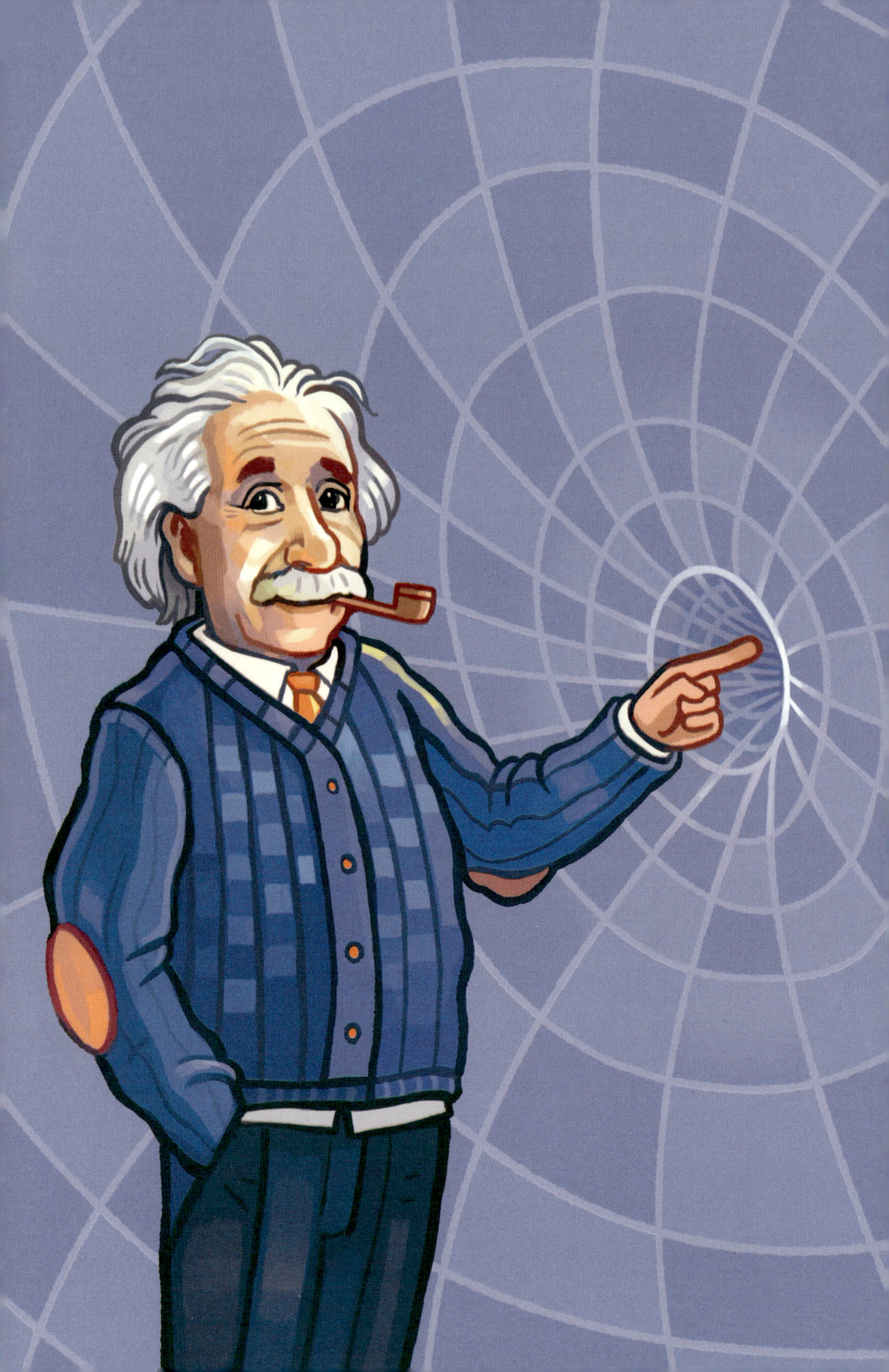

爱因斯坦和相对论

20 世纪上半叶，物理学家爱因斯坦彻底改变了科学界，唤醒了许多人的科学意识，这些人开始思考：宇宙中空间和时间的关系是什么？时间总是以同样的速度流逝吗？时间旅行是否可行？

几个世纪以来，宇宙的规律主要以牛顿的研究和万有引力定律为基础，其解释了行星是如何运转的。爱因斯坦的研究则更进一步。爱因斯坦是一位非常重要的物理学家，他主要研究时间和光。物理学家通常进行光、声、热、运动等方面的研究。爱因斯坦想知道为什么物体会相互吸引，为了了解这一点，他创造了新的数学模型，写下了非常复杂的公式。在反复思考和无数次重复推算这些公式后，爱因斯坦得出了一些令人惊讶的结论。

他证明，当运动速度和引力也参与其中时，时间可以过得更快或更慢。这意味着，太阳的巨大质量，加之其巨大的引力，将会改变它周围的空间和时间。所有这些他都在他的相对论中做出了解释，这一理论被概括为 $E=mc^2$——这个历史上最著名的方程，它把能量（E）与质量（m）和光速（c）联系起来。

爱因斯坦还解释了如何将太阳光转化为电能，以及如何将物质转化为能量，从此出现了一种能量巨大的新能源——核能。因此，爱因斯坦被认为是 20 世纪最重要的科学家，以及历史上最著名的科学家之一。

坚定的和平主义者

爱因斯坦出生在德国。他来自一个犹太家庭，为了避免纳粹的迫害，他放弃了德国国籍，并加入瑞士和奥地利国籍，最后还成为美国公民。他用自己的学识为核能的发展做出了贡献，但当他看到投掷在日本广岛和长崎的原子弹所造成的灾难时，他公开反对将核能用于战争。

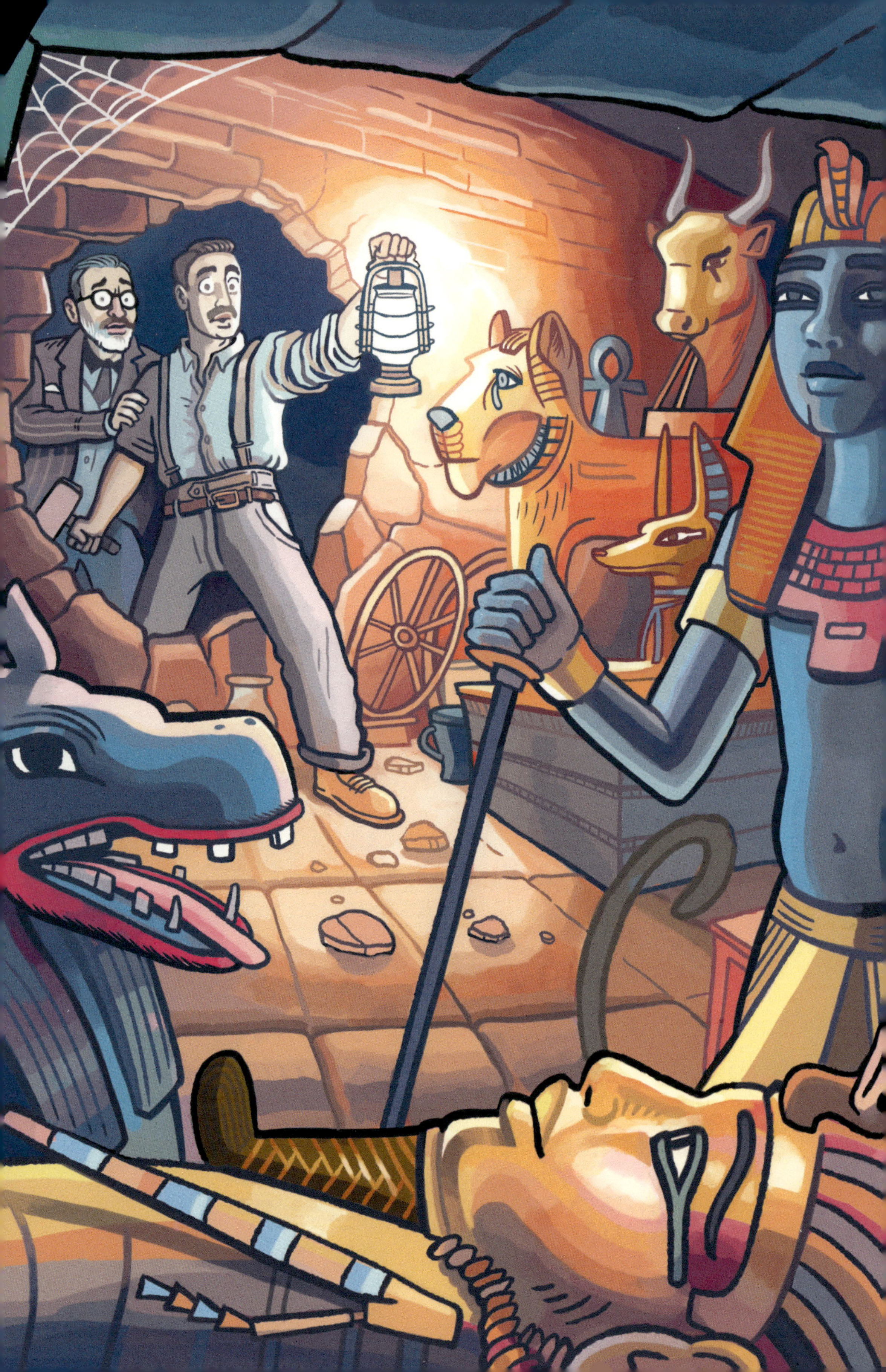

一项令人震惊的发现

即使法老们在地下寻找最隐蔽的地方下葬,盗墓者还是几乎盗了他们所有的陵墓。幸运的是,图坦卡蒙墓完整无缺,该墓在20世纪才被考古发现,该陵墓让人非常震惊。

1922年,由霍华德·卡特领导的一个考古队在埃及一个被称为帝王谷的地方进行考古工作,帝王谷位于靠近卢克索的沙漠中。一天,考古队铲到了一个硬物。卡特在仔细观察后,跪下来开始清除沙子,直到一个台阶露了出来。那是一个直通大地内部的陡峭阶梯,一路通往黑暗和寂静。这揭开了一个惊人发现的序幕。

接下来他们经历了一个漫长而缓慢的过程,直到能够进入他们认为是法老图坦卡蒙的陵墓中。最后,在1922年11月4日,霍华德·卡特和他的伙伴卡那封伯爵——一个英国贵族和艺术保护人,一起打破了密封的墓室的墙壁。卡特借着光亮伸头往里看了看,他不得不一再眨眼才相信自己所看到的一切。当卡那封伯爵问他看到了什么时,卡特回答说:"奇迹,我看到了奇迹!"事实的确如此:宝座、长袍、家具、椅子、珠宝、雕塑和大量黄金。在墓室里,他们还发现了图坦卡蒙法老的木乃伊,他就像几千年前刚刚死去时一样!

不知道为什么这个墓穴几乎没有被人盗过,而帝王谷中的其他所有的墓穴,盗墓者几乎拿走了所有的贵重物品。由于这一发现,人们才真正了解法老是如何为他们的来世之旅做准备的。这一发现有助于研究和更好地了解古埃及文明。

开罗的埃及博物馆

卡特用了10年的时间来搬运陵墓中的物品并对其进行编目。一共出土了超过3 500件(套)物品!大部分的宝藏如今都在埃及博物馆里。人们排着长队来观看明星馆藏——法老美丽的黄金面具,这个面具当时用来遮盖他的脸,至今仍保留着原状。

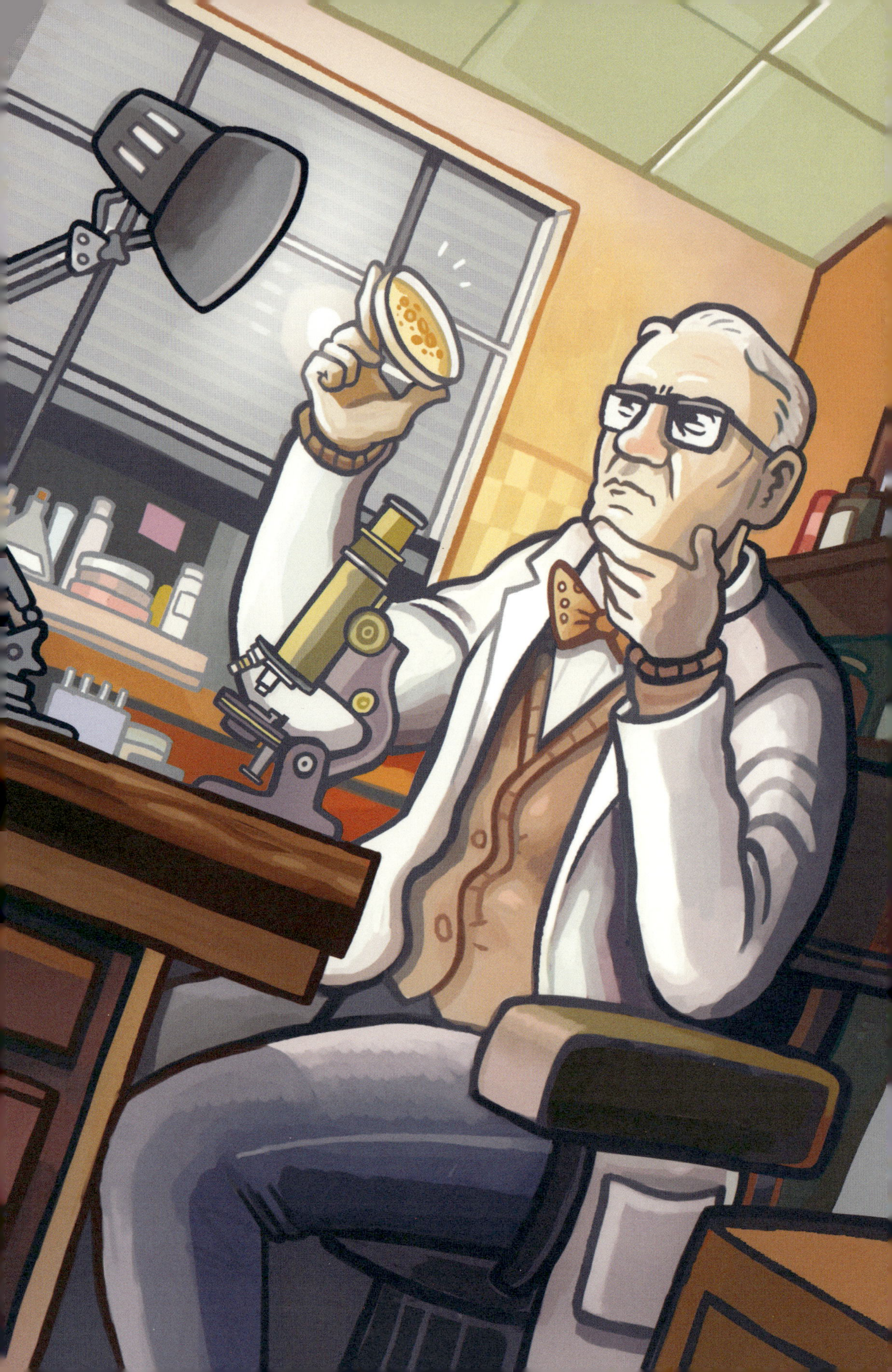

奇迹之药抗生素

当我们的身体出现小伤口时，一般伤口很快就可以自己愈合。但是如果伤口很大，则需要较长的时间愈合，甚至可能会发生感染。发生感染后，我们一般需要使用抗生素来对抗感染。今天我们能随时使用抗生素这种药物，要感谢一名叫亚历山大·弗莱明的科学家。

人体的防御系统（即免疫系统）会对外部攻击做出应答，并抵制这些攻击。世界上有不计其数的病菌——一类能够引起感染和疾病的微小生物。病菌是细菌的一种，很多病菌具有传染性。人体内有许多细菌，其中一些是有益的，是我们身体正常运转所必需的。

亚历山大·弗莱明是英国的一名医生和微生物学家。第一次世界大战中士兵因伤口感染而死亡的场景让他印象深刻。他决心找到治疗伤口感染的方法，于是开始进行研究。1928年的一天，他发现一个装满细菌的培养皿中长出了霉菌，就像我们长时间把面包放在潮湿的地方，面包上会出现的那种青绿色的物质一样。随即他发现霉菌周围的细菌都消失了，由此他得出了一个结论：霉菌产生的某种物质杀死了它们。他把这种物质称为青霉素，这是最早被人类发现的抗生素，一种能够杀死细菌的物质。

此后10多年的时间，他试图将青霉菌变成一种有效的药物。后来，被病理学家霍华德·弗洛里和生物化学家恩斯特·钱恩实现了。他们三人共同获得了1945年的诺贝尔生理学或医学奖。青霉素拯救了无数人的生命，这就是为什么它被称为"奇迹之药"。

不要滥用抗生素！细菌非常聪明！
此后，各种抗生素大量涌现。人们生产出许多种抗生素，它们有的来自生物，有的来自实验室。但细菌能够适应抗生素，随之产生抗药性，这样抗生素就不能再杀死它们。这就是为什么不能滥用抗生素，只在非常必要的情况下才能使用。

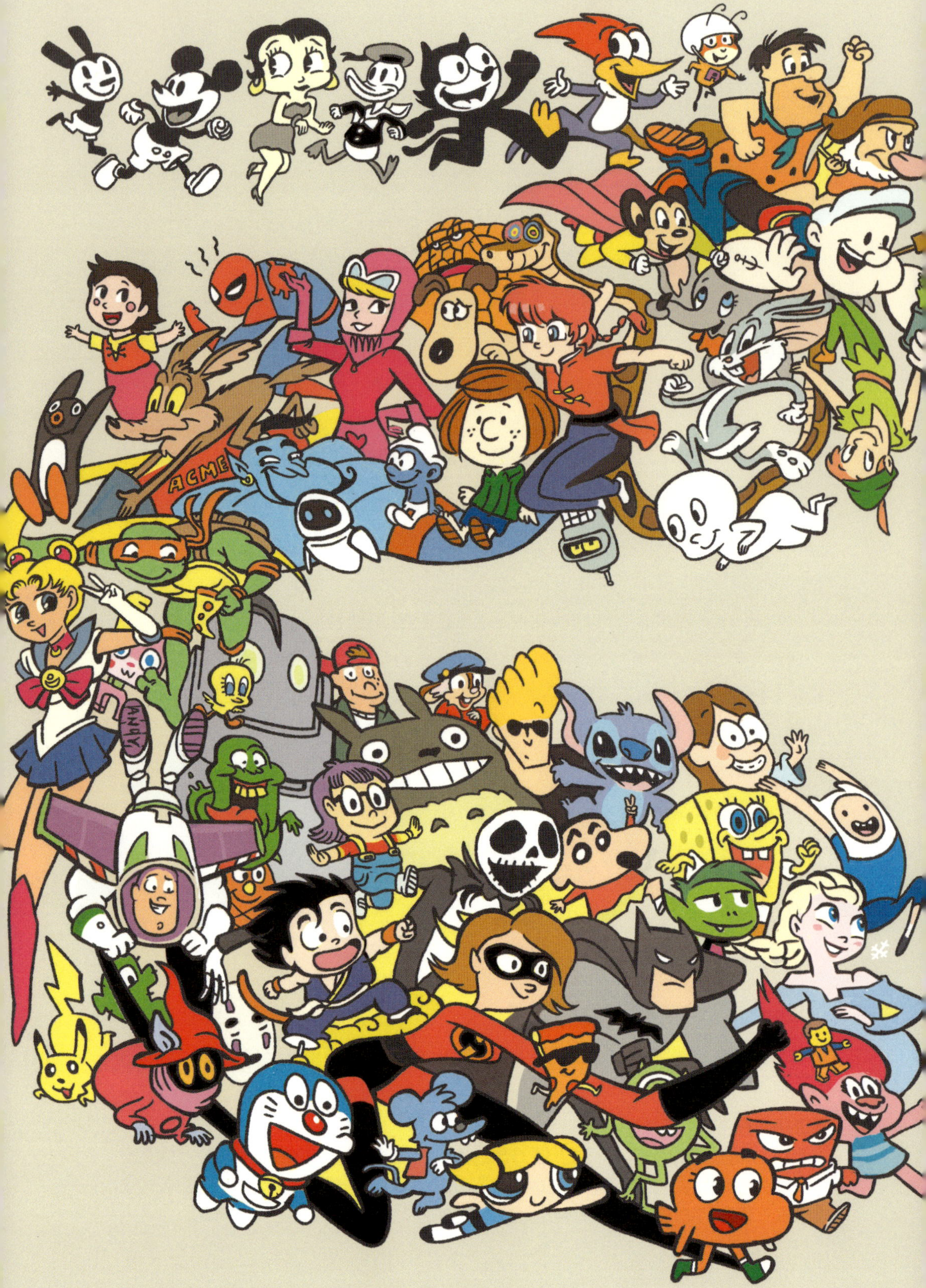
ACME
ANDY

卡通动画 100 多年的发展历史

卡通并不再现真实的影像，而是使用动画技术进行创作。90 多年前，一个叫华特·迪士尼的人和一只叫米奇的老鼠一同征服了动画世界。

动画的出现得益于一系列的发明和各种名字奇怪的光学玩具。费纳奇镜就是这些光学玩具中的一个，它让人们能看到一连串动起来的图画。另一个例子是活动视镜，就是将动画图像投射到屏幕上。1908 年，埃米尔·科尔推出了《幻影集》，它是最早的动画短片之一，它的时长是 1 分 20 秒！很短，是的，但它足以吸引观众，他们还想看更多。这就是为什么在接下来的几年里，相关发明层出不穷，技术不断改进。贝蒂娃娃、菲力猫、大力水手这样的动画人物也相继出现，这些角色不仅孩子们喜欢，成年人也喜欢。

华特·迪士尼进军动画界，并将其变成一种产业。然而在此之前，他学习和研究新的技术，进行创新，并创建了一家影视制作公司，根据儿童故事制作动画电影。1928 年，老鼠米奇诞生了。米奇还有其他同伴：米妮、布鲁托和唐老鸭。迪士尼制作了最早的动画电影，例如《三只小猪》和《白雪公主和七个小矮人》，随后又拍摄了许多其他电影……直到今天，迪士尼公司仍在不断推出新的作品并吸引着各个年龄段的观众。

受迪士尼作品的启发，日本开始创作一系列的动画短片，在日本被称为"动漫"。手冢治虫、久里洋二和宫崎骏是其中的一些创作者，哆啦 A 梦、千寻是其中的一些代表性动画人物，但日本的动漫世界远远不止于此。

一切开始于一个车库

迪士尼"帝国"不是一夜之间建造起来的。年轻的迪士尼在一个车库里开始了他的职业生涯，在那里，他用一台租来的机器拍摄广告。后来他搬到了好莱坞，并与他的兄弟一起创建了迪士尼工作室，迪士尼世界就从这里起步。

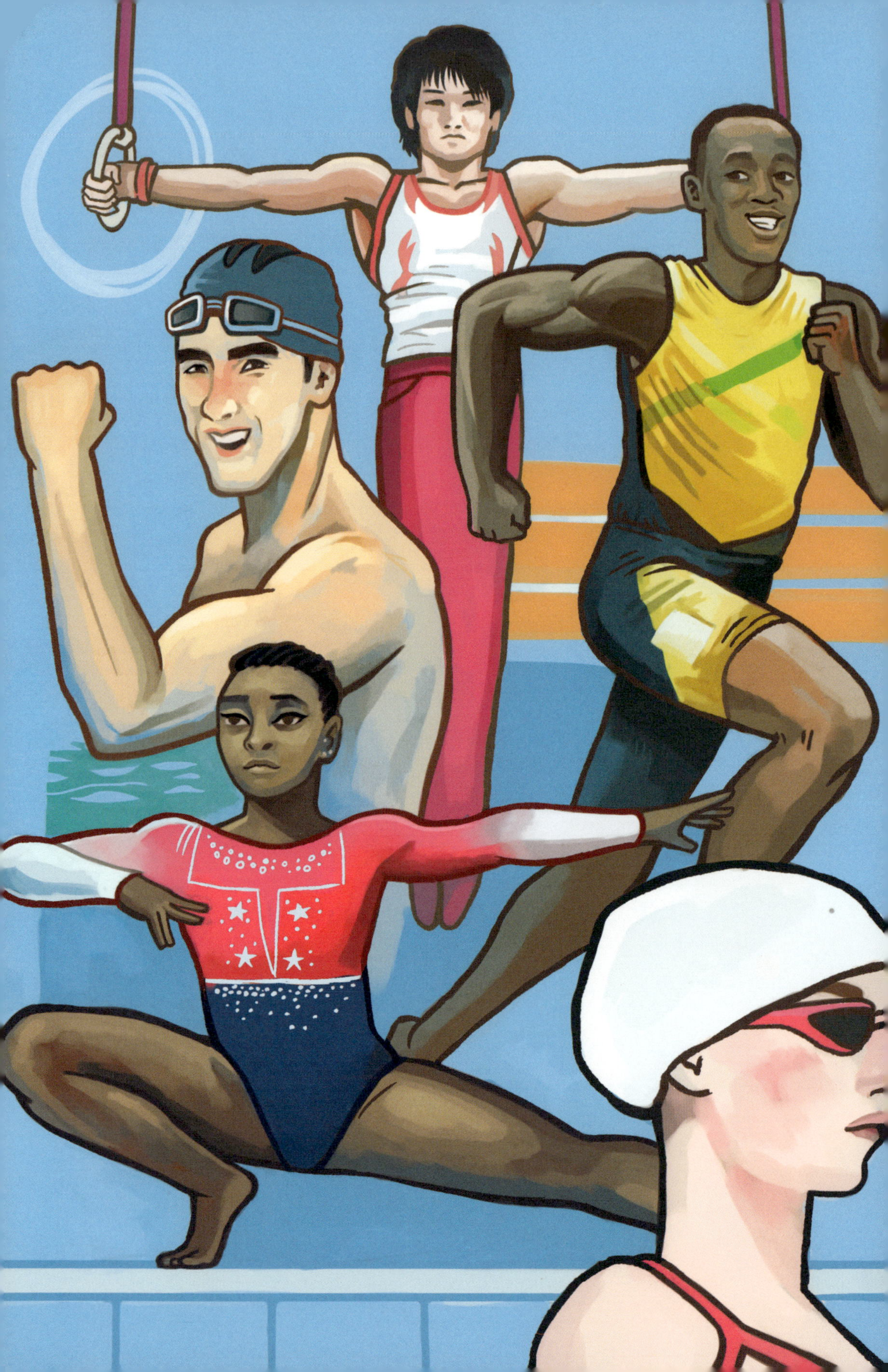

奥林匹克运动会，国家之间的聚会

法国男爵皮埃尔·德·顾拜旦梦想复兴古希腊举办的奥林匹克运动会的精神，他为之努力，并且做到了。1896年，第一届现代奥林匹克运动会在雅典举行。

在古代，奥林匹克运动会是在古希腊城市奥林匹亚举行的，但在394年时，罗马皇帝狄奥多西一世禁止举办奥运会。在1766年考古学家发现奥林匹亚城之前，这座城市被人遗忘了。奥林匹亚城的发现激发了顾拜旦的想法，这位男爵希望恢复奥运会这项体育赛事以及复兴其所代表的精神，即恢复一项促进国家间和平与和谐的重大事件。

顾拜旦对这一愿望倾注了全部心血，并为实现这一愿望付出了全部的努力。1894年，他创建了国际奥林匹克委员会（IOC），这个机构负责组织奥运会。1896年，第一届现代奥林匹克运动会得以举办，主办城市是雅典，以纪念古希腊时期的奥运会。在奥运会的10天时间里，来自14个国家的241名运动员参加了比赛。这次奥运会非常成功。随着时间的推移，奥运会加入了新的运动项目，后来女性也被允许参加比赛。不仅如此，人们决定还要举办冬季奥运会，因此奥运会有夏季和冬季之分。

如今，奥运会是一个向所有人开放的体育赛事，有自己的旗帜（奥林匹克运动会会旗）、代表五大洲的五个彩色圆环标志、奥运会会歌和奥运圣火。此外，所有参赛者都必须宣誓，在不作弊和不违规的情况下参赛。

更快、更高、更强

奥运会的口号是由顾拜旦提出的，是"更快、更高、更强"。顾拜旦说："奥运会中最重要的事情不是获胜，而是参与，就像生命中最重要的事情不是胜利，而是奋斗一样。最核心的事情不是取得了胜利，而是曾努力拼搏过。"

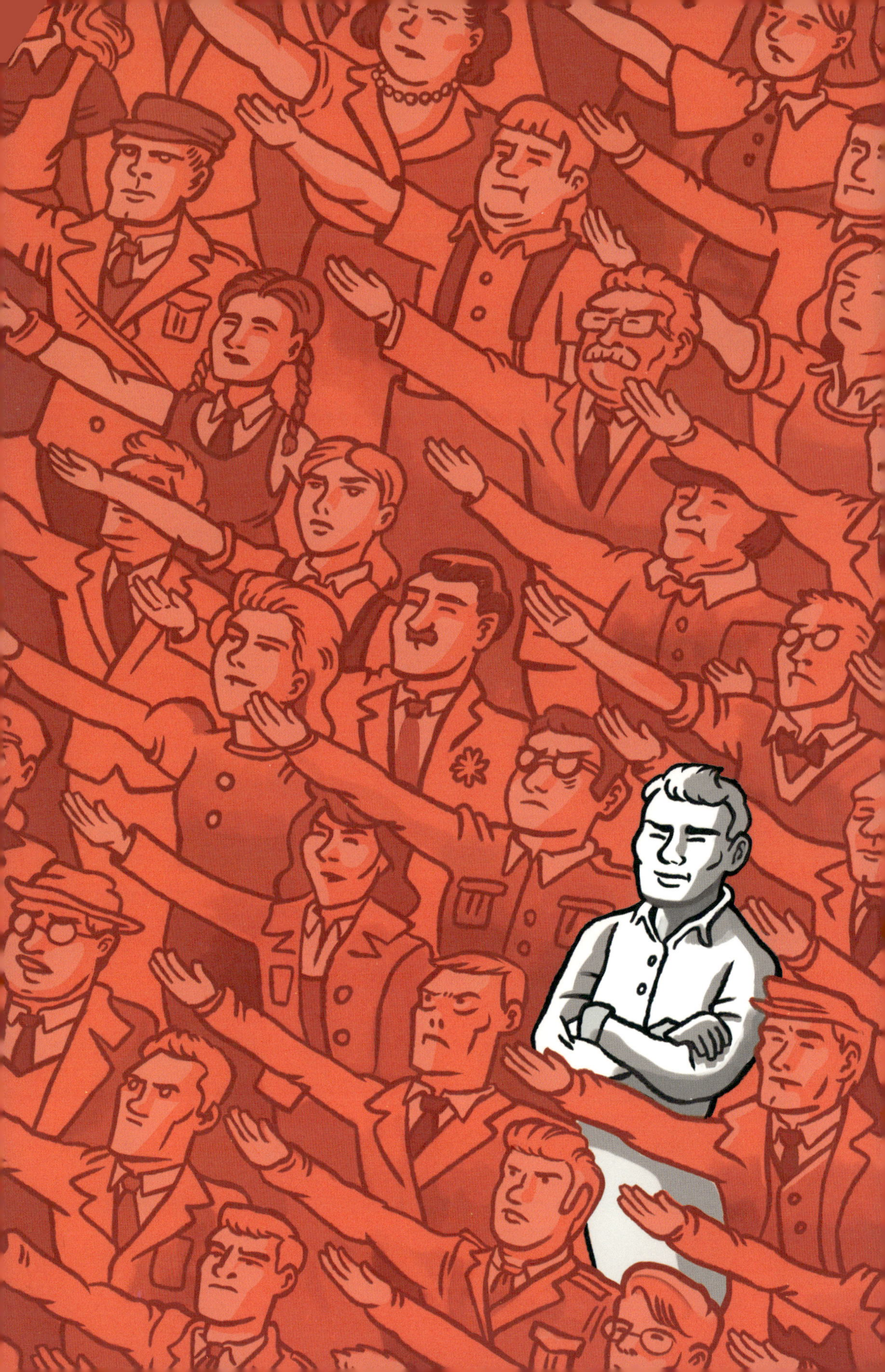

奥古斯特·兰德梅赛，挑战希特勒的男人

在纳粹德国，在必要的场合，所有人都必须举起他们的右臂敬礼。而有一个人拒绝这样做，并因此受到了惩罚，但他成为勇气和忠诚的典范。

有一张黑白照片展示了这样一个场景：一群人在一次公开活动中举起右臂向希特勒敬礼。在那张照片中，人群中有一个人和其他人不同，他没有举起手臂，而是双臂交叉在胸前。这个人的名字是奥古斯特·兰德梅赛，他是德国人，是一个敢于挑战希特勒的人。

这种强制性的敬礼是由希特勒的政党——纳粹党推出的，这个敬礼要求举起右臂，喊出"希特勒万岁"。这是对这个非常不平等的独裁政权表示支持的一种方式。人们这样做，有些人是出于信念，因为他们相信和追随他们的领袖；其他人则是出于恐惧，害怕被惩罚，害怕如果他们拒绝敬礼会有什么不好的后果。但兰德梅赛并不害怕。

兰德梅赛这么做是为了爱，为了犹太女性伊尔玛·埃克勒。虽然他们不能结婚（法律不允许），但他们生活在一起并有两个女儿。兰德梅赛被开除出纳粹党，而且由于他拒绝与伊尔玛断绝关系，他们都被逮捕并被关到集中营。伊尔玛死后，兰德梅赛被放了出来，但他被送到了前线参加战争，后来失踪。这对夫妇的女儿多年后讲述了这个故事。在人们心中，兰德梅赛是一个勇敢的人，他忠于自己的原则，知道爱和忠诚比恐惧和服从独裁更重要。

纳粹礼

兰德梅赛拒绝的纳粹礼的发明是受古罗马人的启发。古罗马公民通过高喊"恺撒万岁！"来敬礼问候。在20世纪这一动作被意大利领导人墨索里尼和德国的领导人希特勒采用。如今它在德国和奥地利等国家被禁止，因为它是法西斯的象征。

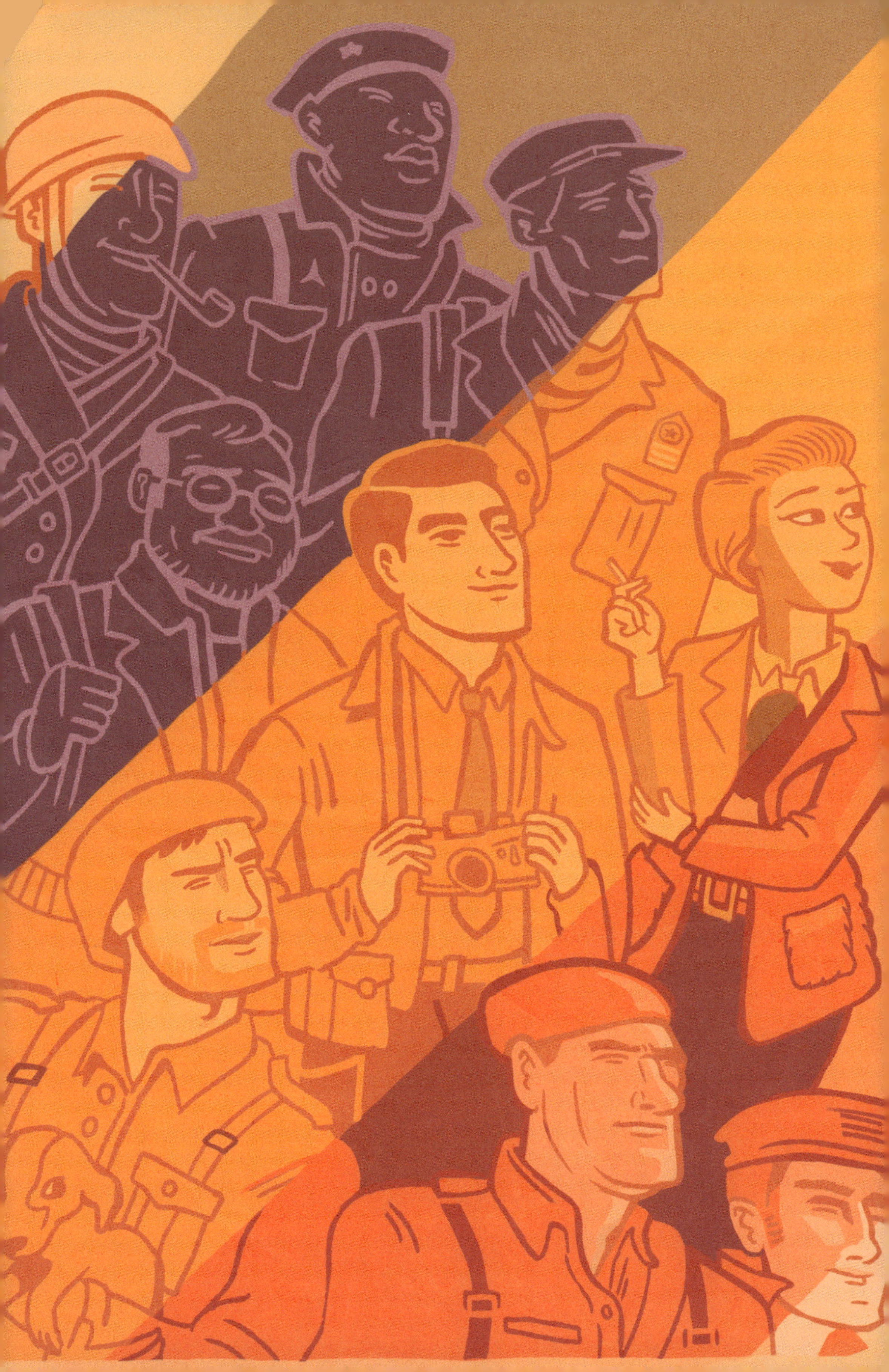

国际纵队

1936—1939 年，西班牙发生了人民反对国内反革命军事叛乱和外国武装干涉的民族民主革命战争。各国工人阶级和进步人士为援助西班牙共和政府而组成志愿军，反击法西斯德、意干涉军和西班牙叛军。他们就是国际纵队。

西班牙内战爆发时，西班牙第二共和国已经成立，当时执政的是由人民阵线组建的联合政府，因为它在选举中获胜，但人民阵线并不符合所有人的意愿。1936 年，弗朗西斯科·佛朗哥将军和其他将军得到了军队大部分人的支持，他们发动叛乱，想要夺取政权。战争爆发了，人民分为两派，分别是共和国的支持者——共和派，以及佛朗哥将军的支持者——佛朗哥派。佛朗哥在 1939 年获胜，开始了其长达 34 年的独裁统治。

战争期间，许多国家的舆论都支持联合政府一方，因此许多外国士兵来到西班牙作战，这些人组成了国际纵队。

国际纵队由多达 6 万名男女志愿者组成，他们来自 50 多个国家，主要来自欧洲其他国家和美国。他们职业各不相同，其中一些人后来成为知名人士，如曾任德国总理的维利·勃兰特、知名作家乔治·奥威尔等。他们中的大多数人为了捍卫民主而来，反对一切武力压迫。他们以阿尔瓦塞特为基地，参加了那些战争期间最重要和最具决定性的战役。欧内斯特·海明威和约翰·多斯·帕索斯等作家，以及格尔达·塔罗和罗伯特·卡帕等摄影师，负责从战场向世界宣传国际纵队。

不同民族人民之间的团结

国际纵队的志愿者本没有义务参加西班牙内战并为之冒生命危险，这就是为什么国际纵队是不同民族人民团结的一个示例。一些志愿者在几年后获得了西班牙国籍，他们一直被西班牙人民所铭记。

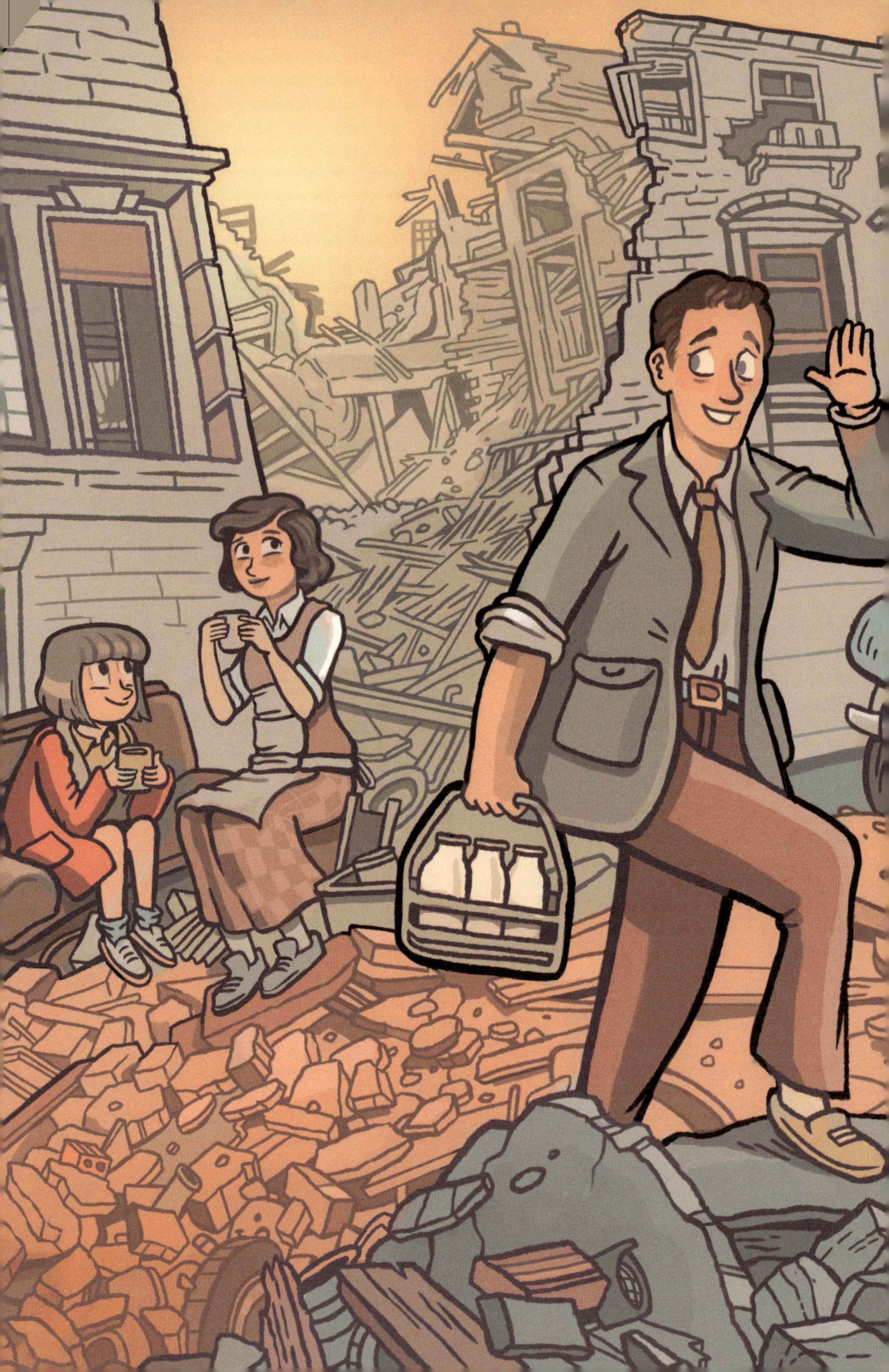

伦敦大轰炸，复原力的绝佳示例

在第二次世界大战（1939—1945年）期间，德国军队在1940年至1941年期间不断轰炸伦敦和英国其他城市。这场看似无休止的轰炸被称为伦敦大轰炸，其目的是摧毁英国的士气，但他们并没有成功。

伦敦大轰炸指的是对包括伦敦在内的英国多个城市的平民的持续轰炸。在8个多月的时间内，伦敦多次遭到轰炸。轰炸总是在晚上到来，其中一次连续轰炸了57个晚上。大轰炸期间，数千枚炮弹落下，许多人被炸死或炸伤。德国人想消灭英国军队，但英国并没有投降。伦敦人继续他们的生活和工作，同时抵抗着袭击，并努力克服轰炸带来的灾难。

当时的伦敦人非常害怕，不可能不害怕。然而，他们越挫越勇，恐惧让他们变得更强大。每个人都把恐惧藏在心里，所以看起来好像没有人感到害怕，他们互相鼓励。每当警报响起，突袭即将开始时，每个人都忍住恐惧，跑向地下，地铁站里挤满了等待天亮后回去工作或回到学校的人们。第二天他们继续生活，仿佛什么都没有发生过。

这被称为复原力，即一个人从痛苦中恢复然后继续前行的能力。它意味着在面对攻击时，努力变得更加强大，从而扭转消极的局面的能力。在那个非常艰难的时期，伦敦人变成了复原力的一个绝佳示例。

没有一丝光亮的夜晚

在伦敦大轰炸期间，每到黄昏时分，伦敦人会拉紧窗帘，防止光线从窗缝透出，路灯也是关闭的。整个夜晚他们都生活在黑暗中，从而使敌人的飞机失去目标，让飞行员在夜间的轰炸中无法判断城市的位置。

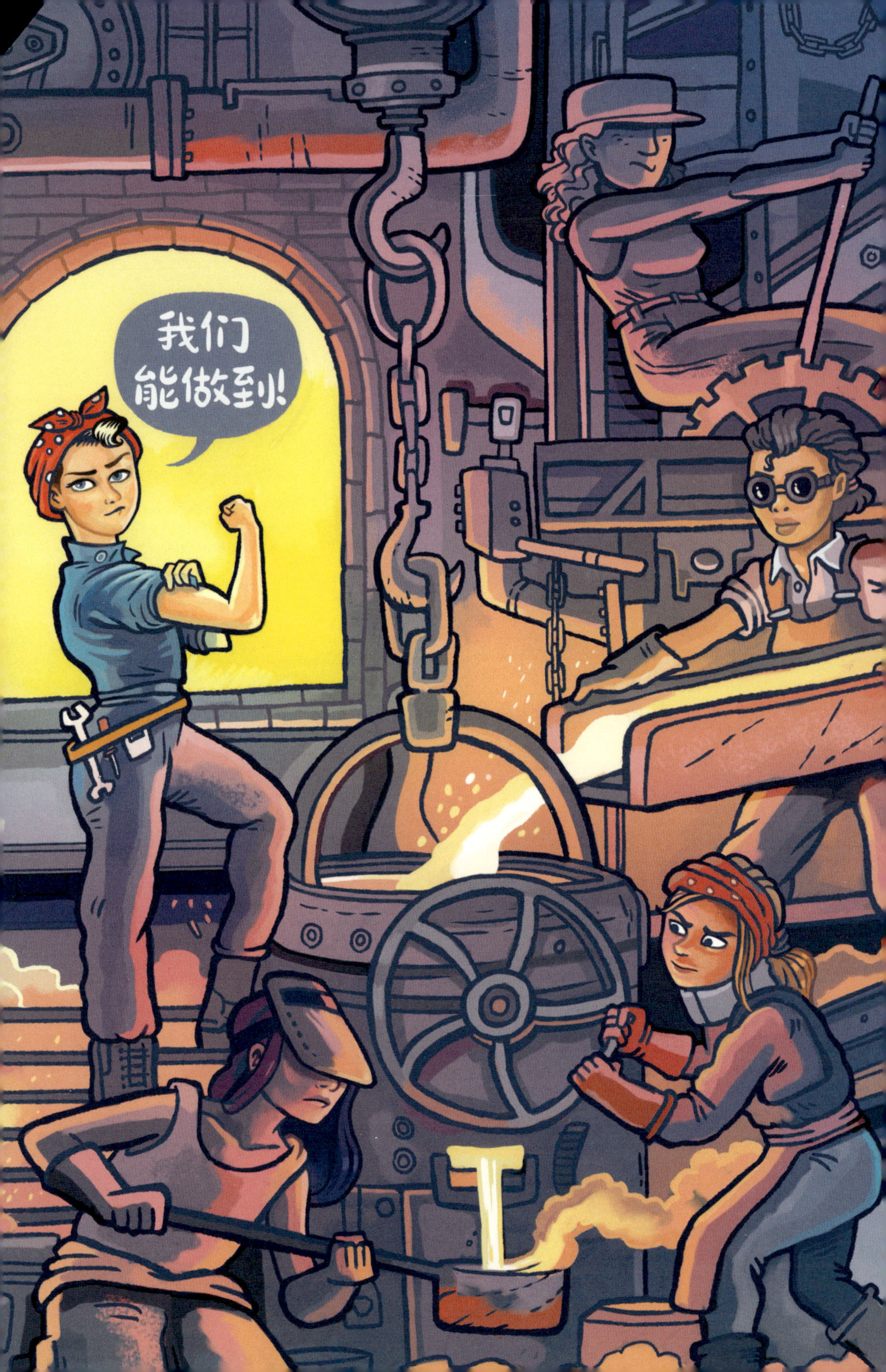
我们
能做到!

走出家庭的女性

在第二次世界大战期间，女性没有让历史与她们擦肩而过，她们走出家门去参加工作，为女性解放铺平了道路。

第二次世界大战开始于德国入侵波兰。法国和英国由于不能再容忍德国的扩张主义而对德宣战。战争很快蔓延到欧洲、北非，并扩大到太平洋地区。对战双方一边是轴心国——德国、意大利和日本；另一方是同盟国——中国、法国、英国、美国和苏联等。许多国家和许多人都卷入到战争中。

战争使得人们正常的生活陷入了停滞。但生产是必要的，人们需要吃饭，工厂和医院必须继续运转。在欧洲和美国，大多数男性都在前线，但工作必须继续，女性们也没有袖手旁观。无论她们是否得到了其父亲或丈夫的允许（当时她们工作仍需征得丈夫的同意），在所有参战的国家中，女性们从事各种能够想象到的工作：她们开卡车，写新闻报道，造飞机，在工厂和农场工作，治病救人，她们还在辅助军事活动的单位工作，如通信单位，有些甚至做了间谍。

她们相互鼓励，甚至努力宣传以鼓励其他女性也像她们一样。一旦她们迈出了这一步，这些女性的生活就永远改变了。她们看到自己可以独立，和男性做一样的事情，并和男性一样出色地完成工作。尽管战争是我们不想看到的，但却起到了改变众多妇女生活的作用，使她们走上了女性解放之路。

我们能做到！

"我们能做到！"这句口号来自战争期间在美国的一张海报。海报上一名妇女举起手臂做出了一个有力量的手势。此后像这样的海报层出不穷，在很多处于战争中的国家都可以看到。许多女性努力证明她们在战争中也发挥着重要作用。

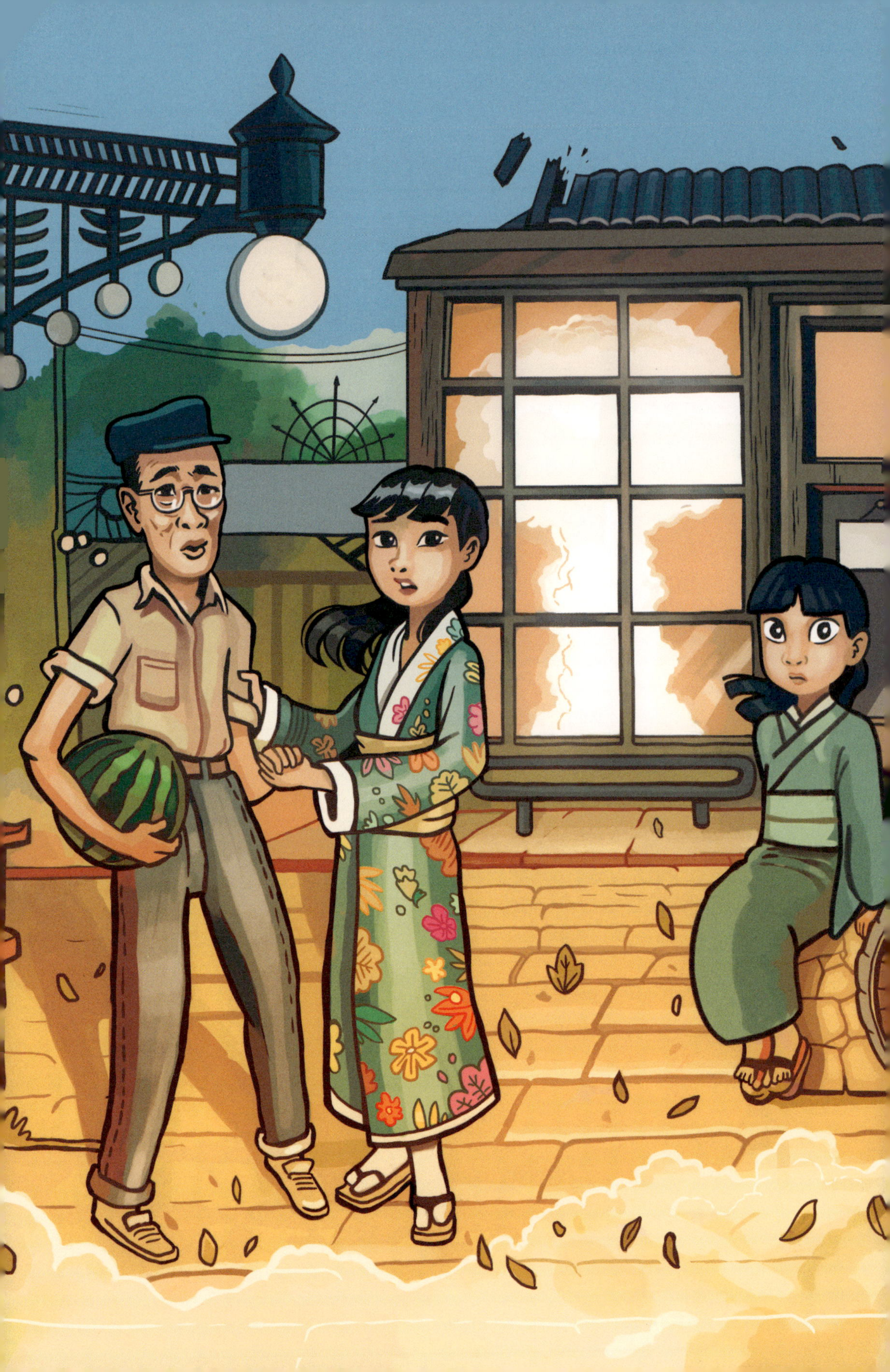

核能的威力

人们在核电站通过核裂变反应释放能量。这种能量可以被人们利用，甚至用来制造原子弹——人类目前已知的最具破坏性的武器之一。

第二次世界大战在欧洲已经结束，但战争仍在太平洋地区肆虐，日本似乎无意投降，因此在沙漠的隐蔽设施中秘密研制原子弹的美国政府，试图使用一种激进的方法解决冲突。1945 年 8 月 6 日和 9 日，美国分别向日本的广岛和长崎两座城市投下了原子弹。全世界目瞪口呆地看着巨大的蘑菇状烟气云腾空而起。战争立即结束，日本几天后就签署了投降书。

为什么原子弹会有如此大的破坏力？物理学给出了解答。所有物质都是由元素组成的，而元素是指同一类原子。原子非常小，小到用普通的显微镜都无法看到。当原子核分裂时，会发生被称为核裂变的反应，反应过程中会释放出大量的能量，产生新的原子核和中子，释放的中子会引发其他原子核继续分裂。这就是核裂变反应。在自然界中铀是一种可裂变的元素。

原子弹就是利用了这种核裂变反应进行破坏。当它爆炸时，会释放能量，以及非常高的温度和冲击波，这些都有非常大的破坏力。此外，它还会释放辐射，其损害是不可估量的。在核电站中，人们以可控的方式利用核裂变这一过程发电。核裂变带来的热量会产生蒸汽，而蒸汽可以驱动发电的涡轮机进行发电。

永不使用

如果说在原子弹造成毁灭性后果之后有什么是非常明确的，那就是这样的事情绝不能再发生。就像科学家爱因斯坦所说，有一种武器能够对抗原子弹的威力，所有人都必须助力它的发展，它就是和平。

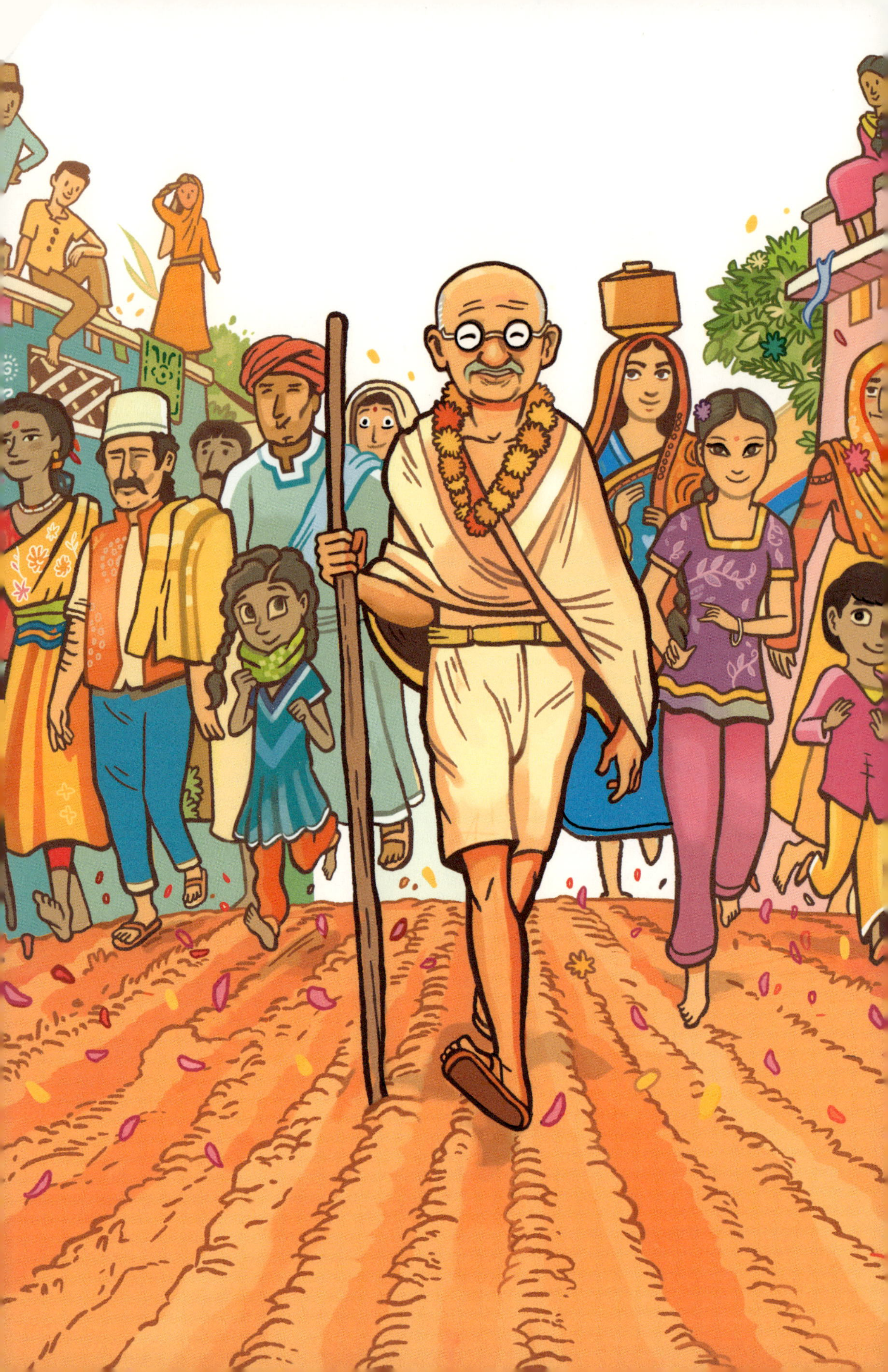

印度的独立运动

印度曾被英国直接统治近百年，从刚成为英国的殖民地开始，印度就爆发了旨在脱离英国的独立运动。在这场运动中有一个至关重要的政治领袖和思想家——莫汉达斯·甘地，他是"非暴力不合作运动"的倡导者。

英国统治者对待印度人与在印度定居的英国人并不一样。印度人不接受这种不公正的待遇，逐渐组织起来进行反击，因此全国各地开始出现了旨在独立的运动。英国不想失去最好的殖民地，于是进行了一些改革以让印度人民满意。但这些是不够的。

在通往独立的道路上，一个名叫莫汉达斯·甘地的人发挥了突出的作用。当印度人不得不为英国人而不是为他们自己耕种时，当税收被提高到他们无法负担时，当英国政府以暴力回应抗议者时，他鼓励印度人进行抗议。还有，当他们被迫购买来自英国的价格更高的食盐，而不是他们自己生产的更便宜的食盐时，甘地组织了"食盐进军"，这是一次持续了数周的大规模示威。甘地曾数次身陷囹圄，但即使如此，如果他觉得某些事情不公正的话，他还是不会服从，而且他都是通过非暴力的方式进行抗议。

最终，英国政府同意，于是印度在 1947 年实现了独立。这是一个非常艰难的过程。印度从英国独立，但被一分为二：印度和巴基斯坦。前者的大多数人是印度教教徒，而后者穆斯林占多数。多年后，巴基斯坦也被分为两个国家：巴基斯坦和孟加拉国。

莫汉达斯·甘地
甘地是世界著名的和平抵抗运动领导人。他奉行非暴力哲学，在不同场合多次进行绝食抗议。他说："温和也可以撼动世界。"

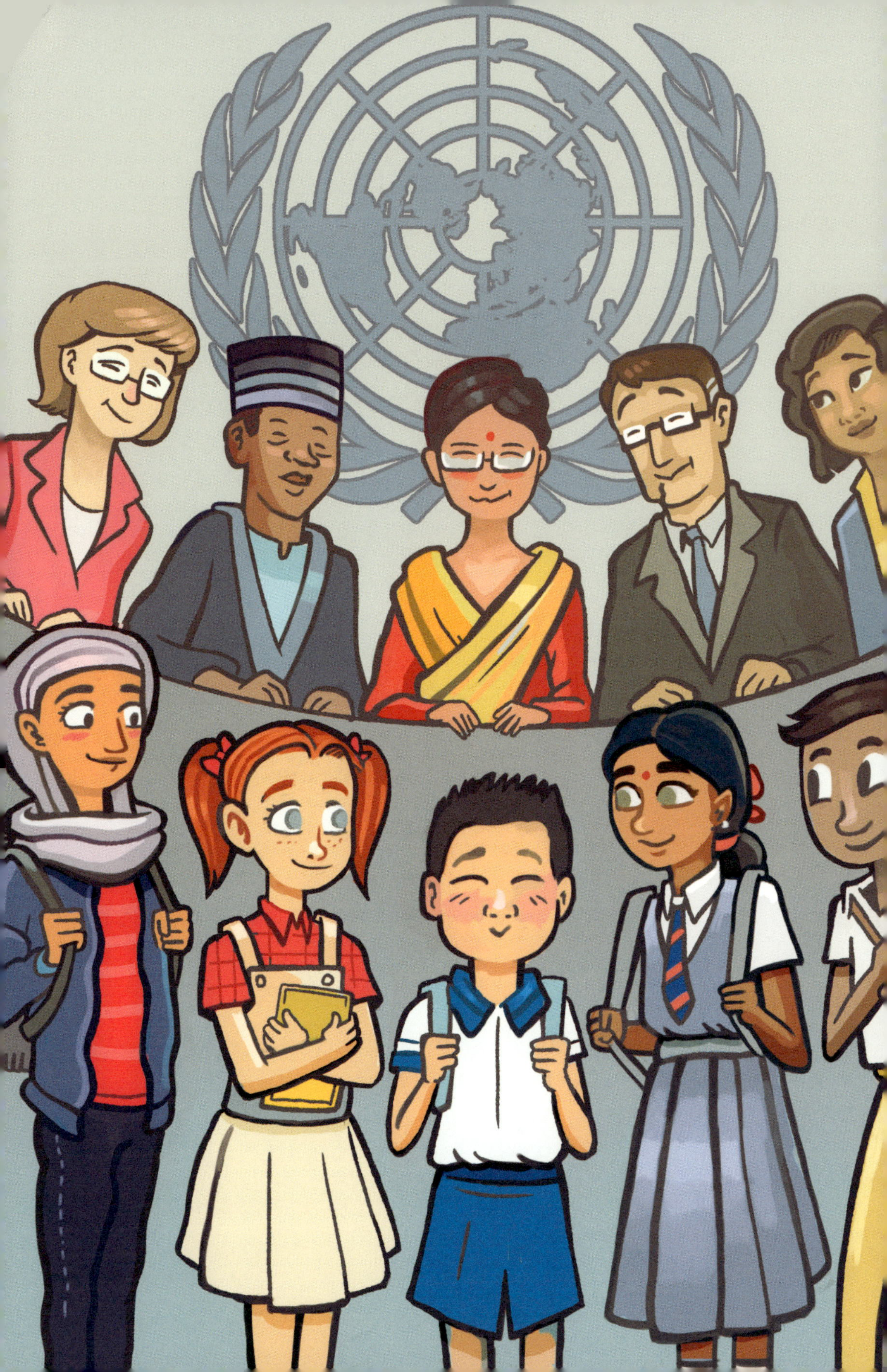

所有人的权利

第二次世界大战结束时，由于世界受到巨大冲击，因此必须尽快重建被损坏的地方和治愈伤员，并尽可能地抚平民众的心理创伤。但是还有更重要的事情要做——必须采取措施，确保所发生的一切永远不会再发生。

来自许多国家的代表聚集在一起，讨论世界局势，并决定成立一个代表所有国家的组织，以确保和平得到维护、世界上所有男性和女性的权利得到尊重。这个机构就是联合国，它于1945年10月成立。

联合国最先做的事情之一是起草《世界人权宣言》。这份文件发表于1948年，被认为是人类的宪章。它定义了什么是人权，即所有人都有权享有的权利。所有人，无论其肤色、国籍、宗教、性别或其他任何将一个人与其他人区别开来的因素是什么，没有人应该被排除在这些权利之外。该文件列出了以下权利：每个人都有生命权、自由权、享有体面工作的权利、受教育的权利，以及思考、决定和发言的权利，等等。

所有的男孩和女孩都有权利上学，接受教育，拥有一个快乐的童年。事实上，联合国成员国对此非常关注，在1959年发布了另一份专门针对儿童的文件——《儿童权利宣言》。此后，联合国多次扩充这些文件，以避免世界各地仍在发生的歧视案件再次发生，特别是避免对最脆弱的人群的歧视案件的再次发生。

联合国

截至2023年11月，联合国共有会员国193个。联合国总部设在纽约，同时在世界多地设有办事处，如瑞士的日内瓦、肯尼亚的内罗毕。联合国使用六种正式语言：汉语、俄语、阿拉伯语、西班牙语、英语和法语。

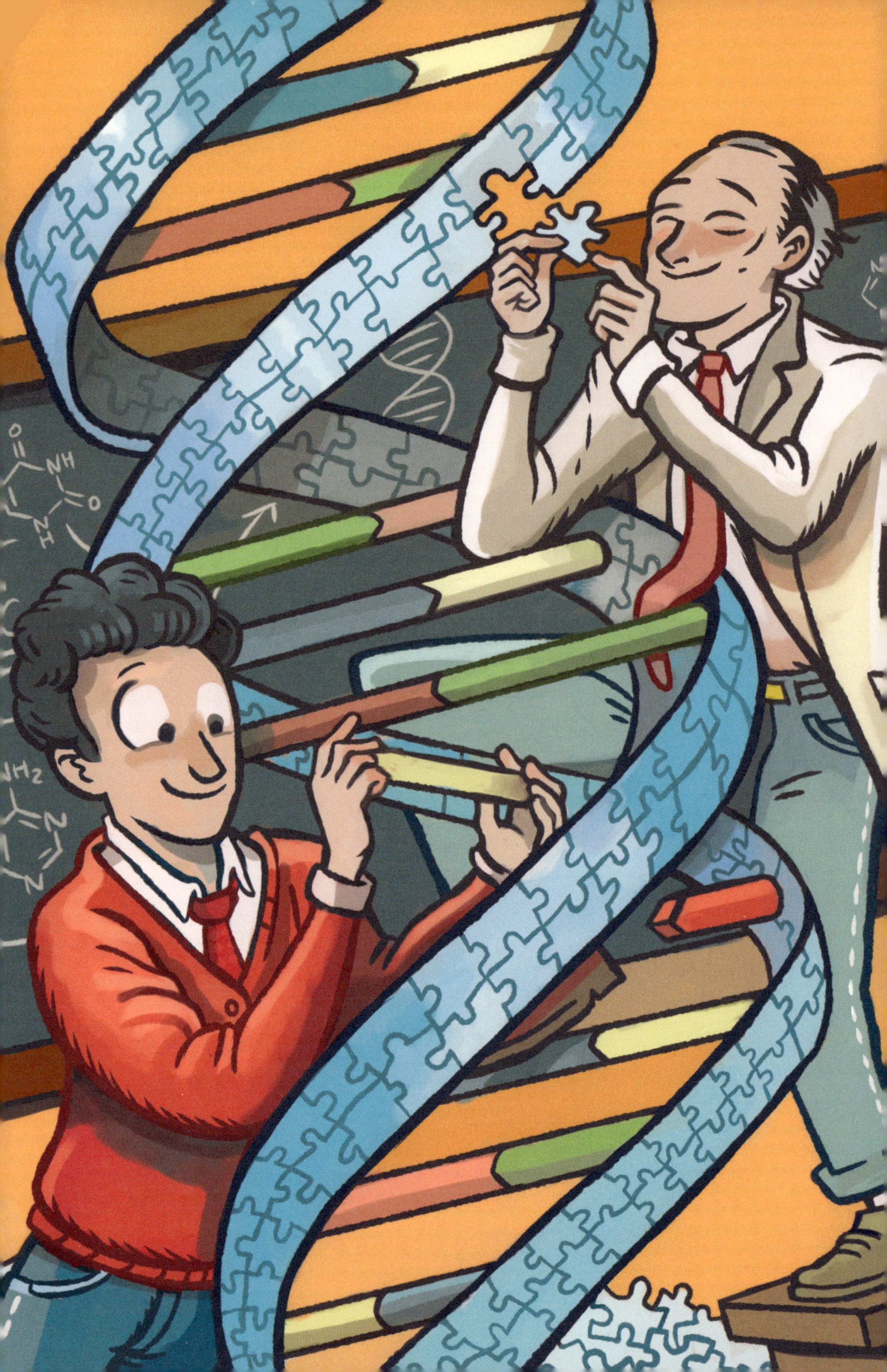

DNA，承载大量遗传信息的分子

1944 年，科学家发现 DNA 可维持稳定遗传。20 世纪下叶，分子生物学得以发展——分子生物学是解释生命的科学。

DNA 是脱氧核糖核酸的英文缩写。DNA 是一种非常长的分子，上面有很多基因，储存着来自母亲和父亲的遗传信息，它们决定了人体的许多特征。为什么有的人是蓝眼睛？为什么有的人是黑眼睛？为什么有的人是卷发？为什么有的人是直发？这些都是因为我们通过基因从父亲或者母亲那里获得了不同的遗传信息。

1953 年，詹姆斯·沃森和弗朗西斯·克里克发现，DNA 分子是双螺旋结构，就像是由桥梁连接的螺旋梯子。这个"梯子"中有很多基因，它们就像一个个微小的遗传信息单位。研究基因和 DNA 的学科是分子生物学。后来，人们发现了遗传密码，不同的遗传密码在 DNA 分子上连续排列，像唱片机上不断播放的唱片。只有单卵多胞胎的遗传密码基本相同，其他人的遗传密码都是不同的。也就是说，在基因水平上，除了这个特例，我们大多人都是独特的，不存在两个相同的人。

DNA 可以帮助警方追踪犯罪者，因为检测一滴血、一根头发或一点唾液就可以知道一个人是否曾出现在犯罪现场。此外 DNA 对遗传性疾病的研究也非常重要，还被用于进行亲子鉴定。

孟德尔与豌豆

孟德尔是一名非常善于观察的奥地利修士，他负责照顾修道院的花园和果园。他注意到，豌豆母本会将其特征（花朵颜色、种子形状、大小）以一定的规律传递给子代。他还发现，其中一些特征是显性的，另一些则是隐性的。他的观察对遗传学的发展具有重要意义。

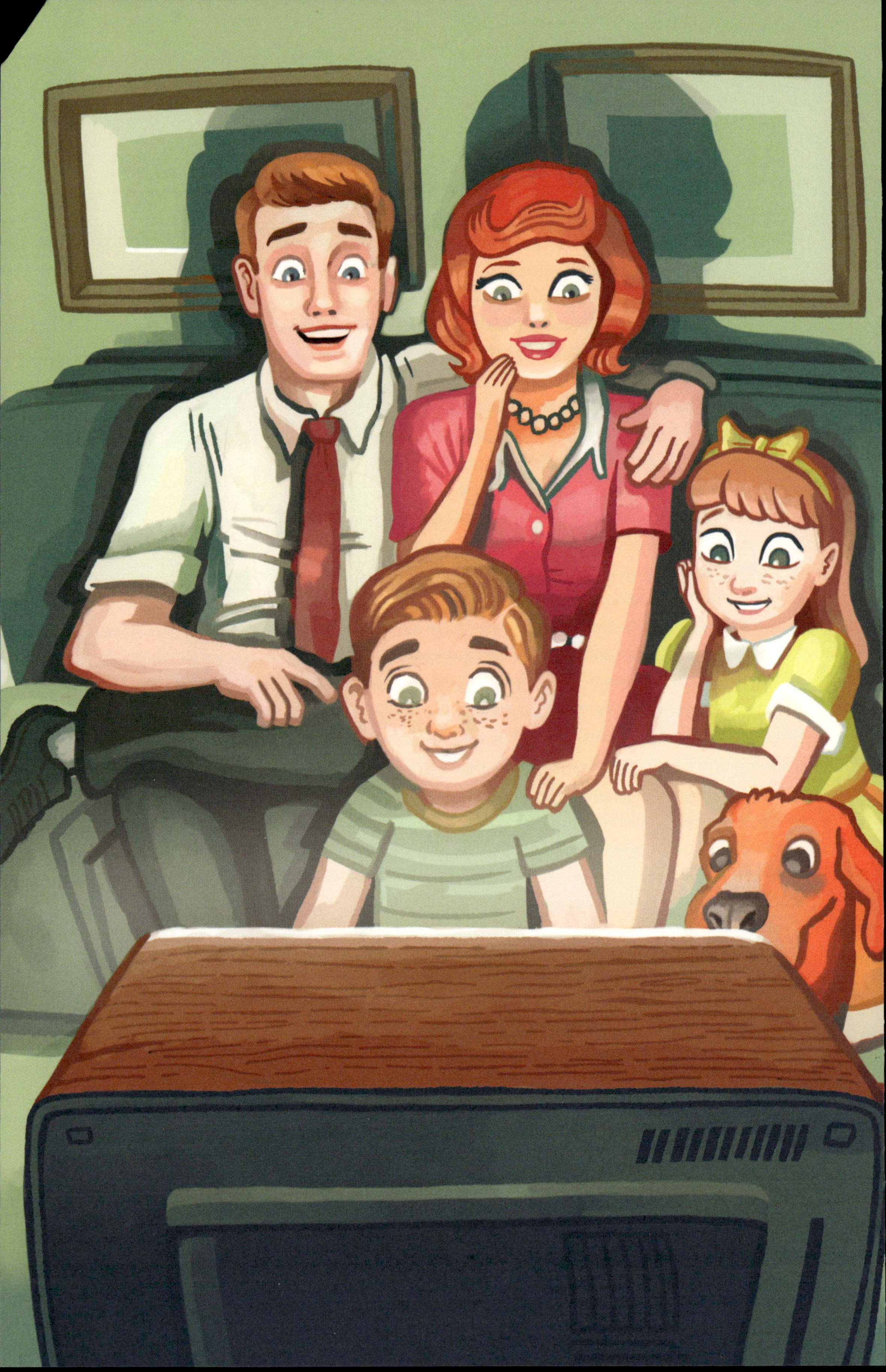

电视机走进千家万户

20 世纪下叶，电视机走进千家万户，它改变了人们的娱乐方式。通过电视，人们足不出户就能看到外界动态的图像。

在很长一段时间内，无线电广播是最受欢迎的通信手段，它帮助人们传播信息、陪伴人们消遣娱乐，直到一个新的设备——电视机——走入千家万户。当看到动态的图像出现在一种特别的"魔盒"里时，每个人都非常惊讶。亲戚、朋友和邻居来到这些拥有一个这样的"魔盒"的人家，他们非常好奇地聚集在它面前。这个"魔盒"是人们在几十年前的一个简单的圆盘的基础上设计出来的。

1884 年，德国人保罗·尼普科夫设计了一种圆盘，当圆盘转动时，人们可以看到动态的图像。多年后，这项发明启发了英国人约翰·洛吉·贝尔德，他在 1925 年发明了第一台机械式扫描电视机，这是一种通过电波接收图像的装置。贝尔德通过改造他手头的东西（盒子、罐子、棒针）以及使用了旋转盘（类似尼普科夫的圆盘），设法获得了远处传输来的视频信号。他向科学家展示了自己的发明，科学家大为震惊。他们决定继续对此进行研究以更好地完善它。

起初被称为"魔盒"的东西花了一些时间才进入千家万户。在 1950 年，普通人还不能够在家里看电视。但没过多久，电视机就出现在了很多家庭中。后来又出现了卫星电视、有线电视和数字电视。今天，我们可以在液晶屏幕上观看高清画质的节目，还有许多的电视频道供我们选择。

得以实现的愿望

那是一个圣诞夜，当保罗·尼普科夫还是个学生时，他独自一人远离家乡，他想到了远距离传送图像的可能性。为什么他不能像在电话中听到她母亲的声音一样看到她的影像呢？他开始思考这个问题，后来尼普科夫圆盘就诞生了，这就是电视机的起源。

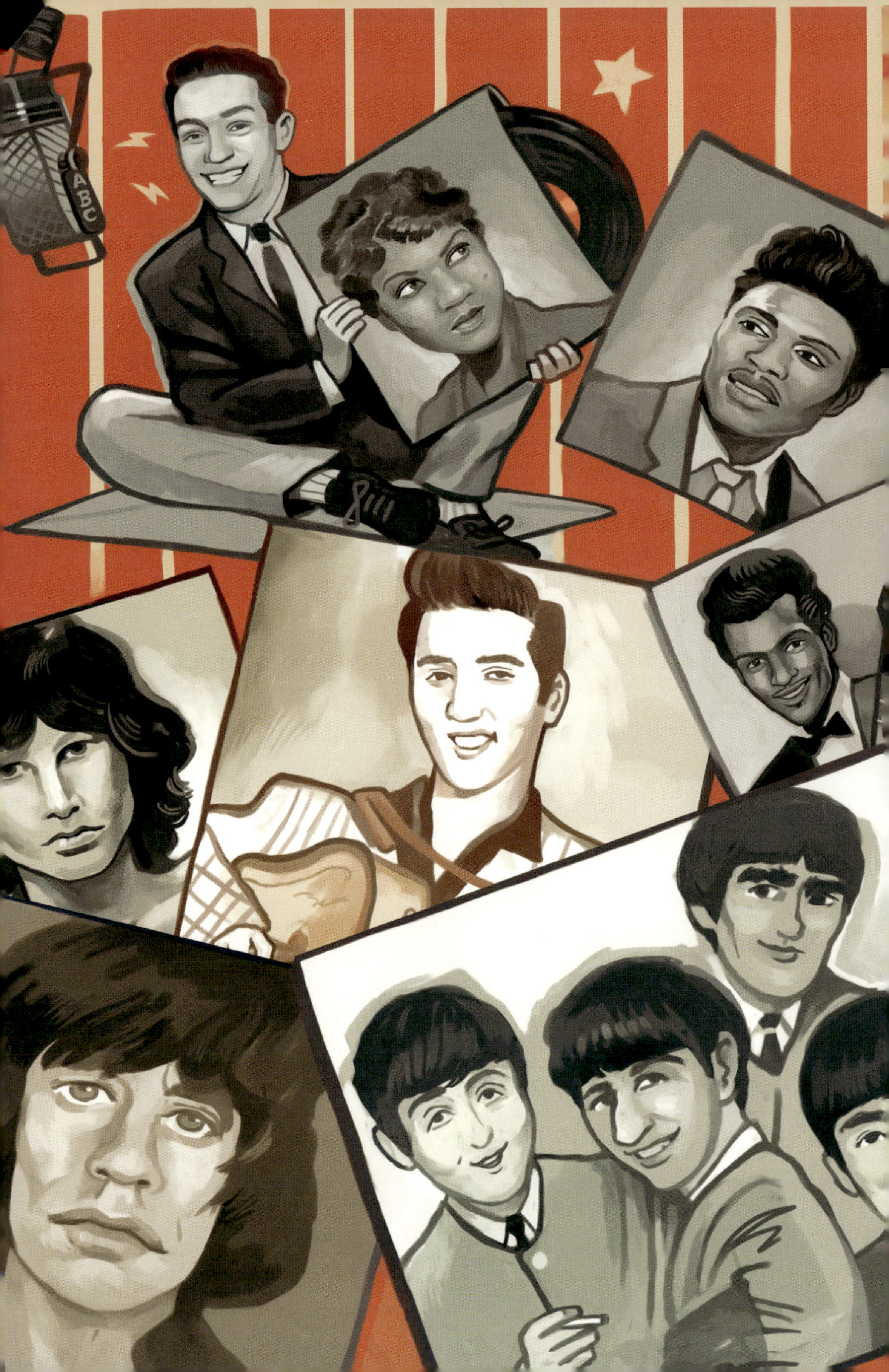
ABC

摇滚，音乐和自由

20 世纪中期，一种新的流行音乐形式——摇滚乐——诞生了，出于对自由的渴望，年轻人非常喜欢这种音乐。摇滚乐兴起自美国，但在很短的时间内席卷了整个世界。

20 世纪 50 年代的美国社会存在很多不公，种族隔离、缺乏自由、传统主义泛滥（人们做很多事情是为了面子）。年轻人已经厌倦了这一切，此外，他们还要争取实现女性解放。男孩和女孩们开始追赶一种新兴的、喧闹的音乐潮流，在这种音乐中使用的乐器以电吉他和鼓为主。

电台播音员艾伦·弗里德发现这种音乐很流行，年轻人非常喜欢。于是他创建了一个名为《摇滚舞会》的节目，摇滚乐从此在美国全国范围内传播。当时有许多黑人歌手和作曲家，例如小理查德或查克·贝里，他们用自己的音乐使摇滚乐流行起来。后来，猫王用他的胯部摇摆动作，伴以他独特的音乐——即混合了乡村、蓝调、福音和流行音乐的音乐吸引了观众。猫王彻底改变了年轻人，他们狂热地追随他，摇滚乐成为一种大众文化现象。这就是为什么他被称为"摇滚之王"。

20 世纪 60 年代，在英国，四名利物浦音乐人创建了一个名为"披头士乐队"的组合。随着他们的出现，摇滚乐的热度进一步攀升。他们的演唱会让体育馆爆满，他们的唱片销量前所未有，年轻人十分认同他们。他们留起长发（他们被称为"披散着长头发的人"），穿着古怪，引领了那个时代的潮流。

用音乐来抗议

摇滚乐不单单是一种用来享受的音乐。当它出现时，它不仅意味着青年的叛逆，在许多情况下，还意味着对社会的批判。多年来，摇滚乐促进了大量文化和社会运动的出现和发展。摇滚乐对多种其他音乐形式都产生了影响，如朋克音乐和重金属音乐。

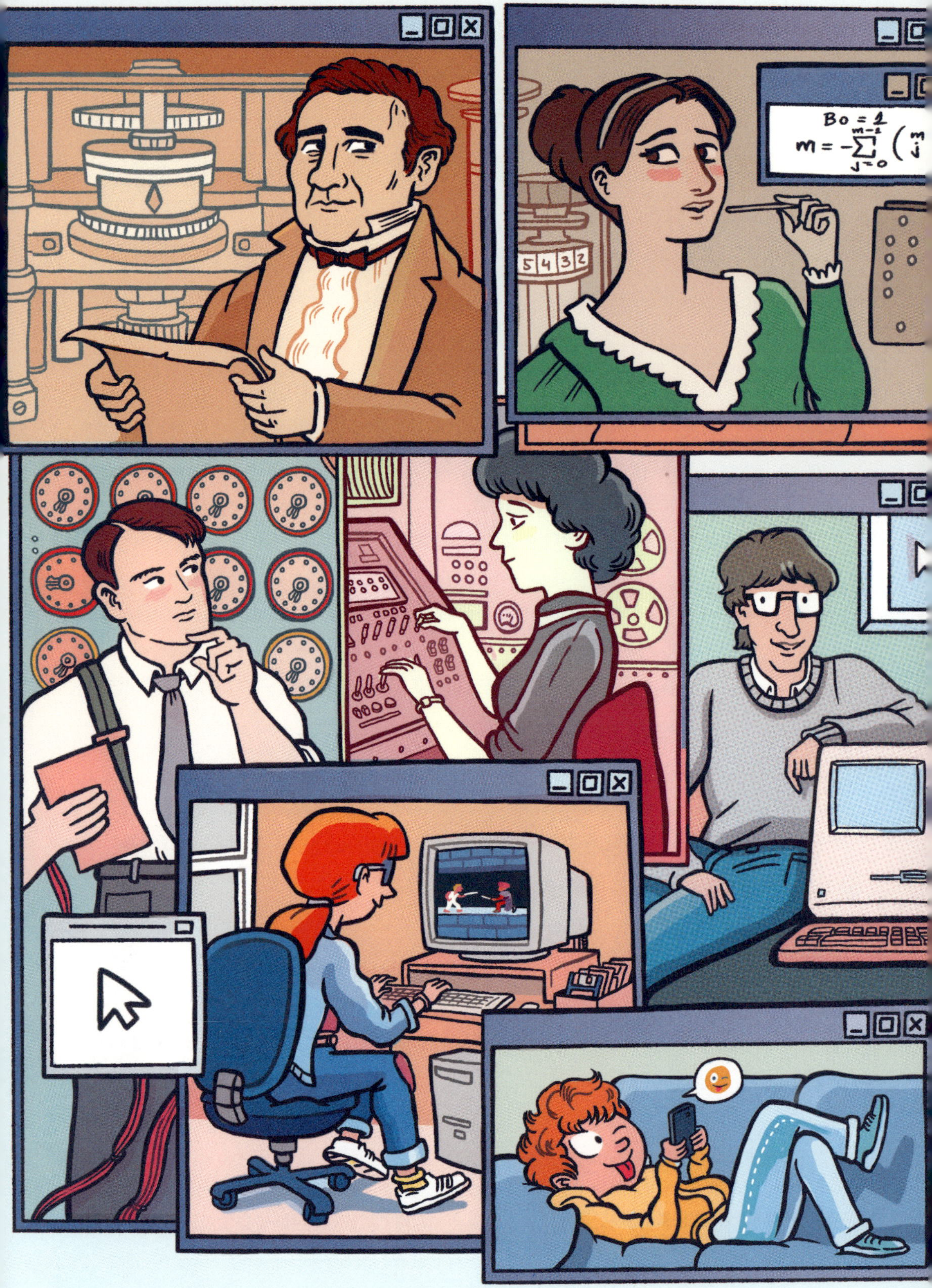
Bo = 1
5432

开启数字化时代

20 世纪计算机科学的出现标志着数字化时代的开始。今天，计算机几乎无处不在：自动驾驶、计算机辅助医疗……这些事情在几十年前还是科幻小说中的概念，但在今天已经成为现实。

进入数字时代的第一步是由英国发明家和数学家查尔斯·巴贝奇迈出的。他在1822 年设计了一个能够进行数学计算的装置，这个装置体积庞大，用起来并不容易。这个最早的计算机器没能真正投入使用，但根据他的设计，多年后，一名数学家阿达·洛芙莱斯发明了最早的编程语言。实际上，洛芙莱斯已经领先于她的时代，但计算机科学还是一个世纪后才出现。

在第二次世界大战中，一位英国数学家发明了一台能够破译纳粹德国密码的机器，这使得同盟国能够获取纳粹的机密信息。此后，在 1946 年，一些美国研究员制造了巨大的电子数字积分计算机埃尼亚克（ENIAC），它被认为是最早的计算机，它是为了解决各种各样的数学问题而制造。

与计算机相关的研究竞赛由此开始了，而且不会停止。随着时间推移，各种发明相继问世。1958 年，第一款电子游戏诞生。然后，COBOL 编程语言被开发出来。在 20 世纪 70 年代，软盘出现了，有了它，一台计算机的数据可以共享到另一台计算机上。随后，人们发送了史上第一封电子邮件。计算机的运行速度变得越来越快、操作系统变得越来越简单，笔记本电脑问世，各种软件、可在屏幕上移动的光标纷纷出现……在 1994 年，出现了可以连接全世界计算机的，由蒂姆·伯纳斯·李设计的万维网，或称互联网，现在我们已经无法想象没有它的生活。

数字化未来

计算机继续发展，人类正在迈向到处是虚拟现实、人工智能、机器人、无人机等各种新发明的世界。那将是一个能够极大地便利人们生活的迷人世界，但前提是要符合道德规范，秉承对后代负责的态度。

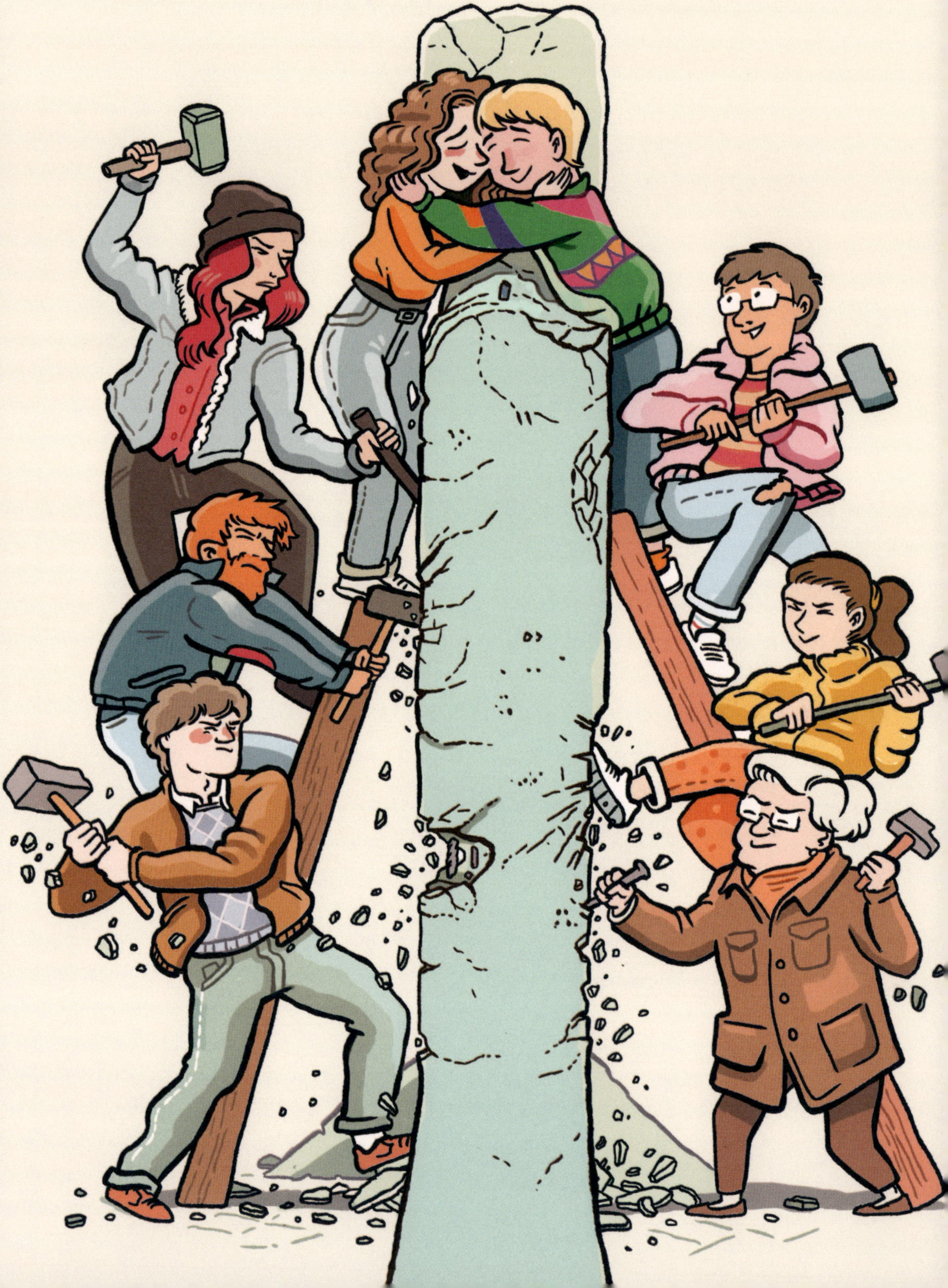

一道隔离了两种意识形态的墙

从 1961 年到 1989 年，一道墙将德国的柏林市分割开来。墙的东边是社会主义国家，西边是资本主义国家。两种意识形态，两个世界。那是冷战时期的产物。

第二次世界大战结束后，战胜国将德国分为四个占领区。法国、英国和美国占领了西部地区，苏联占领了东部地区。柏林市位于被苏联占领的土地内，但由于它曾是德国的首都，所以双方同意将柏林也分为四个占领区。在 1948 年，即冷战最激烈的时候，经过占领者之间多年的纷争，三个西部的占领区合并在一起，形成了德意志联邦共和国（联邦德国），而在苏联占领区，则成立了德意志民主共和国（民主德国）。这样，柏林被分裂为两个部分，西部是联邦德国的一部分，东部则作为民主德国的首都。

经过几年的艰难共处，1961 年，民主德国政府建了一堵墙，将柏林市一分为二，为了确保没有人能够逃到另一边。那是一条始终有人看守的地带。翻墙真的很困难，但仍有许多人冒着生命危险穿过这道墙，其中有些人成功了。

时光飞逝，柏林人不希望有一堵墙将他们隔开。他们开始举行抗议、示威活动，并在墙上画上抗议内容。1989 年 11 月，柏林墙"倒塌"了，也就是说，城市两边的人可以自由来往。墙"倒塌"的那天，人们开始用自己的双手拆毁它。最终，德国重新统一为一个国家。

如今的柏林墙

为了见证这段历史，人们保留了几米长的墙壁。此外，一条由石头铺成的双线标志着那堵墙在整个城市中原来的位置。

劳动妇女节

3月8日，属于女性的节日

劳动妇女节意义非凡，是女性创造历史的见证。在这一天，不同国籍、民族、语言、文化、经济、政治立场的妇女们，都能够庆祝属于女性自己的节日，这是全世界妇女争取平等权利的节日。

纵观历史，女性为争取自由和平等地位的努力由来已久。早在古希腊时期，莉西斯特拉塔就领导女性斗争，来阻止战争的发生。法国大革命时期，妇女们纷纷走出家庭，争取权益，她们既想要"面包"，又追求自由、平等与友爱，为后世女性争取像男性一样平等的权利而斗争。1857年3月8日，美国纽约的服装和纺织女工举行了一次抗议，反对非人道的工作环境、12小时工作制和低薪。游行者被警察围攻并赶散，两年以后，又是在3月，这些妇女组织了第一个工会。

在20世纪初的一个寒冬清晨，一位母亲走进伦敦的大雾中，向工厂的方向走去。不过，她即便起早贪黑地工作，投入更多的工作时长，但收入却比家中父亲低得多。这样不公平的待遇使像这位母亲一样的妇女们开始反抗，1909年3月8日，15 000名妇女在纽约市游行，要求缩短工作时间，提高劳动报酬与享有选举权。她们提出的口号是"面包和玫瑰"，面包象征经济保障，玫瑰象征较好的生活质量。5月，美国社会党决定以2月的最后一个星期日作为国内的妇女节。

联合国从1975年国际妇女年开始，每年3月8日举办活动，庆祝国际劳动妇女节。不过，在今天，世界各地仍然有许多地区存在男女地位不平等、女性权利得不到保障的现实问题，需要更多的人参与其中，通过法律来改变人们对女性的传统认识，确实提高女性地位。

诗人詹姆斯·奥本海姆为这个温馨的节日创作了一首《面包加玫瑰》

"当我们前进，前进，我们带来更美好的阳光，妇女的觉醒意味着一个群体的崛起，在别人休息的时候，不再有苦工和临时工在辛苦劳动，我们要分享生命的荣光，面包加玫瑰，面包加玫瑰。"

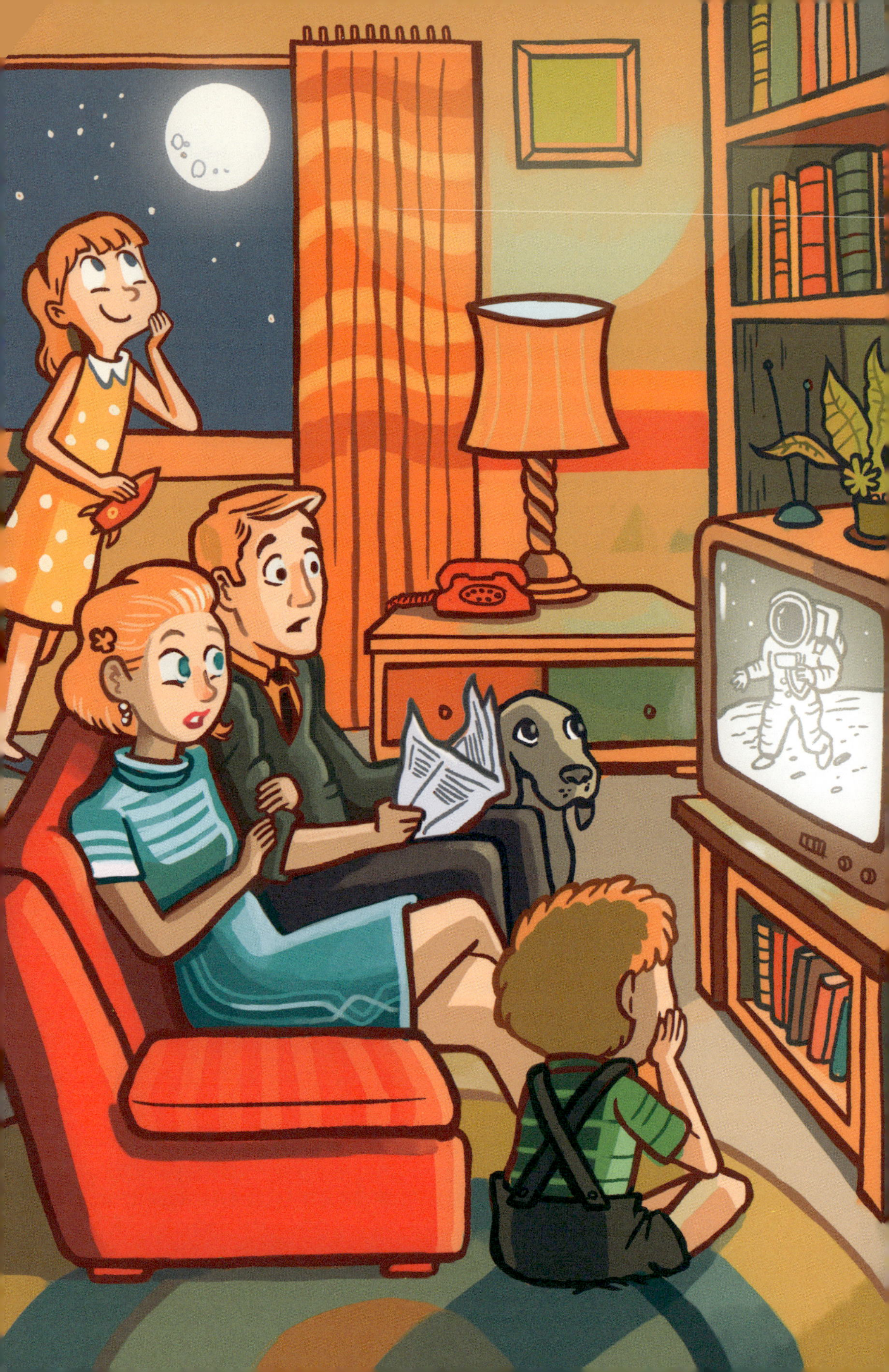

目标：月球

在冷战正酣的时期，美国人和苏联人进行了一场激烈的太空竞赛，这场竞赛最终以 1969 年美国人的登月结束。登月之路并不容易，但它实现的速度之快超出所有人的想象。

第二次世界大战后，一个被称为冷战的时期开始了。冷战时期世界被划分为两大阵营：以美国为首的阵营和以苏联为首的阵营。这场战斗不是在战场上进行的，而是当时最强大的两个国家——美国和苏联之间在各个领域的较量，它们关系并不融洽。太空也成为双方冷战对决的领域，双方都努力在这一领域大胆尝试，以这种方式展示他们多么强大和先进。

当时人们还不知道外太空对生物的影响，第一批送离地球的动物是苍蝇、老鼠、蜘蛛、青蛙……后来苏联还将狗送到了太空。1961 年，苏联航天员尤里·加加林成为第一个进入太空并环绕地球飞行的人。美国不甘落后，在不到一个月后将艾伦·谢泼德送往太空。

在这一壮举之后航空技术继续发展，直到后来，最令人期待的事件发生了。美国向月球发射了阿波罗 11 号飞船。1969 年 7 月，地球上的人们在电视前屏住呼吸。一些人用手捂住嘴，无法相信自己看到的；另一些人则举起手臂欢呼。阿波罗 11 号上搭载着三名航天员：尼尔·阿姆斯特朗、巴兹·奥尔德林和迈克尔·柯林斯。前两位和鹰号登月舱一起踏上月球表面，而柯林斯则留在了在月球轨道上航行的航天器中，等待他的同伴们返回。当阿姆斯特朗踏上月球时，他说："这是一个人的一小步，却是人类的一大步。"这句话永远留在了人们的记忆中。

冒险没有结束

随着阿波罗 11 号的航行，太空竞赛实现了一个历史性的目标，但对太空的征服仍在继续。在最初的尝试之后，还有其他的阿波罗载人登月任务。但是现在人们的目光已经瞄向了更远的地方——火星，它是下一个目标。与此同时，航天员也在空间站进行着研究。

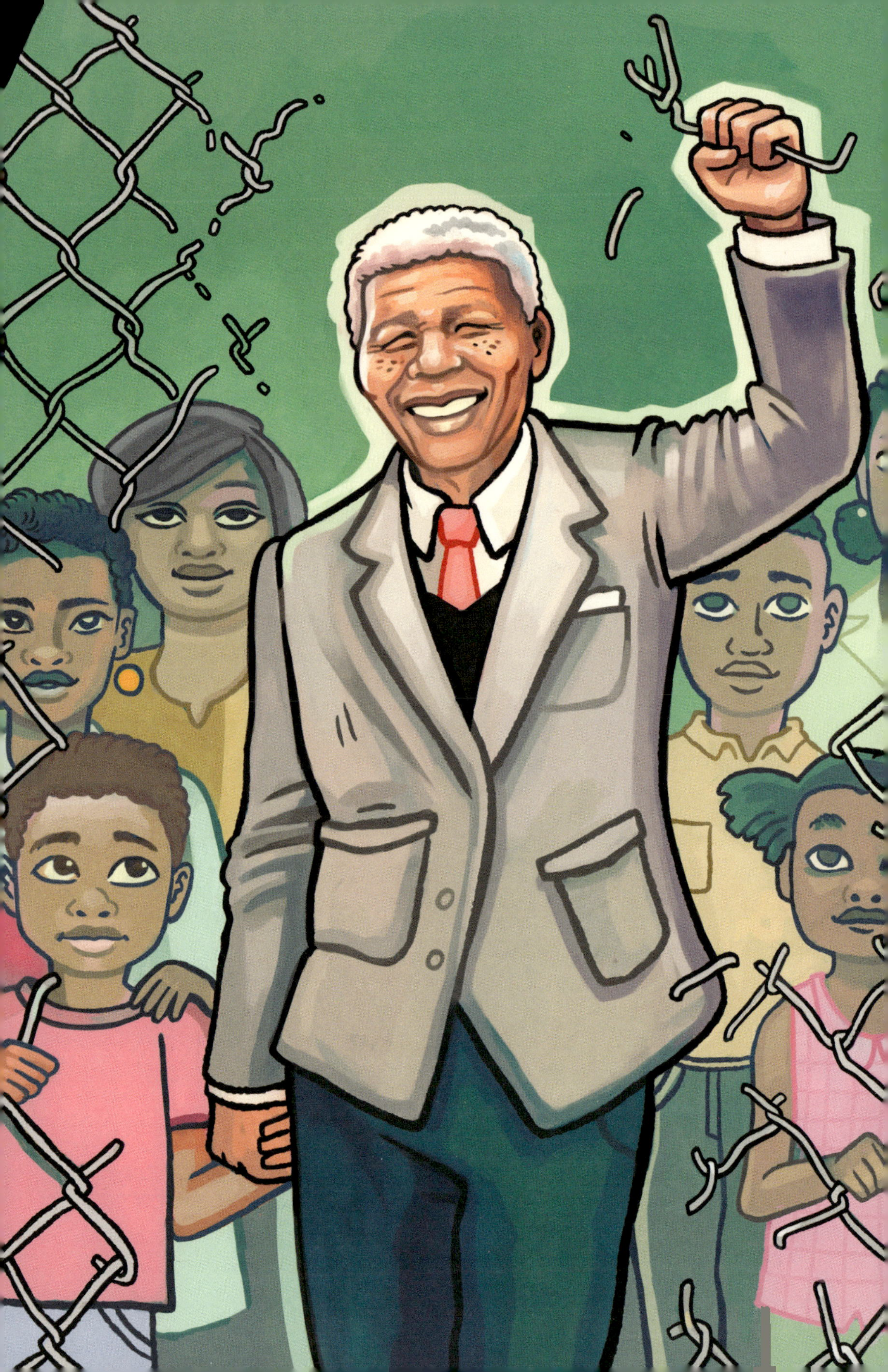

南非种族隔离的终结

多年来，南非的法律限制了黑人的权利。纳尔逊·曼德拉是一位政治家，他领导了一场争取黑人和白人拥有平等权利的斗争。

你能想象你的朋友因为眼睛的颜色与众不同而不能在公园里玩耍吗？或者你因为头发的样子与众不同而不能上学？类似的事情曾经发生在南非，当时黑人不能和白人享有一样的权利，这种不平等被称为种族隔离。这是一种黑人和白人之间的隔离政策，并且被写入了法律。这是一些由占少数的白人制定的不平等的规则。当时的南非有白人区和黑人区，在学校、公园、医院、交通领域……所有地方都是隔离开的。黑人和白人之间的婚姻也是被禁止的。黑人没有选举权，当然也就不能有政治代表。

多年来，南非国内外许多人都试图结束这种违反人权的歧视。有一个人，他竭尽全力为此进行调解，努力实现和平，并使得法律得以修改。他的名字是纳尔逊·曼德拉，他是黑人，他的形象已经成为抗争、坚韧和社会正义的象征。

纳尔逊·曼德拉在终结种族隔离制度方面做出了巨大贡献。因为他的政治观点，他曾在监狱中度过了近30年，但他从未放弃过抗争。全世界都在呼吁释放他，并呼吁在南非建立正义平等的秩序。最后，南非政府不得不同意这些要求，于1990年释放了曼德拉，并结束了歧视。1994年，南非举行了选举，黑人终于获得了选举权。曼德拉所在的政党——南非非洲人国民大会赢得了选举，他本人成为了南非的第一位黑人总统。

一个多语言的国家

"apartheid"（南非种族隔离）一词在南非的语言之一阿非利卡语中是"分隔"的意思。目前，南非有11种官方语言，只有两种是源自欧洲的语言：阿非利卡语和英语。阿非利卡语源于荷兰语，因为荷兰人是最早在南非定居的欧洲人。

结语……

历史从不会停滞不前,书中的事件提醒着我们,历史是由我们人类通过日复一日的行为所共同创造的。